STREET DYNA LOOK
SPORTSTER
POTATOE-POTATCE TEARDROP V-TWIN
TOURING
CHAPTER RIDER

SPORTSTER BIKER LOOK WIN
POTATOE-POTATOE TEARDROP V-TWIN
STREET TOURING
CHAPTER RIDER DYNA

DELIUS KLASING

JEAN SAVARY

HARLEY MANIA
A WAY OF LIFE

AUS DEM FRANZÖSISCHEN VON UDO STÜNKEL

DELIUS KLASING VERLAG

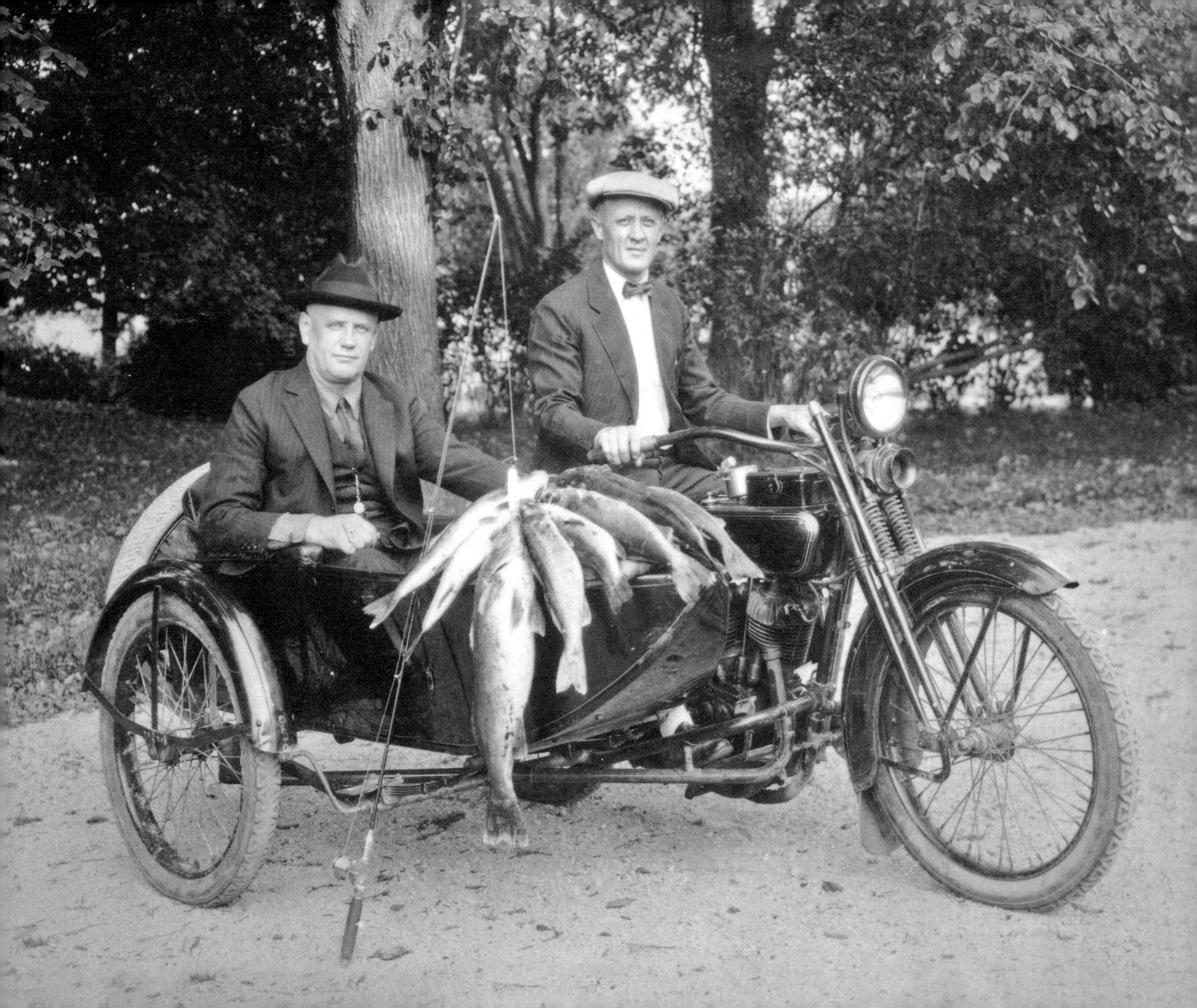

»1903: ARTHUR DAVIDSON UND SEIN FREUND WILLIAM S. HARLEY HATTEN SICH IN DEN KOPF GESETZT, EIN FAHRRAD MIT EINEM MOTOR AUSZURÜSTEN. ARTHURS BRÜDER – WALTER WAR MECHANIKER BEI DER EISENBAHN UND WILLIAM ARBEITETE IN EINER FABRIK – SCHLOSSEN SICH DEM ABENTEUER AN ...«

William S. Harley und William Davidson kehren Mitte der 1920er-Jahre mit dem Harley-Davidson-Gespann erfolgreich vom Fischen zurück.

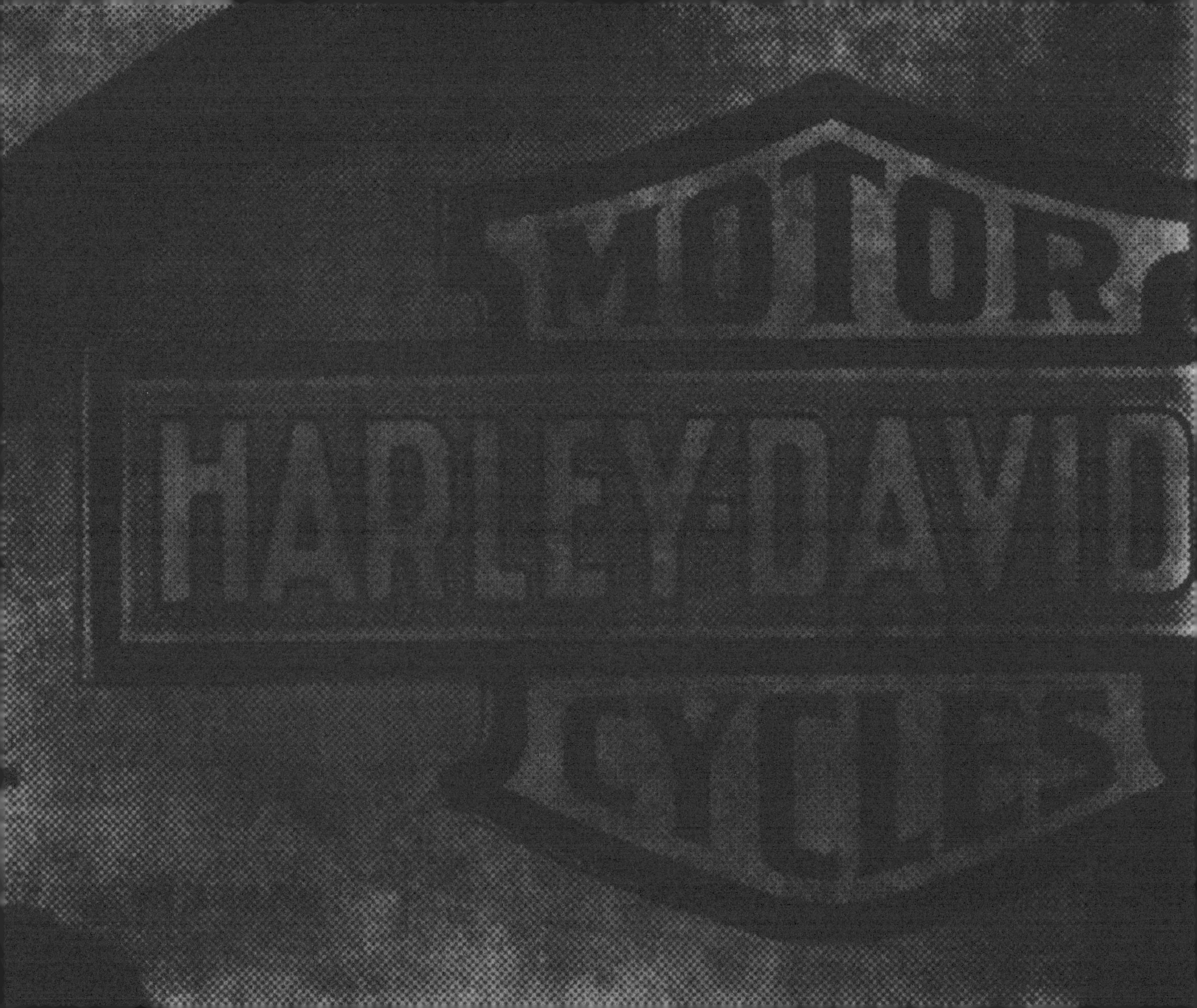
MOTOR
HARLEY-DAVID
CYCLES

HARLEY – EIN HERSTELLER VON EMOTIONEN	**009**
1 DIE GEBURT EINES MYTHOS – DIE GESCHICHTE	**011**
2 AM ANFANG: DER EINZYLINDER – DIE TECHNIK	**105**
3 CHROM, LEDER UND LINIEN – DAS DESIGN	**133**
4 EINE WILDE MEUTE – DER LEBENSSTIL	**165**
5 DIE BEDIENUNGSANLEITUNG – DER BIKER	**201**
BILDNACHWEIS / DANKSAGUNG	**238**

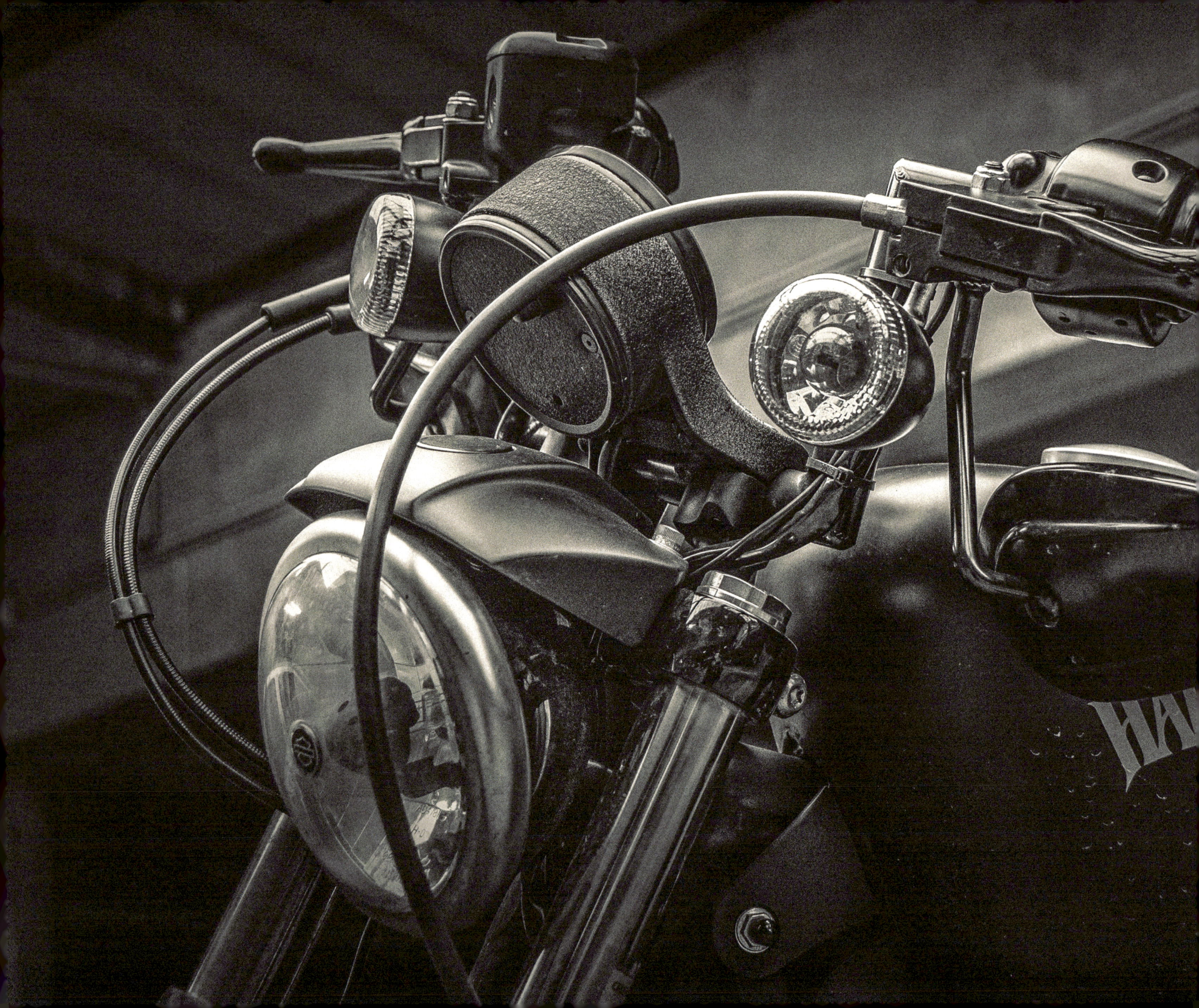

HARLEY – EIN HERSTELLER VON EMOTIONEN

Dies ist eine Geschichte, die niemals endet – aber mehrmals fast beendet wurde. Eine Geschichte des 20. Jahrhunderts und darüber hinaus. Eine Geschichte von Krisen und Kriegen, von Klavierlack und Chrom, von Stößelstangen und Kipphebeln, von Mutlosigkeit und Aufschwung, von Evolutionen und Revolutionen.

Es ist auch die Geschichte eines großen Missverständnisses, bei dem die offizielle Marke der Rebellen eigentlich ein Hersteller ist, der damals wie heute lieber Polizisten als Outlaws und deutlich mehr Bürger als Außenseiter motorisiert. Wo kommt also der phänomenale Ruf, der Fanatismus der Kunden und die weltweite Berühmtheit her? Harley Davidson ist nicht nur ein Motorradhersteller, sondern produziert in erster Linie Emotionen und erfindet Träume. Und ohne diese Träume wäre diese lange Geschichte längst zu Staub verfallen, der von den Maschinen von der Straße geweht wurde.

DIE GEBURT EINES MYTHOS

DIE GESCHICHTE 1

1900 – 1909

DER SCHUPPEN DER PIONIERE

Im Jahre 1900 waren noch keine 50 Jahre vergangen, seit sich die die Apachen in Reservate zurückziehen mussten und *Outlaws* im Gefängnis oder am Galgen endeten. Die USA konnten lediglich per Eisenbahn durchreist werden, und in den Städten der Ostküste tauchen die ersten Automobile und Motorräder auf. 1903 wurden in den USA bereits 11 000 Autos gebaut – dreimal mehr als in Frankreich, der zu diesem Zeitpunkt führenden europäischen Nation. Henry Ford präsentierte 1903 sein erstes Modell A – und fünf Jahre sowie 19 Buchstaben später das berühmte Modell T.

1903 wurden weitere technische Meilensteine gesetzt: Die Gebrüder Wright brachten das erste Motorflugzeug in die Luft; zwischen London und New York wurde die erste transatlantische Funkverbindung eingerichtet; Präsident Theodore Roosevelt sprach durch das erste transpazifische Telefonkabel und ein gewisser Herr Davidson baute auf seinem Hinterhof einen kleinen Schuppen, weil er die Motorenteile seines 22-jährigen Sohnes Arthur und dessen ein Jahr älteren Freundes William S. Harley nicht mehr in der Küche der Familie duldete. Neun Jahre nach dem ersten serienmäßig hergestellten Motorrad der Welt – der Hildebrand und Wolfmüller aus München – hatten die beiden sich in den Kopf gesetzt, ein Fahrrad mit einem Motor auszurüsten, den sie von einem Triebwerk des französischen Hersteller De Dion-Bouton ableiten wollten. Arthurs älterer Bruder Walter war Mechaniker bei der Eisenbahn und sein jüngerer Bruder William arbeitete in einer Fabrik, doch bald schlossen sich die beiden ebenfalls dem Abenteuer an.

In dem 15 Quadratmeter großen Schuppen wurden zunächst drei Motorräder gebaut, die jeweils für 200 Dollar verkauft werden konnten.

William A. Harley und Walter, Arthur sowie William Davidson posieren 1907 mit ihrer Mannschaft vor der Fabrik in der Chestnut Street.

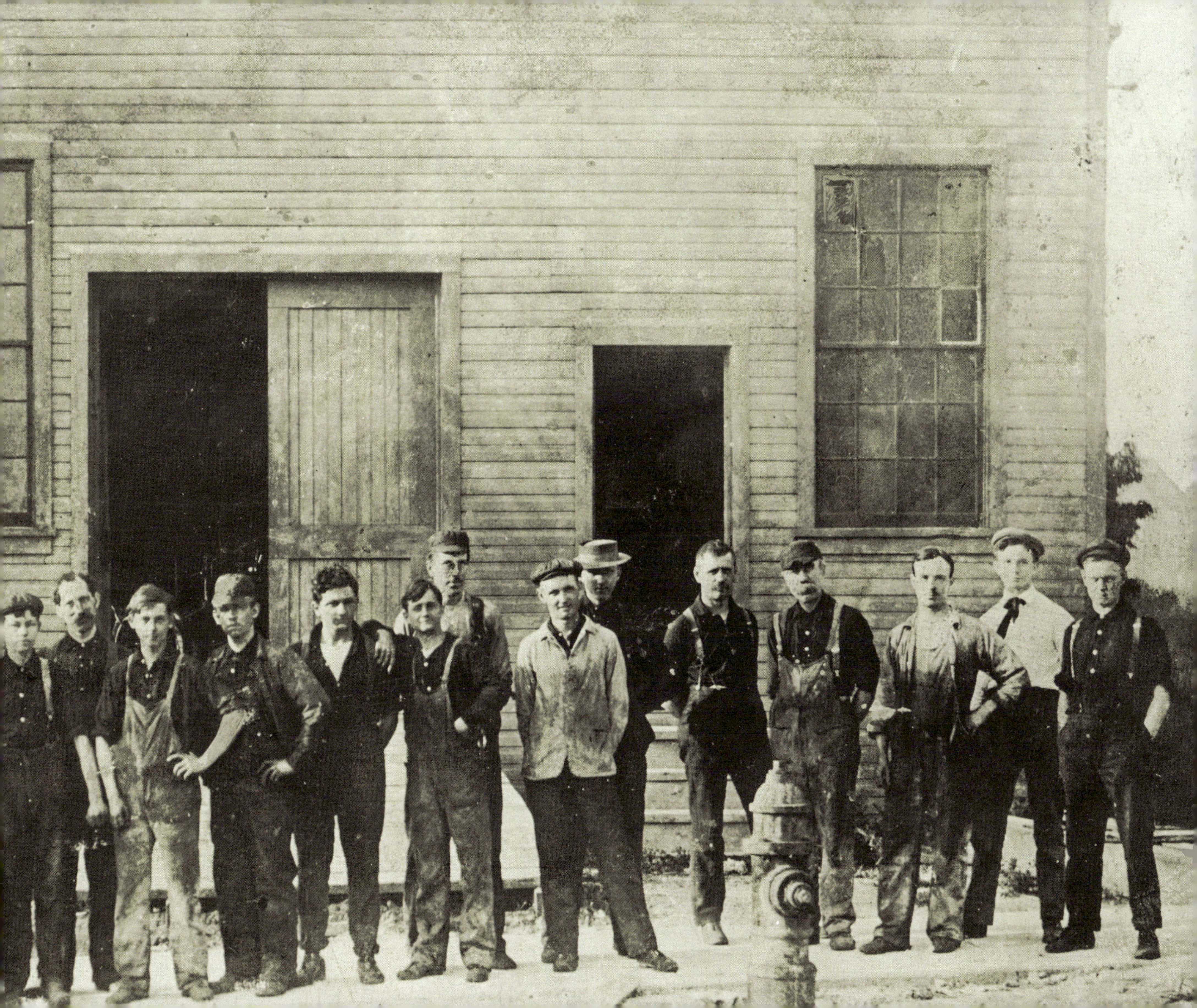

»ZUM STARTEN WURDE IN DIE PEDALE GETRETEN, ZUM ANHALTEN DER MOTOR ABGEWÜRGT ODER DER RIEMEN GELOCKERT. ABER WELCHER FORTSCHRITT WAR DIES IM VERGLEICH ZUM PFERD!«

1908 ist die Silent Grey Fellow immer noch das einzige Modell der Marke. Sie wird zwar noch per Pedale gestartet, aber die Gabel und der gefederte Sattel sorgen bereits für verbesserten Komfort.

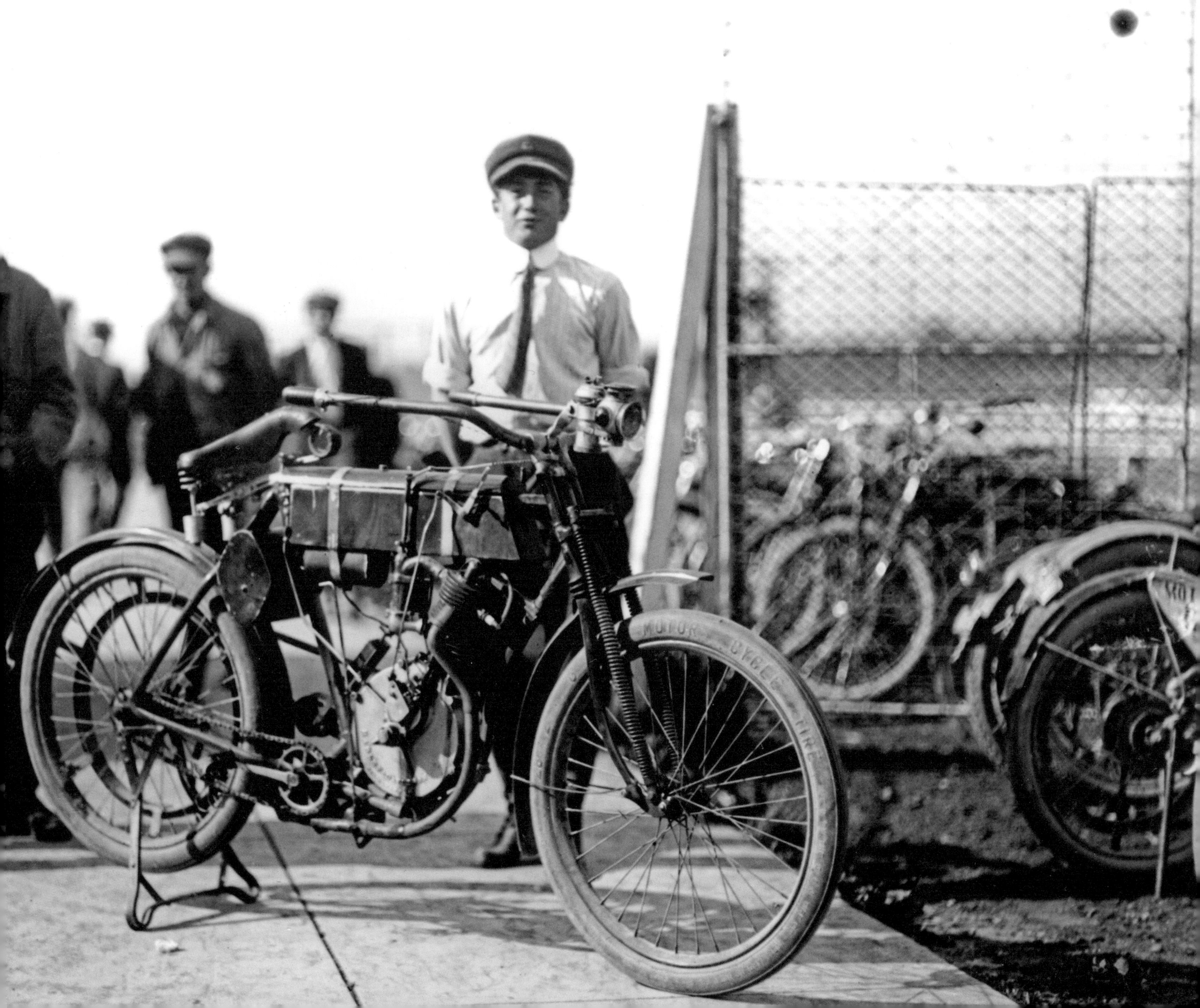
MOTOR CYCLE TIRE

1907 wurde offiziell die *Harley-Davidson Motor Company* gegründet und ab 1909 konnten jährlich bereits 1000 Maschinen abgesetzt werden. Wie Henry Ford hatten auch die vier Jungunternehmer einen gewaltigen Erfolg. In diesem Land der unendlichen Weiten erschien der Verbrennungsmotor wie ein Geschenk des Himmels. Und das Motorrad war mit Abstand das nützlichste Verkehrsmittel: Es war dreimal billiger als ein Auto, kam überall hin und war einfach zu reparieren. Ob mit Beiwagen oder solo – es war für die Familie, den Kaufmann und den Reisenden bestens geeignet … und natürlich für die Polizei: Bereits 1907 fuhren die ersten Polizisten stolz mit ihren Harleys durch Detroit. Am Ende des Jahrzehnts rollten schon mehr als 100 000 Motorräder durch die USA. Vor allem waren dies Maschinen des größten und ältesten Herstellers *Indian* und von *Harley-Davidson*, aber auch Motorräder von *Excelsior*, *Thor*, *Yale* oder *Reading Standard* waren vertreten.

Die ersten Fahrer erschreckten vor allem Pferde, kamen in den Radspuren der Kutschen zum Sturz, versanken im Schlamm und mussten sich mit geplatzten Reifen und verbogenen Felgen oder gar gebrochenen Rahmen herumärgern. Ihre Motoren gaben auf, ihre Antriebsriemen rissen und ihre Knochen brachen … Reparaturen wurden am Straßenrand oder beim Hufschmied durchgeführt. Wer nicht selbst Mechaniker war, verließ die Stadt besser nicht.

Die ersten Mutigen, die sich auf große Fahrt machten, wurden von Indianern gejagt, oder von Bauern, die sich Sorgen um ihr Vieh machten. Auch das Fahren selbst war nicht gerade einfach. Man musste die Hände vom Lenker nehmen, um zu beschleunigen – der Gasgriff war noch nicht erfunden. Falls ein Getriebe vorhanden war, wurde per Hand geschaltet und die Kupplung per Fuß getrennt. Ansonsten wurde zum Anhalten der Motor abgewürgt oder der Riemen gelockert. Aber welcher Fortschritt war dies im Vergleich zum Pferd!

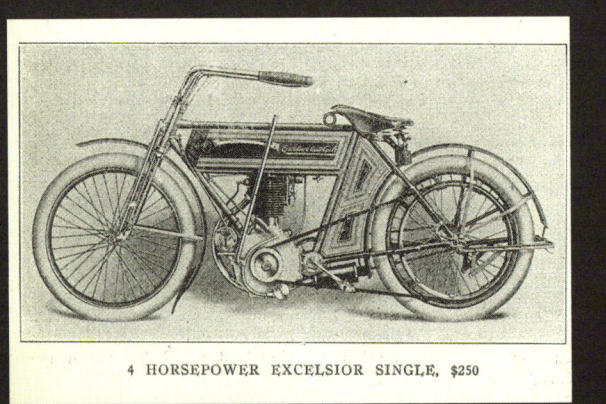

Vor dem Ersten Weltkrieg waren Motorrad-Gespanne billiger als ein Ford T. Man konnte sie als Verkaufswagen oder wie hier als Taxi nutzen.

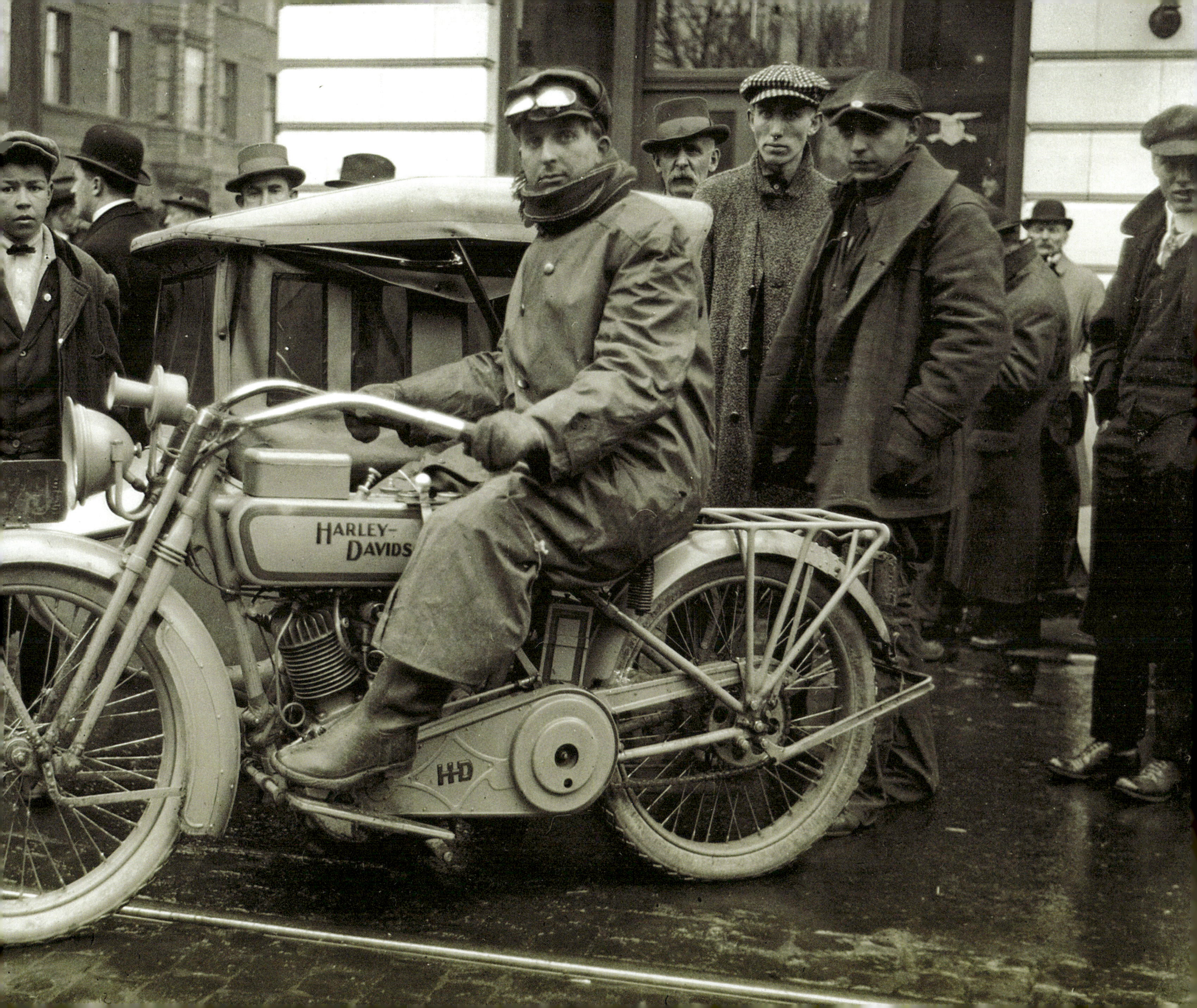
HARLEY-
DAVIDS
H-D

DAS JAHRZEHNT IN KÜRZE

1901
Oscar Hedström und George Hendee stellen ihre erste Indian her. Lange Zeit ist die Firma aus Springfield dem Konkurrenten Harley-Davidson immer einen Schritt voraus.

1903
Erster Prototyp von H-D: In einem verstärkten Fahrradrahmen produziert ein Einzylindermotor mit 405 cm³ Hubraum zwei PS, um das Gefährt auf etwa 40 km/h zu beschleunigen – schneller als ein Pferd im Galopp. Auf dem schwarz glänzenden Lack hatte Tante Janet Davidson goldene Zierlinien gezogen.

1905
Der schwarze »Klavierlack« wird durch Renault-Grau ersetzt, was zusammen mit dem neuen Auspuff zum Beinamen »Silent Grey Fellow« (Leiser grauer Begleiter) führte. Schon bald entfernten die ersten Kunden den Schalldämpfer, weil er ihrer Meinung nach »die ordnungsgemäße Funktion behindern« würde.

1906
Bau des ersten Fabrikgebäudes in der Chestnut Street – heute Juneau Avenue.

1908

Walter Davidson gewinnt am 29. Juni mit einem »Silent Grey Fellow« das Zuverlässigkeitsrennen am New Yorker Catskill Mountain. Am folgenden Wochenende siegt er beim Long Island Economic Run, indem er mit einer Gallone Benzin (3,785 l) 303 km weit kam; dies entspricht 1,25 l auf 100 km!

1907

Walter Davidson wird zum Präsidenten der Harley-Davidson Motor Company ernannt. Die Springer-Gabel wird eingeführt.

1909

Ein Jahr nach Indian stellt William Harley seinen ersten selbst entwickelten V2-Motor vor – eine mangelhafte Kupplung macht die Maschine jedoch unfahrbar.

DIE WICHTIGE HARLEY
»Silent Grey Fellow« (Stiller grauer Begleiter) – die erste in Serie gebaute Harley.

TECHNISCHES DETAIL
Der Schalthebel am Tank: Geschwindigkeit, Luxus, Fortschritt.

STILISTISCHES DETAIL
Dekorative Linien am Tank, von Hand gemalt von Tante Davidson.

DAS MOTORRAD DER ANDEREN
Hildebrand & Wolfmüller – das erste serienmäßige Motorrad der Welt kam 1894 aus München.

DIE KONKURRENZ
Die Reading Standard – beim Modell von 1903 saß der Motor unter dem Sitz.

DIE MÄNNER
William Harley & Arthur Davidson – die Gründerväter.

1910 – 1919

DIE UNAUFHALTSAME EXPANSION

Trotz der mexikanischen Revolution an seiner Südgrenze erlebten die USA eine Ära des Fortschritts und des Wohlstands, der auch mit dem Eintritt in den Ersten Weltkrieg im April 1917 nicht zu Ende ging. In Hollywood wurde 1911 das erste Studio eröffnet. Charlie Chaplin feierte einen Erfolg nach dem anderen. Und in New York baute Frank Woolworth ein nach ihm benanntes Gebäude, das mit 241 Metern und 57 Stockwerken erst 1930 übertrumpft werden sollte.

Mit dem Ford T eroberte der Verbrennungsmotor das Land. Allein 1910 wurden 12 000 »Tin Lizie« produziert. Im Lauf dieses Jahrzehnts sollten 10 Millionen Modelle hinzu kommen. Durch die Fließbandfertigung konnte der Preis von 850 auf 370 Dollar gesenkt werden – für Motorräder mussten weiterhin rund 300 Dollar bezahlt werden.

Zweiräder blieben weiterhin rudimentär. Vorderradbremsen gab es nicht, und um den Zündzeitpunkt und das richtige Gemisch abhängig von der Temperatur einstellen zu können, musste weiterhin der Lenker losgelassen werden.

Immerhin war die Startprozedur durch einen Kickstarter etwas erleichtert. Einen großen Fortschritt stellte auch die elektrische Beleuchtung dar, mit der die Karbidlampe abgelöst wurde. Weil es aber keine Batterie gab, produzierte die Lichtmaschine den Strom drehzahlabhängig – wer etwas sehen wollte, musste erst einmal Gas geben.

Dennoch wurde das Motorradfahren einfacher – auch dank der Verbreitung des Automobils. Denn Pferde und Menschen waren jetzt an den Lärm und das Tempo gewöhnt, die Straßen wurden besser und Benzin war überall erhältlich.

Das Motorrad beginnt, ein bürgerliches Freizeitgerät zu werden. In der Werbung wird es vor ländlichem Hintergrund angepriesen (links).

Vor dem Servi Car war dieses Dreirad bei Eisverkäufern oder Lieferanten sehr beliebt. Beladen war es allerdings schwierig zu fahren (rechts).

Bis in die 1920er-Jahre wiegt eine Harley weniger als 100 kg. Viele Frauen fahren Motorrad, manche nehmen auch an Rennen teil. Auch das Rennteam aus Milwaukee hat seine Anhängerinnen (folgende Doppelseite).

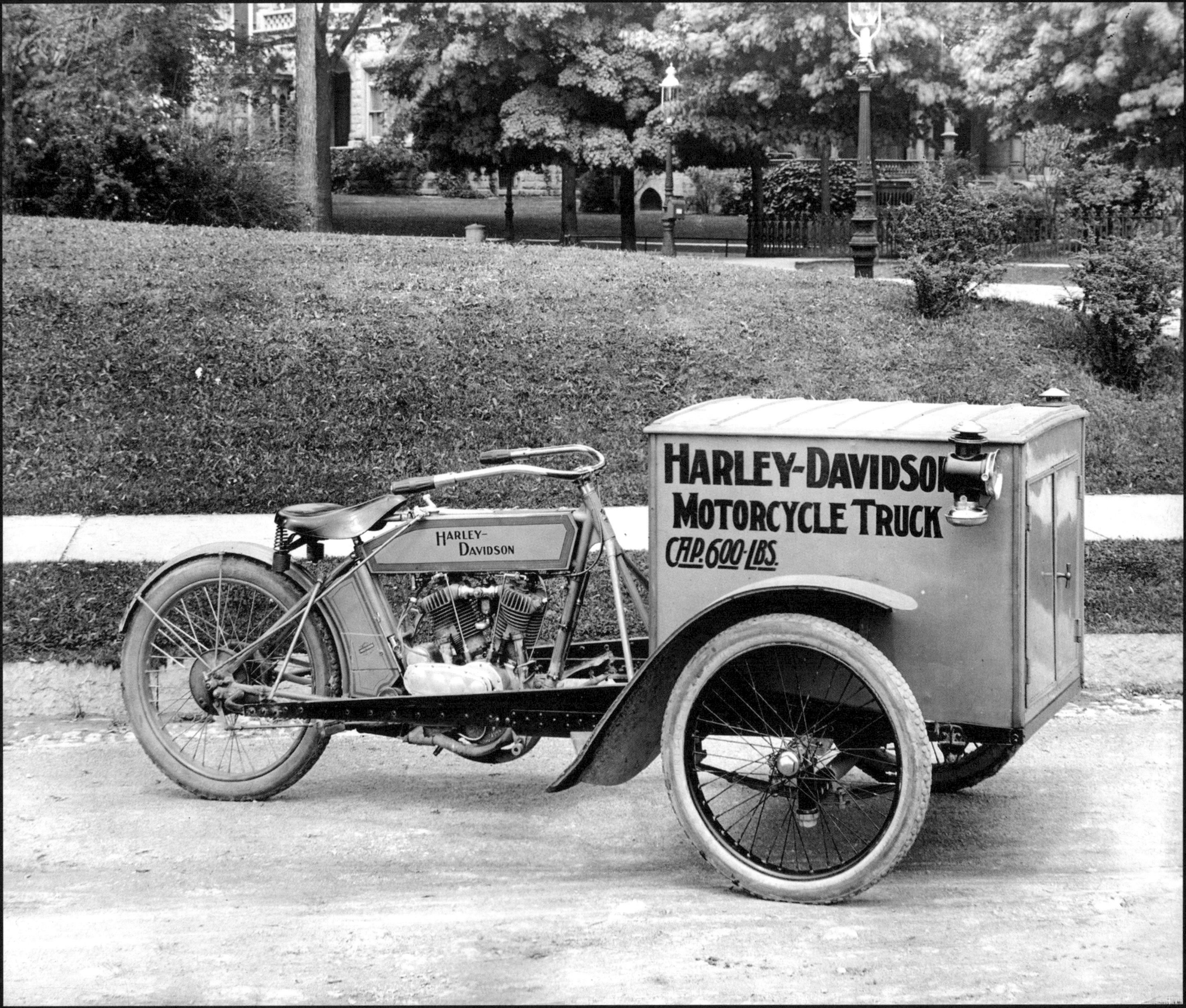
HARLEY-DAVIDSON
MOTORCYCLE TRUCK
CAP. 600-LBS.
HARLEY-
DAVIDSON

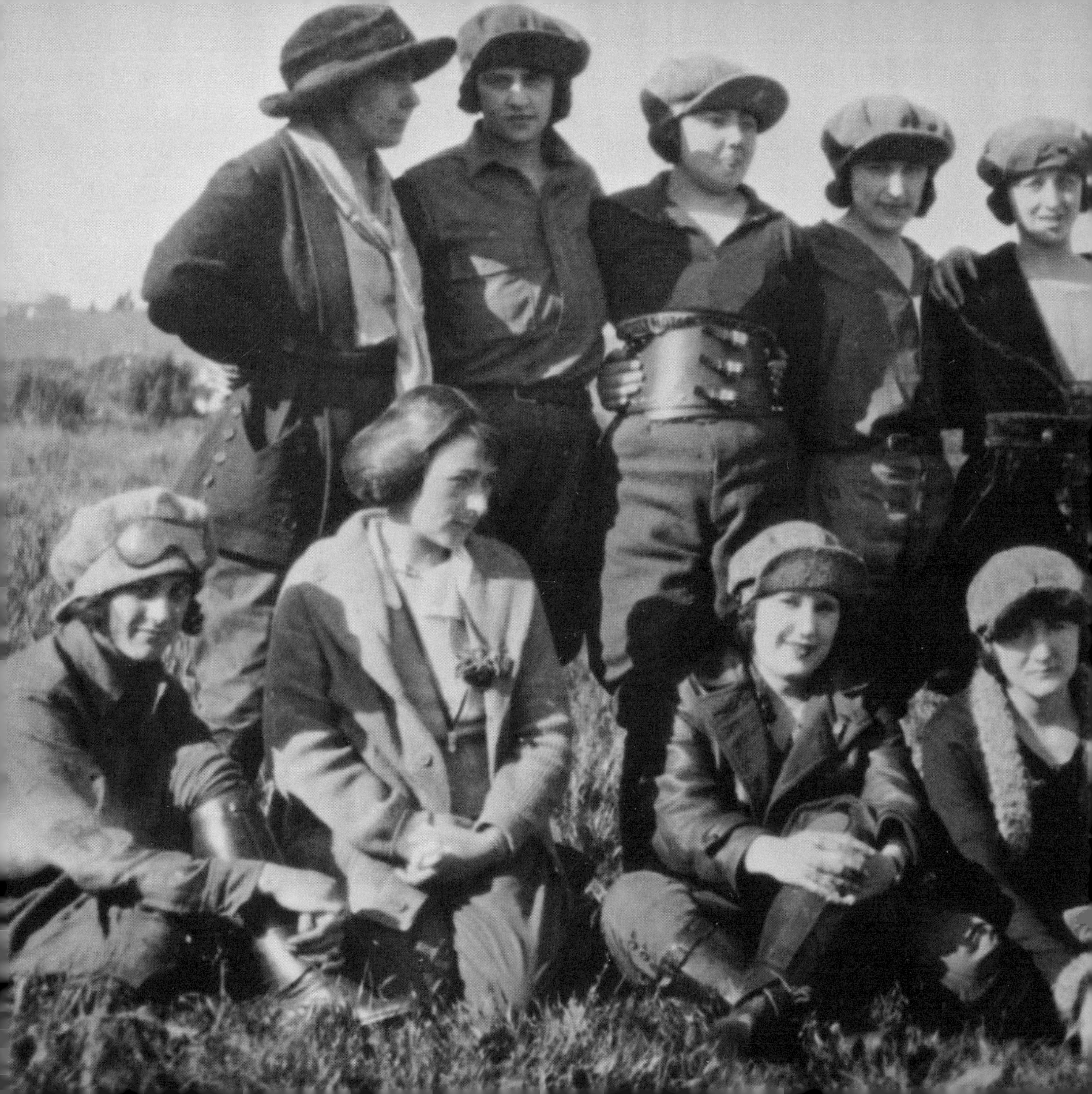

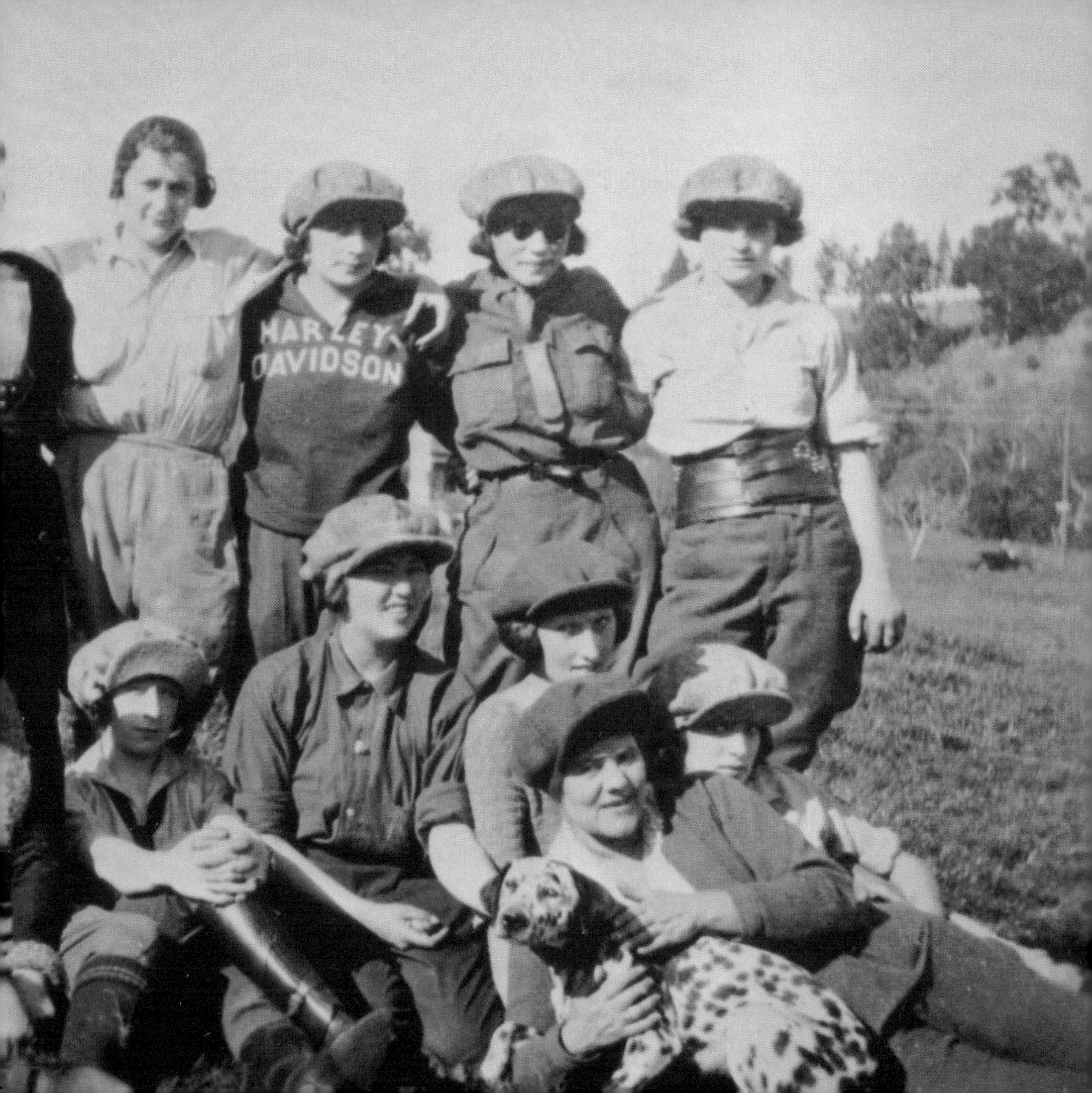
HARLEY
DAVIDSON

Die gebrechlich erscheinenden Zweiräder begannen die Fantasie anzuregen. Abenteurer fühlten sich ermutigt, das Land von *Coast to Coast* oder von Kanada bis nach Mexiko zu durchqueren – und jeder versuchte, der Schnellste zu sein. Wie schon das Auto wurde auch das Motorrad zum Sportgerät. Die fabelhafte Vierzylindermaschine von Henderson war 1920 mit 130 km/h das schnellste Motorrad am Markt und wurde auch von der Polizei gern gefahren.
Auch Frauen stiegen aufs Motorrad – eine Harley wog damals nur 100 kg (gegenüber 250 bis 400 kg heute!). Im Jahre 1916 waren Adeline und Augusta Van Buren die ersten, die auf Indians von der Ost- bis zur Westküste der USA fuhren: 5500 Meilen in 60 Tagen!
Die Firma Indian aus Springfield, Massachusetts war in den USA mit Abstand die Nr. 1 – sowohl in den Verkaufszahlen als auch im technischen Fortschritt.
Im Vergleich zum riesigen »Wigwam« war Harley-Davidson ein kleiner Familienbetrieb. Vertriebsleiter Arthur Davidson erweiterte das Händlernetz (200 neue allein im Jahre 1913) und kümmerte sich um öffentliche Aufträge von der Polizei, der Post und der Armee. 1911 rüstete der technische Leiter William Harley den V-Twin mit einer funktionierenden Kupplung aus. Die hängenden Einlassventile des »F-Head« genannten Motors waren per Kipphebel gesteuert, die Auslassventile seitlich stehend angeordnet. Außerdem verfügten jetzt auch Harleys über den – 1907 von Indian erfundenen – Gasdrehgriff.
William Davidson leitete als Stratege und Techniker die Produktion und war zudem am Sport interessiert. 1911 stellte er den berühmten Ingenieur William Ottaway ein, der die sanften V-Twins in Rennpferde verwandelte. Walter blieb weiterhin Präsident der Harley-Davidson Motor Company.
In Europa brach 1914 der Erste Weltkrieg aus. Indian konnte 40 000 Maschinen für das Expeditionskorps bauen – Harley war dagegen mit nur 20 000 Militärmaschinen dabei. Dafür musste in Springfield allerdings die Produktion von Zivilmaschinen eingestellt werden – und nach Kriegsende dominierte Milwaukee den amerikanischen Markt.
Mit dem Ende des Ersten Weltkriegs waren die wirtschaftliche und wissenschaftliche Dominanz Europas beendet und die USA zur Weltmacht aufgestiegen. Der Krieg hatte auch die Menschen verändert. Amerikanische Soldaten waren ausgebildet worden, Motorfahrzeuge zu lenken und zu reparieren, und so wollten sie auch nach der Rückkehr aus Europa mit Autos oder Motorrädern fahren. Ab 1919 waren Pferde nur noch für Cowboys interessant. Die für die Kriegsproduktion notwendige industrielle Rationalisierung war für die meisten der 300 vor dem Krieg existierenden kleineren Motorradhersteller fatal. 1920 existierten in den USA lediglich noch die Marken Harley, Indian und Excelsior (die 1917 Henderson übernommen hatte).

Mit ihren vier Ventilen pro Zylinder leistete diese von Bill Ottaway und Harry Ricardo entwickelte Rennmaschine vom Typ »Banjo« beachtliche 55 PS (links).

Im Ersten Weltkrieg liefert Harley Davidson 20 000 Motorräder an das amerikanische Expeditionskorps aus. Das Motorrad ist ein ideales Verbindungsfahrzeug (rechts).

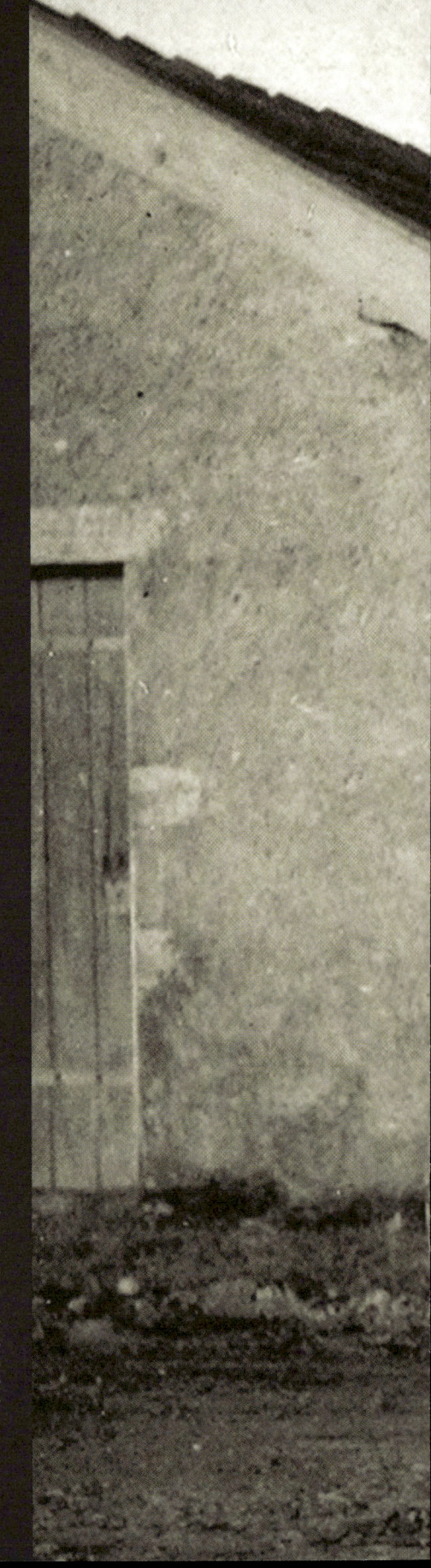

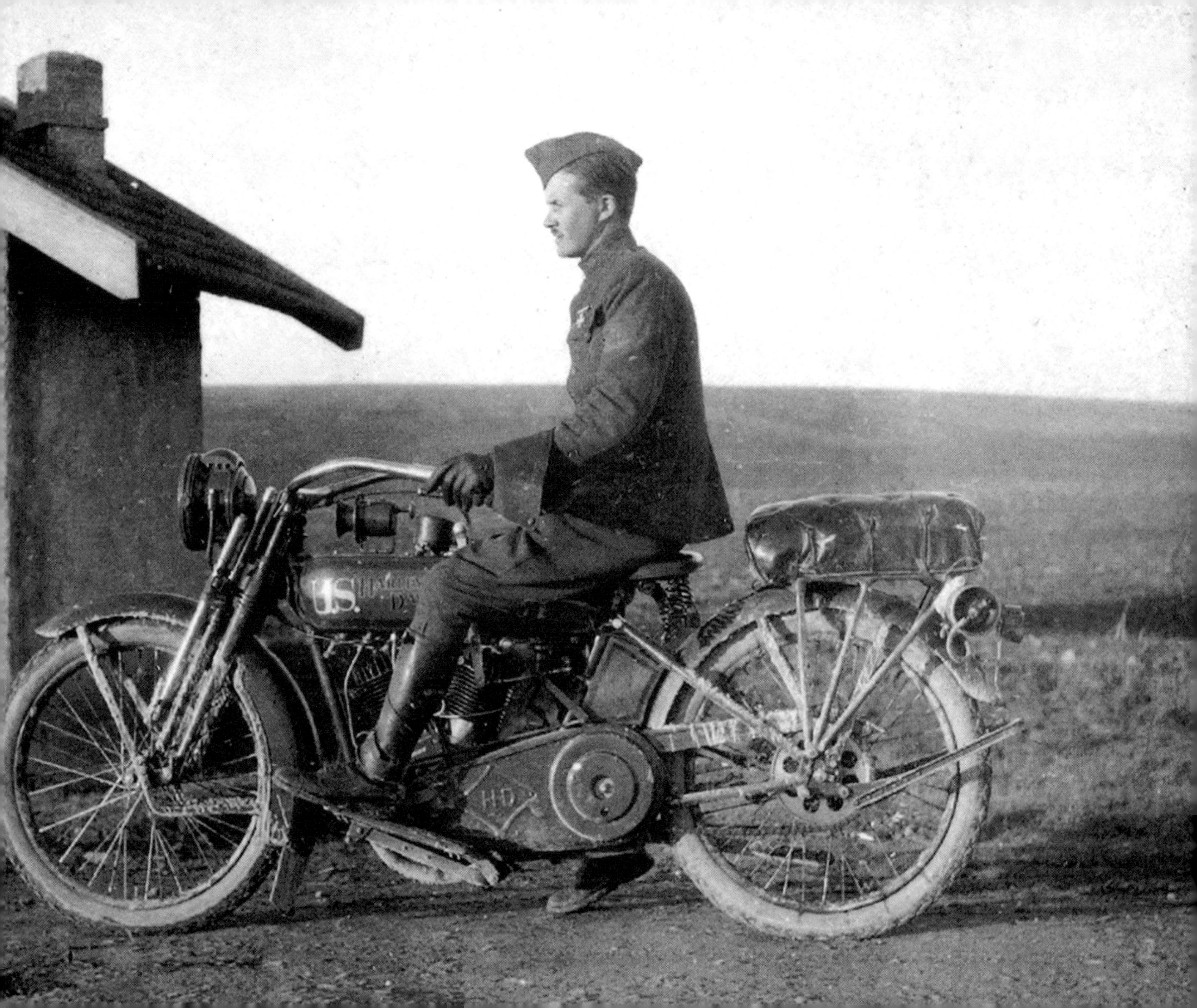
U.S.
HD

DAS JAHRZEHNT IN KÜRZE

1910
Erstmals wird das »Bar and Shield«-Logo vorgestellt. H-D verkauft erstmals Motorradbekleidung – später wird daraus die erfolgreiche MotorClothes-Abteilung.

1911
Der V-Twin erscheint im zweiten Anlauf mit einer funktionsfähigen Kupplung. Seine sechs Pferde gehorchen jetzt der am Lenkergriff drehenden Hand.

1912
Der V2 mit 1000 cm³ Hubraum verfügt über eine Naben-Kupplung – Free Wheel Control genannt. Beim Antrieb kann der Kunde zwischen Kette und Lederriemen wählen.

1913
In der 30 000 m³ großen Harley-Fabrik werden 13 000 Motorräder produziert. William »Bill« Ottaway gründet Ende des Jahres die Rennabteilung. Ein gewisser Dudley Perkins wird in in San Francisco H-D-Händler – heute ist dies die älteste aktive Vertretung der Marke.

1914
Harley-Davidson verkauft erstmals Beiwagen und ganze Gespanne.

1915

Die Wrecking Crew (»Abwracker«) von Bill Ottaway gewinnt in Venice erstmals ein wichtiges Rennen: 300 Meilen mit 69 km/h Durchschnittsgeschwindigkeit.

1916

Harleys werden mit elektrischer Beleuchtung und Kickstarter ausgerüstet. Einführung des bis heute erscheinenden Kundenmagazins The Enthusiast.

1917

Harleys werden in Le Havre angelandet: Die Vereinigten Staaten befinden sich seit dem 6. April im Krieg.

1918

Am 12. November überfährt Korporal Roy Holtz mit einem Harley-Gespann die Grenze zu Deutschland.

1919

Das Modell Sport Twin wird mit einem laufruhigen Boxermotor ausgerüstet, dessen Zylinder wie bei britischen Vorbildern nach vorn und hinten ausgerichtet sind. Die Verkaufszahlen sind enttäuschend. Beim Three Flag Run von Kanada nach Mexiko stellt eine Harley einen neuen Rekord auf: 1689 Meilen in 75 Stunden.

DIE WICHTIGE HARLEY
Modell F – der V-Twin von 1911.

STILISTISCHES DETAIL
Die Farbe Renault-Grau war ein Hinweis auf den schon damals weltweit bekannten französischen Automobilhersteller.

DAS MOTORRAD DER ANDEREN
Die Velocette von 1913 ist mit ihrem Zweitaktmotor samt Getrenntschmierung und Kettenantrieb eine sehr fortschrittlich Maschine.

DIE KURIOSITÄT
Model W Sport Twin von 1919 – mit quer liegenden Boxermotor wie bei britischen Douglas.

DAS AUTO DER ZEIT
Das Modell T von Ford leitete die Standardisierung und die Fließbandproduktion ein.

DER MANN
Der Ingenieur William »Bill« Ottaway machte den V-Twin renntauglich.

KRISE, ERFOLG UND KRISE

Weil die USA nach dem Ersten Weltkrieg endgültig zur Weltmacht aufgestiegen waren und amerikanische Banken die ausgebluteten europäischen Staaten unterstützten, erlebten Amerikaner ein goldenes Zeitalter. Die *Roaring Twenties* waren durch die Prohibition und Gangsterbanden, aber auch das Aufkommen des Massenkonsums, der modernen Werbung, des Tonfilms, elektrischer Haushaltsgeräte und das Wahlrecht der Frauen gekennzeichnet. In den 1920er-Jahren entwickelten sich die USA von einer ländlichen zu einer städtische Gesellschaft.

Ein Ford T kostete mit 300 Dollar so viel wie ein Gebrauchsmotorrad mit Beiwagen. Mit einem Motorrad fuhr man nur noch bei schönem Wetter in seiner Freizeit durch die Landschaft. Es hat jetzt drei bis vier Gänge, aber immer noch keine Vorderradbremse; als Harley sie ab 1928 einbaute, wurde sie von vielen ängstlichen Fahrern außer Funktion gesetzt …

Der Motorradfahrer dieser Zeit war ein ehrenhafter Bürger, der im Golfplatz-Outfit und mit Fliegerbrille auf der Schirmmütze umher fuhr.

Das Straßennetz der USA wurde ab 1926 mit nummerierten Highways deutlich verbessert. Straßen mit geraden Nummern (z. B. die Route 66) bildeten West-Ost-Achsen, wogegen solche mit ungeraden Nummern von Nord nach Süd führten.

Harley-Davidson verkaufte seine Motorräder über 2000 Händler in 67 Länder. Der Wettbewerb mit Indian war hart; der Wigwam verkauft 1920 allein von seinem Modell Scout 40 000 Stück – Harley baute insgesamt gerade einmal 30 000 Motorräder. Die Konkurrenz aus Springfield war technisch noch immer einen Schritt voraus, aber die Produktpalette war zu breit geworden und

Das gut ausgebaute Händlernetz ist für Harley der Schlüssel zum Erfolg und sichert das Unternehmen in der Krise. Mit dem Servi-Car rechts im Bild werden Kundenfahrzeuge abgeholt und zurückgebracht (rechts).

Leslie »Red« Parkhurst war der erste Harley-Werksrennfahrer und bis nach Italien bekannt – dem einzigen Land, wo sich die seltsame Sport Twin von 1922 sehr gut verkaufte (folgende Doppelseite).

MOTOR
HARLEY-DAVIDSON
CYCLES
GUY WEBB INC. Minneapolis
Package Truck
COURTESY CAR
PICKUP AND DELIVERY
ALL Motor Car Agencies
HARLEY DAVIDSON

HA

MOTOR HARLEY-DAVIDSON CYCLES

II.ª ESPOSIZIONE

DI MOTOCICLISM

22 Maggio - 13 G

STA

16

VINCITR

DEL

GRAN PREMIO

della corsa in salita

Febbraio

AGENZIA GENERA

LUCC

ARLEY - DAVIDSON

LA MACCHINA PIÙ VELOCE DEL MONDO

II.ª ESPOSIZIONE INTERNAZ. DI MOTOCICLISMO - MILANO

22 Maggio - 13 Giugno 1920

STAND 17

DETENTRICE DEL RECORD MONDIALE DI VELOCITÀ

Km. 168.466 all'ora

Agenzia Generale Italiana

LUCCA

LESLIE PARKHURST.

Il 17 febbraio 1920, a Dayton Beach U. S. A., la *HARLEY DAVIDSON*, pilotata dal corridore LESLIE PARKHURST, batteva il record mondiale di velocità con 168 km. e 466 metri all'ora!

hohe Entwicklungskosten sowie die teure Sportabteilung belasteten die Bilanz. Harley versprühte weniger Glanz, verdiente aber mehr Geld. In kommerzieller Hinsicht arbeiteten beide Firmen jedoch nicht nur gegeneinander. Zwischen 1922 und der Weltwirtschaftskrise trafen sich Arthur Davidson und Frank Weschler, Verkaufsleiter bei Indian, einmal im Jahr an geheimen Orten, um ihre Verkaufspreise abzusprechen ...

Harleys hatten nicht nur einen guten Ruf, sondern gefielen auch durch ihren Stil. Ab 1925 wurden kleinere Räder montiert und die Gesamtlinie abgesenkt, zudem hielt der »Teardrop«-Satteltank Einzug. Trotz ihrer Erfolge auf den hölzernen Ovalen, wo Fahrer und Zuschauer ihr Leben riskierten, hatte man Sorgen, die im Lauf des Jahrhunderts immer wieder geäußert werden sollten: Harleys hatten den Ruf, Motorräder für alte Leute zu sein – und Motorräder für Polizisten, denn Arthur Davidson war es gelungen, 3000 Polizeimaschinen zu verkaufen. Die Marke musste verjüngt werden.

1927 überquerte Charles Lindbergh allein mit seinem einmotorigen Flugzeug *Spirit of St. Louis* den Nordatlantik. Harley-Davidson stellte die JDH Two-Cam vor, die dank eines vergleichsweise geringen Gewichts leicht auf 160 km/h beschleunigte. Doch dieses *Superbike*-Flaggschiff mit dem markanten Doppelscheinwerfer verschwand mit der Weltwirtschaftskrise.

Um dem Erfolg der Indian Scout etwas entgegenzusetzen, produzierte H-D ab 1929 die seitengesteuerten (Flathead-) Modelle 45 D und DL, deren Leistung zwar nicht an die JD heranreichte, die aber die dunklen Jahre überlebten.

Im November 1929 stellte Harley Davidson das kleine Modell Modell D 45 vor. Das Modell kam genau zur richtigen Zeit: am 24. Oktober war die Weltwirtschaftskrise ausgebrochen (rechts).

Zu den heute vergessenen Harleys zählt diese seltene Boxermaschine. Das Motorrad wurde 1922 eingeführt, hatte jedoch nur in Europa einen bescheidenen Erfolg vorzuweisen (rechte Seite).

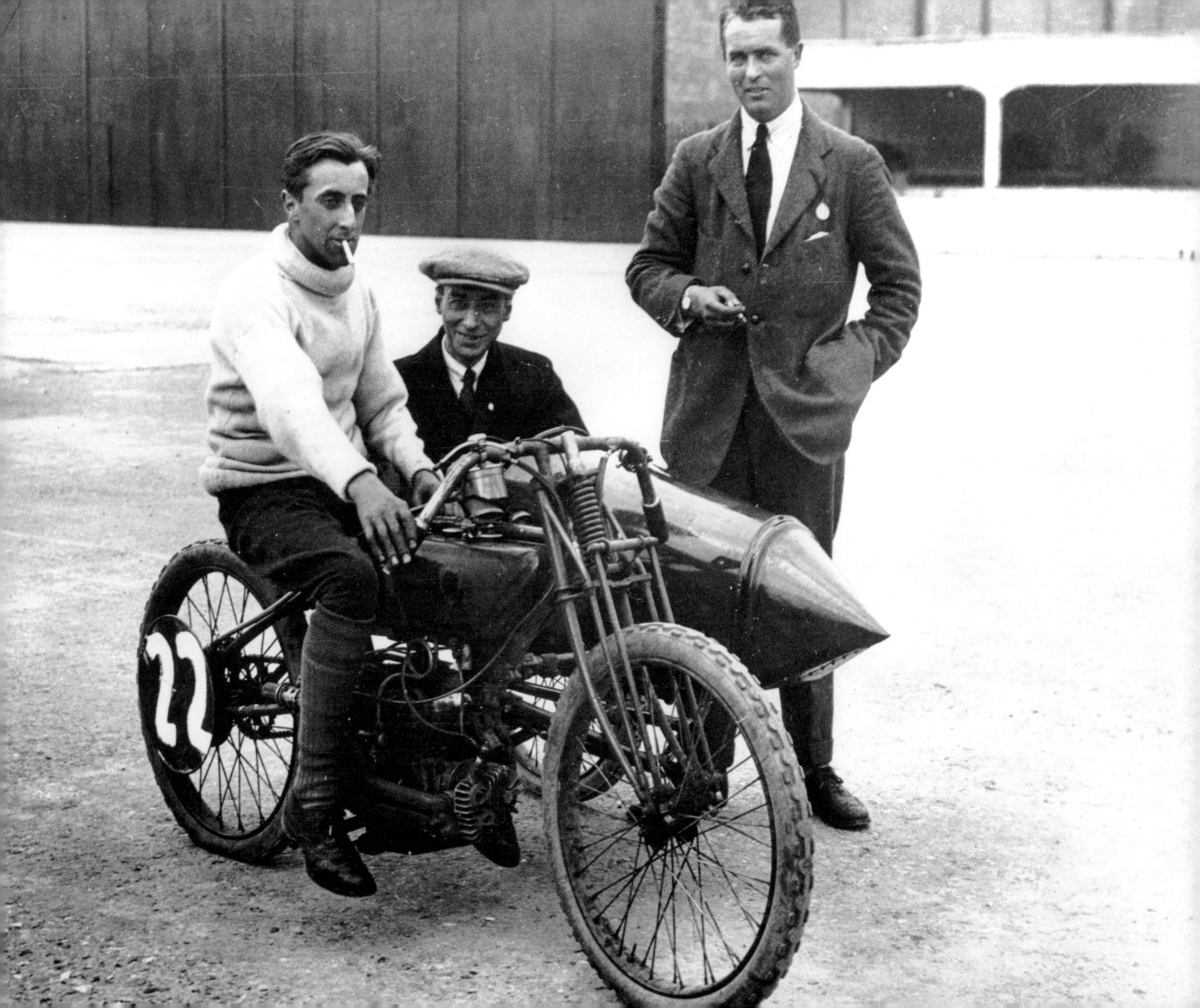
22

DAS JAHRZEHNT IN KÜRZE

1921
Einführung des Modells JD mit 1200 cm³ Hubraum. Das Supersport-Motorrad kostet 390 Dollar.
Am 22. Februar gewinnt Harley mit 100 Meilen pro Stunde Durchschnittsgeschwindigkeit das Rennen auf dem Fresno-Holzoval in Kalifornien. Im folgenden Jahr wird zum Schutz der Fahrer und der Zuschauer der Hubraum auf 500 cm³ begrenzt.

1923
Das Sportmodell »Banjo-Case« Two Cam mit zwei unten liegenden Nockenwellen und Vierventil-Köpfen wird ausschließlich an Werksfahrer ausgeliefert.

1924
Gründung der American Motorcycle Association (AMA) als Vereinigung aller amerikanischen Motorrad-Clubs.

1925
Einführung der »Peashooter« (A und B). Die »Kleinmotorräder« mit 350 cm³ Hubraum werden vorwiegend nach Europa exportiert oder als Rennmaschinen genutzt.

1927

Einführung der JHD Two Cam als Straßenversion der 1919 von Bill Ottaway entwickelten Rennmaschine. Mit ihrem 1000 cm³ (JH) oder 1200 cm³ großen V2 (JDH), den »kleinen« 18-Zoll-Rädern und den zwei Scheinwerfern ist sie eine echte Sensation.

1926

Joe Petrali gewinnt sein erstes Rennen mit einer Harley, doch die Rennstrecken werden weiterhin von Indians beherrscht.

1929

Einführung der seitengesteuerten Flathead-Baureihe. Die Brennräume der 750er-D- und DL-Modelle wurden vom britischen Ingenieur Harry Ricardo gestaltet. Die ansonsten sehr rustikalen, aber robusten V2-Triebwerke wurden in großer Stückzahl im Zweiten Weltkrieg eingesetzt und fanden bis 1972 im Servi-Car Verwendung.

DIE WICHTIGE HARLEY
Modell Two Cam – der Supersportler seiner Zeit.

STILISTISCHES DETAIL
Der erste Teardrop-Tank – den tropfenförmigen Spritbehälter gibt es noch heute.

DAS MOTORRAD DER ANDEREN
Die äußerst moderne BMW R 32 von 1923: Leichtmetall-Motor, geschlossener Ölkreislauf, Kardanantrieb.

DIE KONKURRENZ
Indian Scout – Bestseller der 1920er-Jahre.

DIE KURIOSITÄT
Die Rennmaschine »Peashooter« – der Abgesang des Einzylinders.

DER MANN
Charles Lindbergh flog allein mit seiner Spirit of Saint Louis von New York nach Paris.

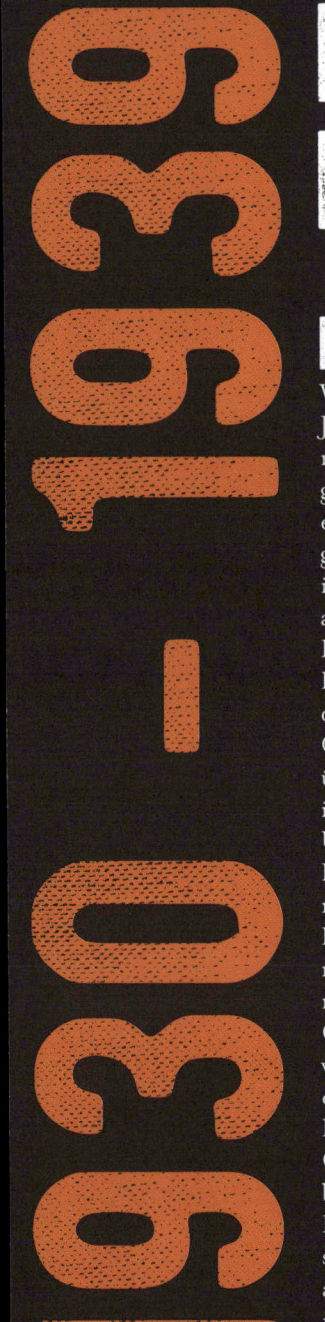

1930-1939
DAS KNUCKLEHEAD-WUNDER

Die Schockwellen des als »Schwarzen Donnerstags« in die Geschichte eingegangenen Beginns der Weltwirtschaftskrise (24.10.1929) waren ein ganzes Jahrzehnt zu spüren. Die mächtigen USA gehen regelrecht in die Knie. 1932 war die Arbeitslosigkeit auf 24% gestiegen, Preise und Löhne brachen zusammen, und es drohte eine Revolution. Hinzu kamen die *Dust Bowl* genannten Staubstürme, die drei Millionen Landwirte im Mittleren Westen dazu zwangen, nach Kalifornien auszuwandern.

In einer Wirtschaftskrise werden natürlich zuerst Freizeitausgaben gestrichen und entsprechend stark brach der Verkauf von Motorrädern ein; nur die Polizei erteilt Großaufträge. William Harley und die Davidson-Brüder überlegten, die Firma zu schließen, denn die Zukunft ihrer Familien war gefährdet und die Perspektiven des Unternehmens düster. Indian steigerte dagegen seine Kapazitäten um fünf Prozent und brachte eine Neuheit nach der anderen heraus.

Für Excelsior lautete 1931 die einzige gute Nachricht, dass man sich auf die Produktion von Fahrrädern konzentrieren wollte — Motorräder jedoch aufgab. H-D nutzt die Chance, deren Champion Joe Petrali abzuwerben, der von 1932 bis 1935 die sehr populären Meisterschaften auf dem Flat-Track und beim Hill-Climbing beherrschte. In Milwaukee entschloss man sich letztendlich dazu, Geld für die Entwicklung eines OHV-Twins auszugeben. Mittlerweile waren die Belegschaft reduziert und die Löhne um 10% gekürzt; die Vergütung für Führungskräfte sogar um die Hälfte verringert worden. Um die Krise auch optisch abzuwenden, wurde 1932 das traditionelle olivgrün durch fröhliche Farben mit ornamentalen Art-Deco-Motiven ersetzt. Nebenbei ging es hierbei

Auf dem Harley-Tank tauchen der stilisierte Adler und neue Farben auf: Ablenkung von der Großen Depression (oben).

Der Polizist sitzt stolz auf seiner neuen »45« von 1930. In seinem Koppel stecken mehr Patronen als Pferde in seinem Motor: kaum ein Dutzend. Viele enttäuschte Kunden verlangen nach der Rückkehr der Two Cam (rechts).

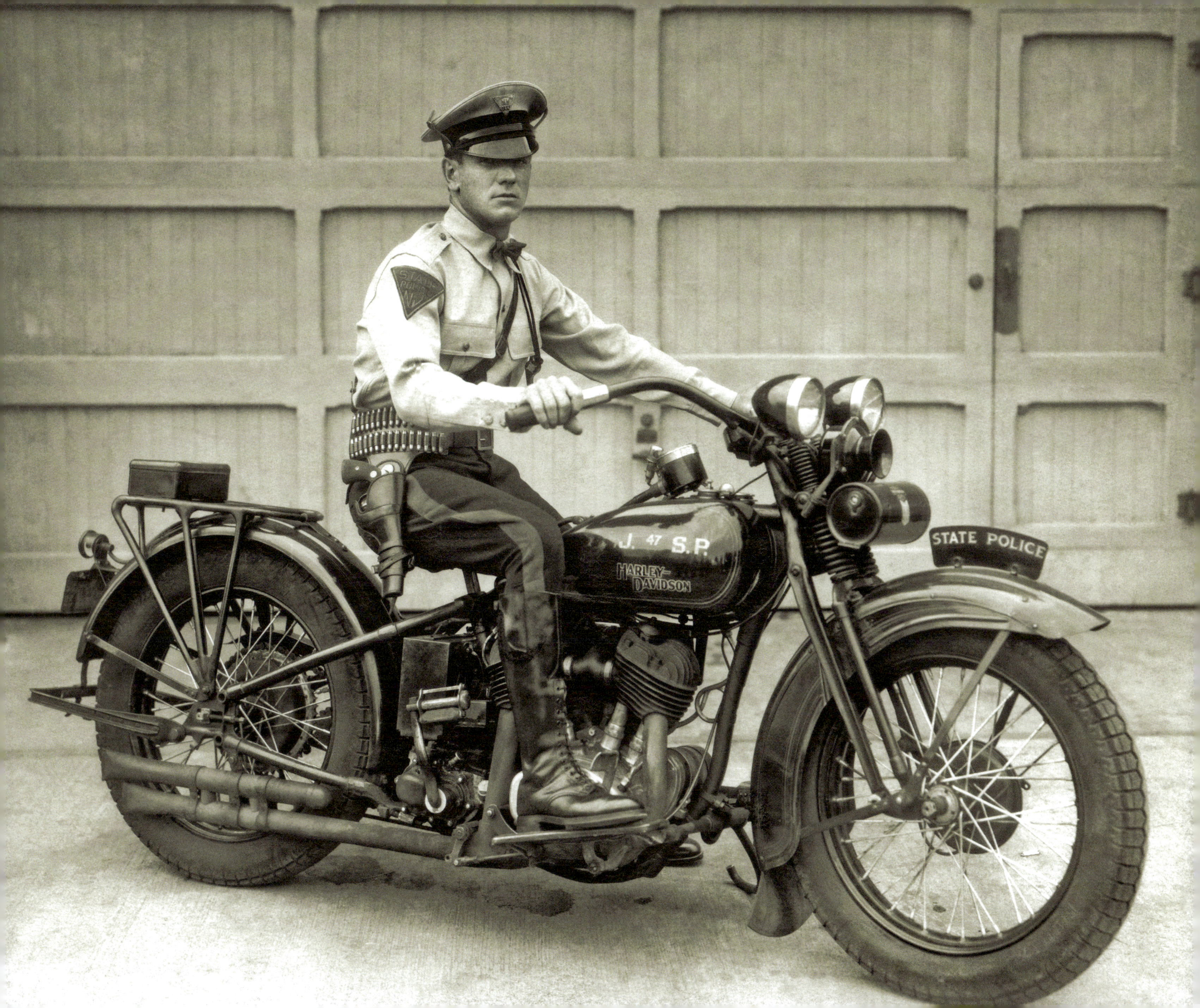
J. 47 S.P.
HARLEY-DAVIDSON
STATE POLICE

»JOE PETRALI GEWANN VON
1932 BIS 1935 DIE SEHR
POPULÄREN MEISTERSCHAFTEN
AUF DEM FLAT-TRACK UND
BEIM HILL-CLIMBING.«

Hill-Climbing ist 1936 der beliebteste Motorsport der USA. Hier bereitet sich der Champion Joe Petrali auf seinen Anstieg vor.

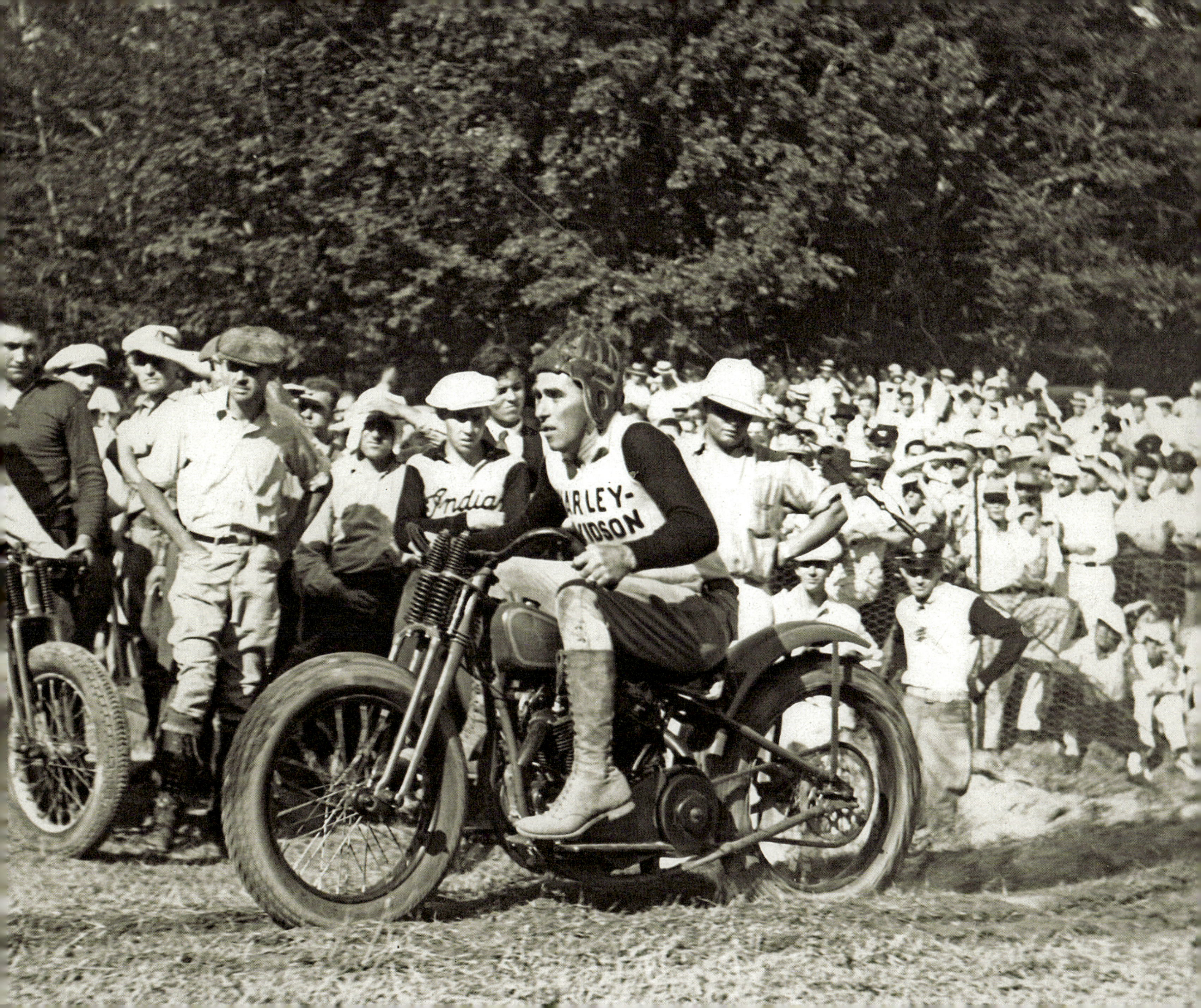
Indian
ARLEY-
VIDSON

auch darum, neben dem inzwischen vom Chemie- und Farben-Konzern DuPont übernommenen Wigwam aus Springfield gut dazustehen.

1933 startete Präsident Roosevelt den *New Deal*, um vier Millionen Arbeitslose in öffentliche Jobs zu bringen. Mit viel Mühe erholte sich die Wirtschaft und der Export durch das von Arthur aufgebaute Auslands-Händlernetz half, das Unternehmen zu erhalten. 1935 konnte Harley 35 000 Dollar einnehmen, weil eine Lizenz zum Bau der F-Head-Modelle an die japanische Firma Sankyo verkauft wurde, wo bald die Rikuo vom Band lief.

Trotz anfänglicher Schwierigkeiten wurde das neue OHV-Modell zu einem großen Erfolg. Sie kam genau zum richtigen Zeitpunkt, an dem das Land begann, sich wieder zu erholen – und zwar nicht als »Remix« aus bekannten Bauteilen, sondern vom Tachometer über den Tank bis zum riesigen Sattel komplett neu gestaltet. Ganz zu schweigen vom durch William Harley entwickelten neuen Motor: Im Zylinderkopf hängende Ventile, hohe Kompression und ein geschlossener Ölkreislauf bildeten die Grundlage für alle in den folgenden sechs Jahrzehnten kommenden Big-Twins – und machten die »Knucklehead« heute zum mythischen Twin. Damals werteten die 40 PS und 150 km/h Höchstgeschwindigkeit das Bar-and-Shield-Logo gewaltig auf. Die Motor Company konnte dem Big Chief von Indian endlich etwas entgegensetzen.

1938 wurde die erste Rallye in Sturgis organisiert. Harley nutzte diese Gelegenheit mit einigen am Fuße des Mont Rushmore aufgestellten E-Modellen. Fertiggestellt wurden die Präsidentenköpfe des National Memorial erst drei Jahre später (rechts).

Joe Petrali stellte 1937 mit der windschlüpfigen Knucklehead in Daytona Beach einen neuen Geschwindigkeitsrekord auf: 137 mph (219 km/h). Ein Teil der Verkleidung musste entfernt werden, weil die Maschine instabil wurde; für die Fotos wurde sie wieder angebaut (rechte Seite).

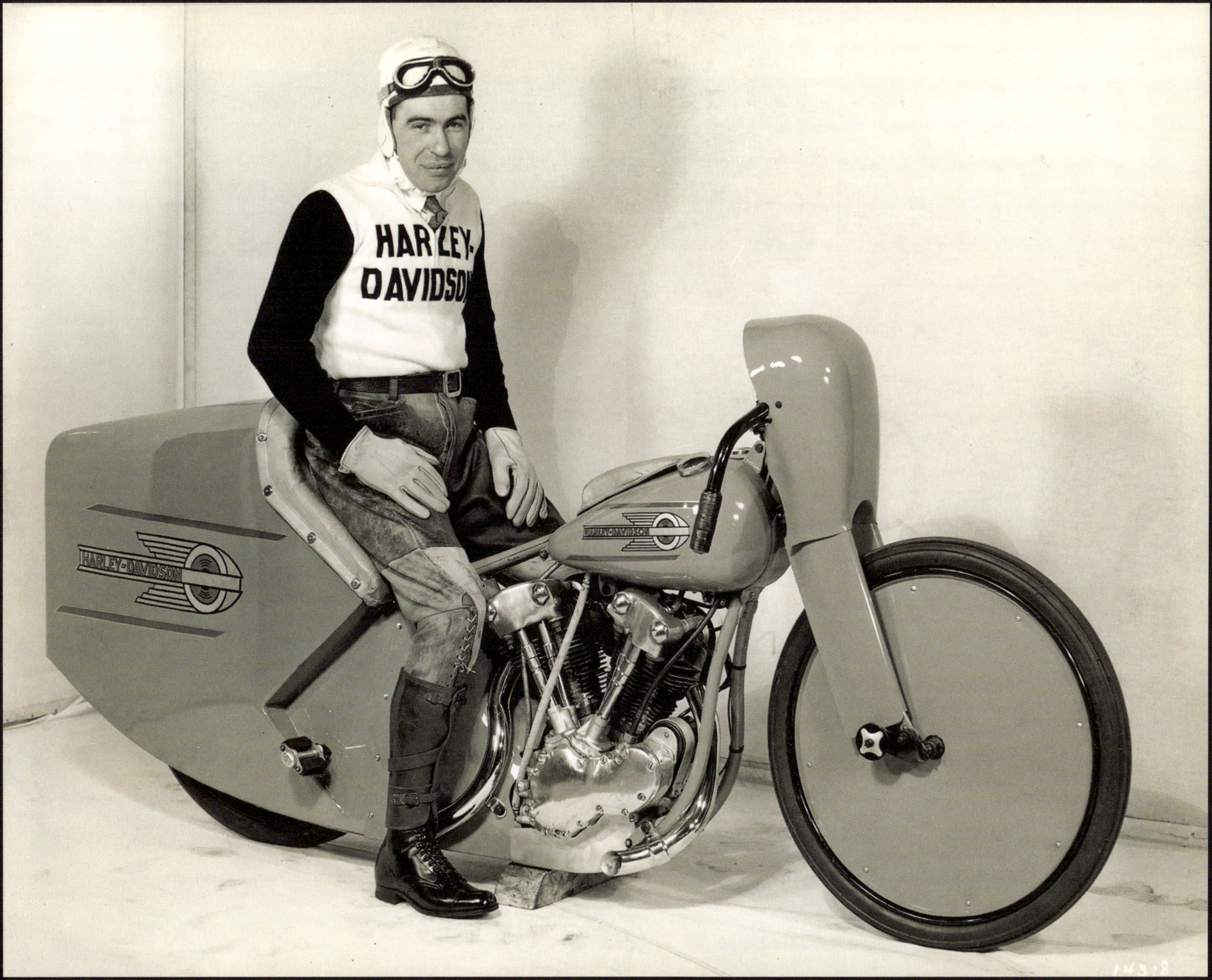
HARLEY-
DAVIDSON
HARLEY-DAVIDSON
HARLEY-DAVIDSON

DAS JAHRZEHNT IN KÜRZE

1930
Die Springer-Gabel wird modernisiert. 1948 soll sie durch die Telegabel ersetzt werden, doch 1988 kommt sie zurück.

1932
Einführung des Dreirads namens Servi-Car. Das bei Kleinunternehmen, Werkstätten und der Polizei beliebte Fahrzeug bleibt bis 1972 im Programm. Die Modelle 45 D und DL werden verbessert und in R und RL umbenannt. Sie verlieren ihre zwei kleinen nebeneinanderstehenden Scheinwerfer – die in den 1990er-Jahren zurückkehren sollen.

1933
Auf den Tank wird jetzt ein stilisierter Adler gemalt: Der Weißkopfadler findet sich als Symbol der USA auf vielen Harleys wieder.

1934
Aus wirtschaftlichen Gründen werden bei einigen Modellen verchromte Teile durch schwarzen Lack ersetzt. In den 1990er-Jahren kehrt dieser Stil als Mode zurück, und hält bis heute an.

1937

Das Modell 45 wird mit einem geschlossenen Ölkreislauf modernisiert und zur WL. Joe Petrali ist der schnellste Mann auf zwei Rädern: 219,16 km/h auf einer verkleideten EL. Hollywood-Stuntmen und andere Kalifornier gründen den 13 Rebels Moto Club, der noch heute existiert. Erste Bike Week in Daytona. William A. Davidson stirbt mit 66 Jahren.

1936

Einführung des OHV-Modells EL. Um anfänglichen technischen Problemen und Lieferschwierigkeiten vorzubeugen, stellte man ihr die seitengesteuerte VLH Solo Sport mit gewaltigen 1340 cm³ Hubraum zu Seite. Gründung des Jackpine Gypsies Motorcycle Clubs durch J.C. »Papy« Hoel, der ab 1938 die schon bald legendäre Sturgis-Rallye organisiert.

1938

Erstes Rennen in Sturgis. Ben Campanale gewinnt die 200 Meilen von Daytona.

1939

Kurz vor der deutschen Invasion in Polen testet die US-Army die WLA, eine Militärversion der WL.

DIE WICHTIGE HARLEY
Das später als »Knucklehead« bekannte Modell E bildete die Grundlage aller bis 1999 gebauten Big-Twins von Harley Davidson.

STILISTISCHES DETAIL
Die ersten Tank-Dekorationen erschienen zur Weltwirtschaftskrise.

DAS MOTORRAD DER ANDEREN
Die 1930 vom Franzosen Georges Roy erfundene Majestic ist das erste Motorrad mit einer aerodynamischen Vollverkleidung, allerdings blieb der Fahrer völlig unberücksichtigt.

DIE KONKURRENZ
Indian Four: Der Vierzylinder ist etwas schwachbrüstig, hat aber reichlich Stil.

DAS AUTO DER ZEIT
Der Chrysler Airflow war das erste Auto im Streamline-Design und wurde von allen Herstellern kopiert.

DER MANN
Joe Petrali – einer der ersten Stars des Motorsports.

1940–1949
MÄNNER-MOTORRÄDER

Das Säbelrasseln in Europa klang besorgniserregend, aber die Amerikaner waren mehrheitlich gegen jede Intervention. Auch nach der Niederlage Frankreichs im Juni 1940 dominierten immer noch der Isolationismus und die »America First«-Bewegung von Charles Lindbergh die Debatte. Wie schon im Ersten Weltkrieg lieferten die USA jedoch Waffen an das »Lager der Freiheit«. Erst nach dem Angriff Japans auf Pearl Harbor am 7. Dezember 1941 traten die USA offiziell in den Krieg ein.

Lag es am Militärischen oder an der höheren Geschwindigkeit? Ende der 1930er-Jahre sahen Motorradfahrer immer martialischer aus: Leder ersetzt Tweed, statt Golfmütze saß auf dem Kopf eine Fliegerkappe und die Füße steckten in Stiefeln statt in Halbschuhen. Das Motorrad hatte sein Gewicht innerhalb von 20 Jahren verdoppelt, war stärker und schneller geworden. Es wurde zu einem Vehikel für Männer, und sportliche Wettbewerbe hatten eine immer größere Bedeutung. Babe Tancredi und Ben Campanale, zwei Harley-Werksfahrer, die Indians schlagen können, wurden wahre Stars.

Auch Hollywood-Stars zeigten sich auf Motorrädern. Clark Gable war auf dem Titel des *Enthusiast* vom September 1942 auf seiner EL zu sehen, erzählte den Journalisten aber nicht, dass er auf dem Weg zu einem offenen Grab unterwegs war, um seinen Kummer zu ertränken. Seine Frau Carole Lombard hatte ihr Leben bei einem Flugzeugabsturz verloren. Sie war die erste Amerikanerin, die für ihr Land starb, da sie als Werberin für Kriegsanleihen unterwegs war.

Während des Krieges wurden 90 000 WLA-Harleys an die Streitkräfte der USA, Kanadas (hier hießen sie WLC), Großbritanniens, Australiens, der Sowjetunion (allein hierher gingen 30 000 Maschinen) und Frankreichs ausgeliefert. Die Motorräder hatten keine besonders glorreiche Rollen zu erfüllen: Sie dienten Kradmeldern und Verkehrspolizisten und erhielten nur selten Anerkennung. Selbst wenn sie unter Beschuss gerieten, waren die Fahrer dazu ausgebildet, noch während der Fahrt ihre Waffen zu ziehen und die Maschinen auf die Seite zu legen, damit sie Feuerschutz hatten.

Auf pazifischen Inseln erblicken erstaunte amerikanische Soldaten japanische Harleys – die Rikuo. In Europa erwartete sie eine andere Überraschung: europäische Motorräder. Darunter seltsame schwere und starke Boxermaschinen von Zündapp und BMW der deutschen Wehrmacht. Aber auch kleine englische Maschinen von Triumph, Velocette, Norton und BSA, die ihnen lehren, dass man auch ohne schleifende Trittbretter um Kurven fahren und auf 150 km/h beschleunigen konnte, ohne dafür 250 kg wiegen zu müssen.

Zurück in den USA wenden sie sich von den schweren Indians und Harleys ab und verlangen nach britischen Motorrädern. 1946 produzierten die beiden amerikanischen Hersteller 20 000 Motorräder, doch bereits

Für den Einsatz im Zweiten Weltkrieg entwickelte Harley Davidson die WL zur WLA – A für Army ... Um sie dem Militär schmackhaft zu machen, muss sie ihre Geländegängigkeit beweisen.

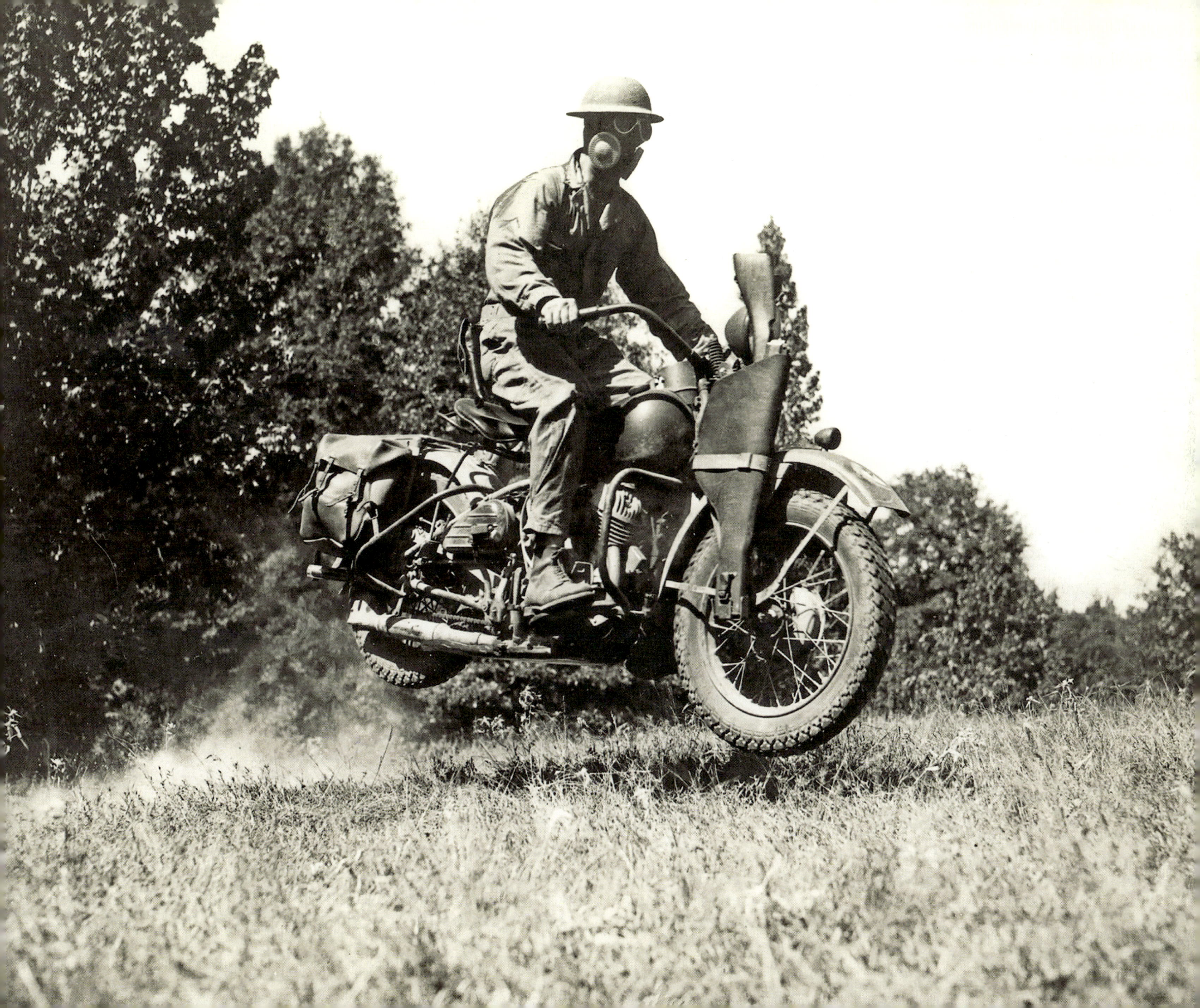

»DAS MOTORRAD HATTE SEIN GEWICHT INNERHALB VON 20 JAHREN VERDOPPELT, WAR STÄRKER UND SCHNELLER GEWORDEN. ES WURDE ZU EINEM VEHIKEL FÜR MÄNNER, UND SPORTLICHE WETTBEWERBE HATTEN EINE IMMER GRÖSSERE BEDEUTUNG.«

Der sich selbst »Wrecking Crew« (Abwracker) nennende Harley-Rennstall räumt auf allen Flat-Track-Kursen gut ab. Indians fallen nicht mehr ins Gewicht.

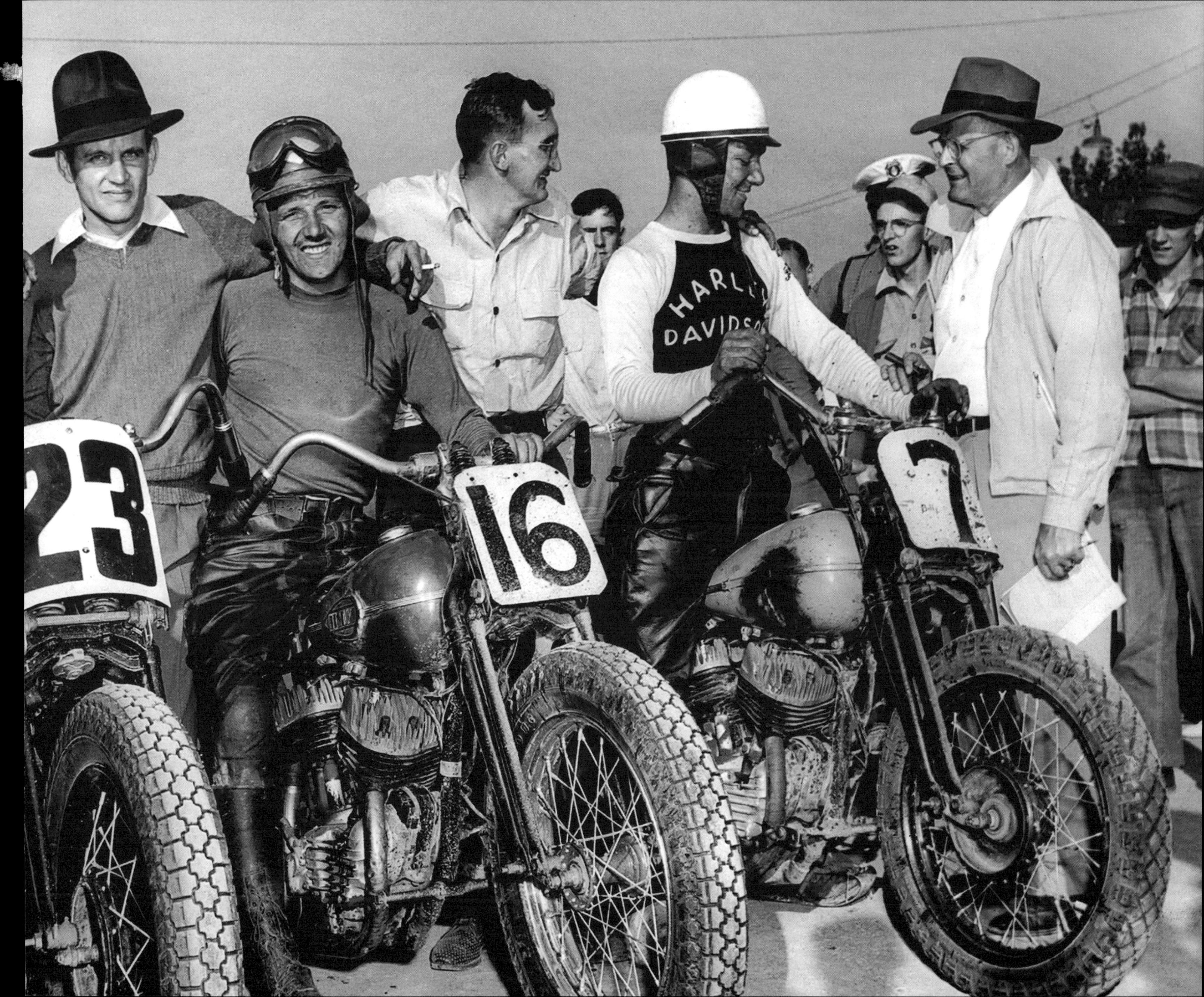
23
16
HARLE
DAVIDSO
7

1940 – 1949

MÄNNER · MOTORRÄDER

9000 englische Maschinen wurden importiert. Und das Vereinigte Königreich benötigte dringend Devisen. Viele Heimkehrer hatten Probleme, sich in das Zivilleben einzugliedern und waren auf der Suche nach Adrenalin. Sie fanden sich zusammen in Kameradschaften und den ersten unabhängigen Motorradclubs – Biker-Gangs. Wer sich kein britisches Bike leisten kann, entfernt von einer ehrwürdigen Harley die Kotflügel und anderer Teile, um Gewicht zu sparen und die Leistungsfähigkeit zu steigern. Dies war der Beginn der »Bobber«-Bewegung (to bob: abschneiden).

Im Jahre 1947 trafen sich tausende dieser Biker bei einer Sportveranstaltung der AMA in Hollister, Kalifornien zu einem gigantischen Besäufnis. Eine eigentlich banale Nachricht, die jedoch als Begründung der Biker-Mythologie gilt.

Harley-Davidson stand nicht auf Seiten der Biker, sondern auf Seiten der Ordnungsmacht. Als wichtigster Lieferant von Behördenmaschinen, Partner der AMA und politisch konservativ eingestelltes Familienunternehmen verstand man in Milwaukee von dem Phänomen nicht viel, war aber auch nicht wählerisch: 1947 belebten die ersten schwarzen Lederjacken die MotorClothes-Kollektion. Trotz der erfolgreichen britischen Motorräder blieb man bei Harley gelassen. Die neue OHV-Maschine (später als »Panhead« bezeichnet) wurde dank einer hydraulischen Telegabel bald zur Hydra Glide und sehr erfolgreich – auch, weil der Mitbewerber Indian nur noch ein Schatten seiner selbst war. Wie schon 1918 hatten viele beunruhigte Händler das Netz verlassen, weil es in Springfield versäumt worden war, seine Produkte zu erneuern.

Der 1940 von Motorradfahrerinnen gegründete Club *Motor Maids of America* existiert noch heute und ist der älteste Frauenmotorradclub der Welt (oben).

Diese einwandfrei gekleideten Motorradfahrer lassen sich gut als AMA-Mitglieder erkennen, denn sie fuhren damals stets in gut organisierten Gruppen und mit komplett ausgerüsteten Motorrädern. »Biker« waren dagegen eher etwas unorganisierter und auf »Bobbern« unterwegs (rechts).

048

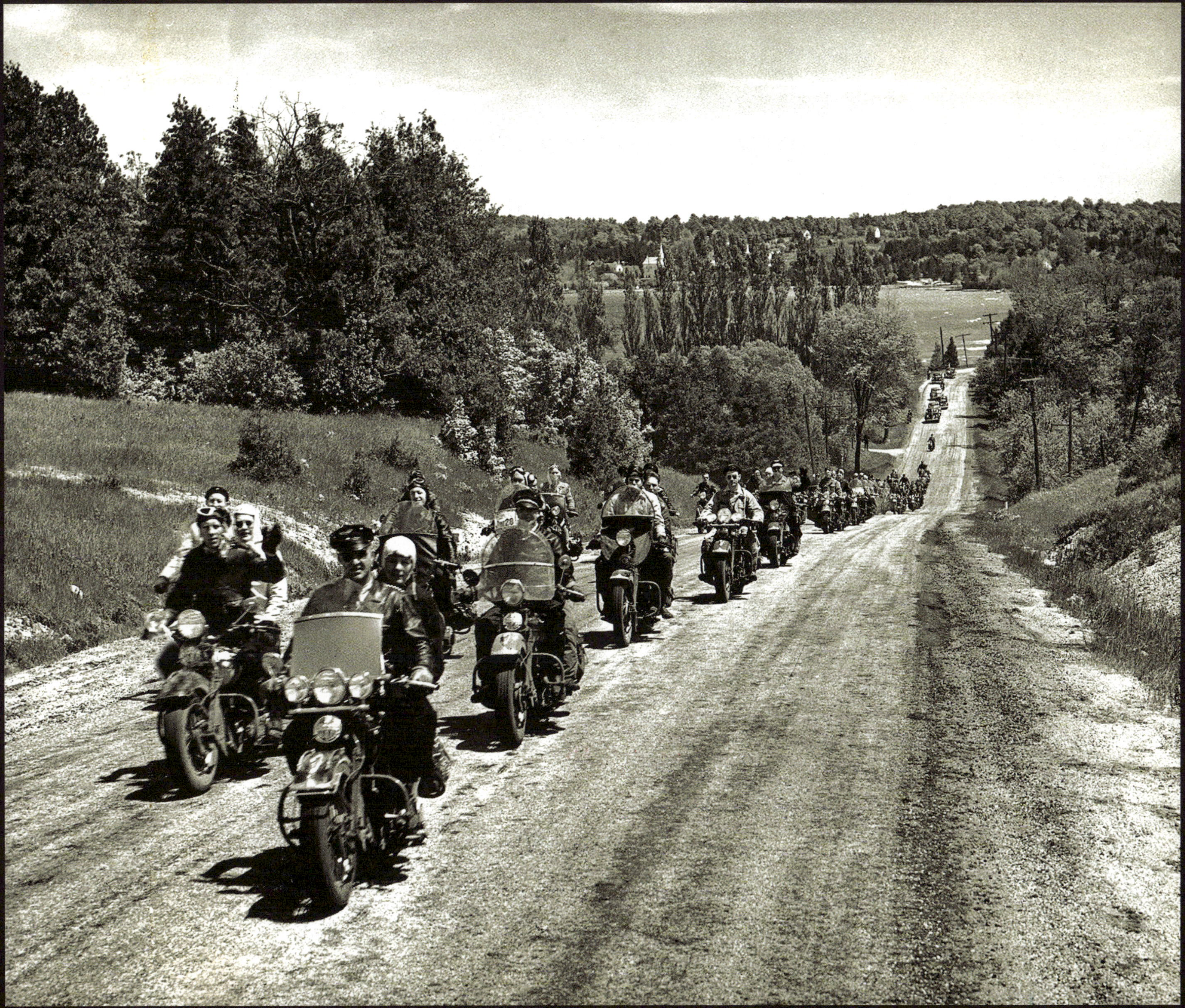

DAS JAHRZEHNT IN KÜRZE

1941

*Die US-Armee beauftragt H-D mit der Entwicklung einer Boxermaschine mit Kardanantrieb, wie man sie von BMW kennt. Die XA wird in geringen Stückzahlen produziert, erlebt aber nach Kriegsende nur eine kurze zivile Karriere.
Harley-Davidson gewinnt zum 17. Mal in Folge das Jack-Pine-Langstreckenrennen, das als Vorläufer der Bajas und der Rallye Paris–Dakar gilt.*

1942

Walter Davidson stirbt mit 65 Jahren. William H. Davidson wird neuer Leiter des Unternehmens.

1943

William Harley stirbt im Alter von 66 Jahren.

1944

Das (im Januar 1943 gegründete) Pentagon widerruft eine Bestellung von 11 000 WLA – bei Harley-Davidson werden dadurch 500 Arbeiter entlassen.

1945

Das War Production Board erlaubt Harley-Davidson lediglich den Bau von 6000 zivilen Motorrädern. An die Armee werden 15 000 WLA zum Stückpreis von 450 Dollar geliefert.

1946

Die Produktion kann wieder komplett auf zivile Motorräder umgestellt werden, doch in Milwaukee wird gestreikt. Viele nicht an die AMA gebundene Motorradclubs werden gegründet.

1947

Im Jahre 1947 treffen sich tausende dieser Biker bei einer Sportveranstaltung der AMA in Hollister, Kalifornien zu einem gigantischen Besäufnis.
Die neue H-D-Fabrik am Capitol Drive wird eingeweiht.

1948

Eine modifizierte Version des OHV-Twins mit Aluminium-Zylinderköpfen und Hydrostößeln im Ventiltrieb soll die Zuverlässigkeit verbessern. Durch die markanten Ventildeckel wird der neue Motor später als »Panhead« bekannt.
Die von der DKW RT 125 abgeleitete »Hummer« ist bei Teenagern sehr beliebt, doch manche H-D-Händler weigern sich, sie zu verkaufen: Sie sei kein echtes Motorrad.

1949

Die Springer-Gabel wird zugunsten einer »europäischen« Teleskopgabel aufgegeben, das OHV-Modell heißt daher ab sofort »Hydra Glide«.

DIE WICHTIGE HARLEY
Die Hydra Glide erschien mit Alu-Zylinderköpfen samt Hydrostößeln und einer hydraulischen Telegabel.

EIN TECHNISCHES DETAIL
Die hydraulische Telegabel der Hydra Glide.

STILISTISCHES DETAIL
Das »aerodynamische« Schutzblech der Hydra Glide.

DAS MOTORRAD DER ANDEREN
Das Ural-Gespann von 1940 ist eine sowjetische Kopie der BMW R 71 – mit rustikalem Motor, angetriebenem Beiwagen und Rückwärtsgang.

DAS AUTO DER ZEIT
Der Pickup Ford F von 1948 gilt als wahrer Nachfolger des T-Modells und begründet bis heute eine Dynastie.

DER MANN
Clark Gable, der erste Star auf einer Harley – einer Knucklehead.

1950 – 1959

UND HARLEY SCHUF DIE SPORTSTER ...

Zwischen Beatniks und McCarthyismus, zwischen naivem Fortschrittsglauben und der Angst vor einer atomaren Apokalypse taumelten die USA im Rhythmus des aufkeimenden Rock'n'Roll. Das FBI spürte Kommunisten bis in die Garderoben von Hollywood auf, während Elvis mit seinem Hüftschwung schwache Mädchen in Ohnmacht fallen ließ. Cadillacs glitzerten in der Sonne über den ersten Interstate-Highways, die auf Wunsch von Präsident Eisenhower – und auf Rat der Bosse der Autoindustrie – zwischen den Großstädten gebaut worden waren. Motorräder ließen sich immer einfacher bedienen. Man musste nicht mehr während der Fahrt die Zündung und das Gemisch verstellen, und dank der nach europäischem Standard angeordneten Bedienelemente mussten auch zum Wechseln der Gänge nicht mehr die Hände vom Lenker genommen werden.

Bei Harley schien zunächst alles gut zu laufen. Die neue Hydra Glide kam bei der Polizei gut an und der neue Wishbone-Rahmen genoss bei der Händlerschaft einen guten Ruf. Doch es gab auch bedrohliche Hinweise: Unter jungen Amerikanern hatten britische Maschinen einen Marktanteil von 40 %. Als Antwort stellt Harley-Davidson das Modell K vor, dessen kompakte Fahrwerk mit Telegabel und Schleppschwinge zwar modern wirkte, doch mit dem seitengesteuerte V2 den OHC-Paralleltwins der Briten nicht das Wasser reichen konnte. 1953 wurde ohne große Begeisterung das 50-jährige Firmenjubiläum gefeiert, und der Umsatz sank gegenüber dem Vorjahr um 20 %. Immerhin konnte Harley dank eines Hubraumvorteils mit der abgeleiteten Sportversion KR die 200 Meilen von Daytona gegen 500er Manx-Nortons und BSAs gewinnen, doch half dies beim Verkauf der schwächlichen K nur wenig.

Mit der Duo Glide wurde bei Harley das vollgefederte Fahrwerk eingeführt, aber der Federsattel wird nicht aufgegeben (oben).

Das Sportster-Triebwerk basiert auf dem Rumpf des 750er-K-Motors. Weil bei Seitenventilern die Ventile parallel zu den Zylindern stehen, war das Modell K mit vier unten liegenden Nockenwellen ausgerüstet – diese trägt die Sportster bis heute! Wie bei britischen Twins ist die Fußschaltung rechts angeordnet (rechts).

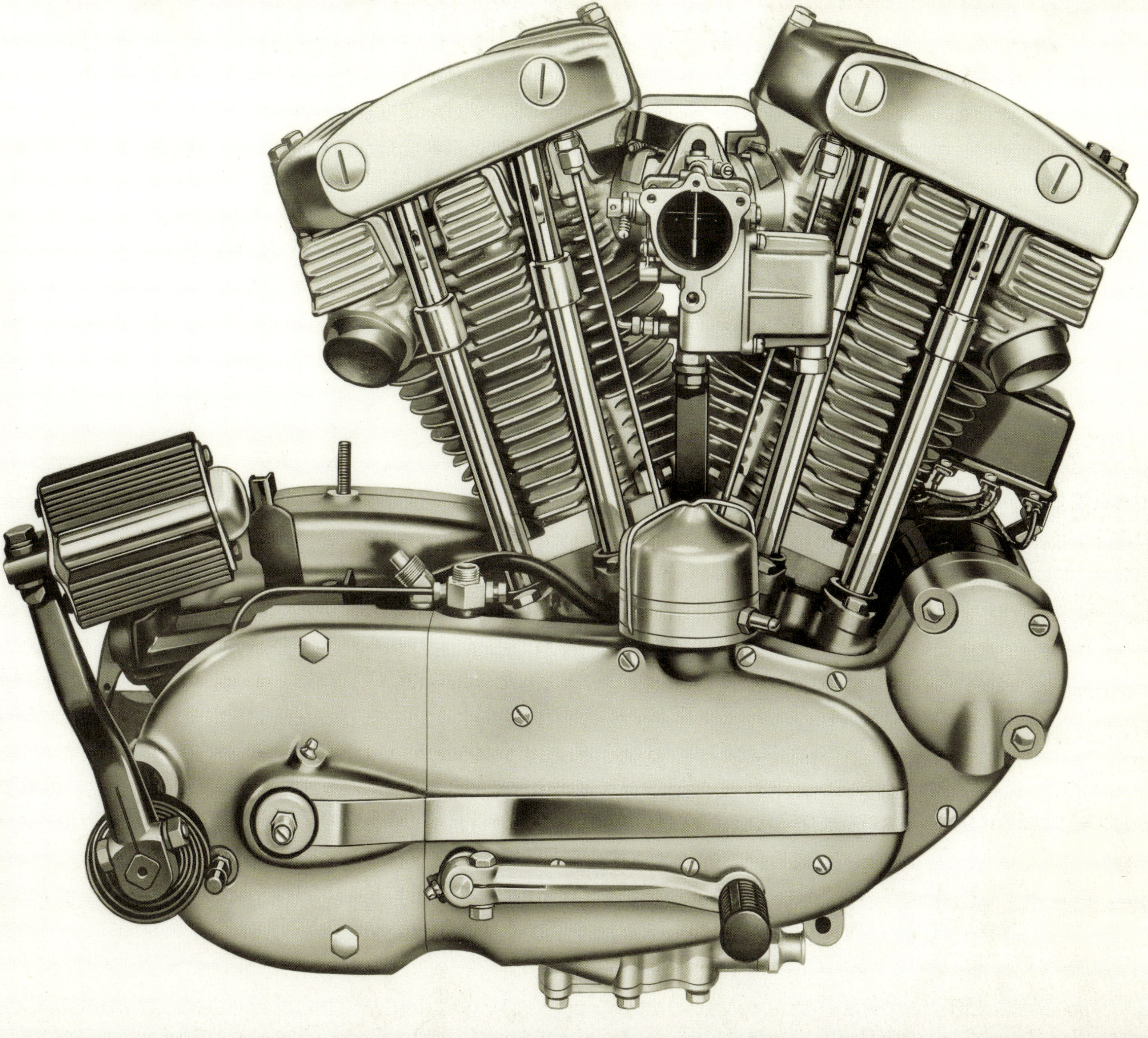

1950 – 1959

… UND HARLEY SCHUF DIE SPORTSTER…

Zur eigenen Rettung wurde bei der Regierung der Antrag gestellt, auf importierte Motorräder eine Strafsteuer von 40 % zu erheben. Als der befolgt wurde, kaufte das AMC-Konsortium (AJS, Matchless, Norton und Velocette) 1953 die Marke Indian auf; 1955 verschwand der Indianerkopf schon wieder.

Der Markt hatte seine eigenen Gesetze: Jugendliche und Rocker bevorzugten britische Maschinen, da diese sich für echte Rebellen besser eigneten als die schweren Eisen, die eher zu Polizisten und Spießern passten und mit ihren großen Koffern als »Müllwagen« abgetan wurden. Auch wenn Elvis Presley auf dem Titel des *Enthusiast* mit seiner KH abgebildet war, schwappte die Britbike-Welle bis nach Hollywood. Marlon Brando fuhr in *The Wild One* (1953) eine Triumph Thunderbird, während die Bösen, angeführt von Lee Marvin, auf alten zu Bobbern verwandelten Harleys saßen. Schauspieler von Steve McQueen bis James Dean schworen auf Triumph. Clark Gable und seine Knucklehead schienen weit weg zu sein … Motorradfahrer, die amerikanischen Marken treu blieben, bildeten eine kleine, aber radikale Minderheit. Sie kappten nicht nur die Schalldämpfer und Kotflügel ihrer Maschinen, um sie zu Bobbern zu machen, sondern sie frisierten auch die Motoren, senkten den Rahmen und streckten die Gabel – und kündigten damit die Chopper-Bewegung an.

Harley machte aus der Not eine Tugend und stellte 1957 die XL Sportster vor, die weitgehend auf dem Modell K basierte, doch jetzt mit OHC-Zylinderköpfen ausgerüstet war, um mit gesunden 40 PS aus 883 cm³ Hubraum gegen die Triumph Thunderbird antreten zu können. Schon ein Jahr später setzte die XLH »High Compression« mit 55 PS einen neuen Meilenstein im Motorradbau. Die Hydra Glide wurde zur Duo Glide, indem sie den neuen »Stepdown«-Rahmen samt hydraulisch gedämpfter Hinterradschwinge erhielt – zwanzig Jahre nach europäischen Maschinen von Royal Enfield, Vincent oder Moto Guzzi.

1960 sprang Harley-Davidson mit dem Topper auf die Scooter-Welle auf, doch nur etwa 3000 dieser mit einem Hummer-Motor ausgerüsteten Fahrzeuge wurden verkauft.

Die bei Aermacchi in Italien gebaute 250 Sprint soll mit kleinen Maschinen aus Europa konkurrieren. Die Maschine verkauft sich zwar gut, ist aber nicht sehr zuverlässig.

»MOTORRÄDER LIESSEN SICH IMMER EINFACHER BEDIENEN. MAN MUSSTE NICHT MEHR WÄHREND DER FAHRT DIE ZÜNDUNG UND DAS GEMISCH VERSTELLEN, UND DANK DER NACH EUROPÄISCHEM STANDARD ANGEORDNETEN BEDIENELEMENTE MUSSTEN AUCH ZUM WECHSELN DER GÄNGE NICHT MEHR DIE HÄNDE VOM LENKER GENOMMEN WERDEN.«

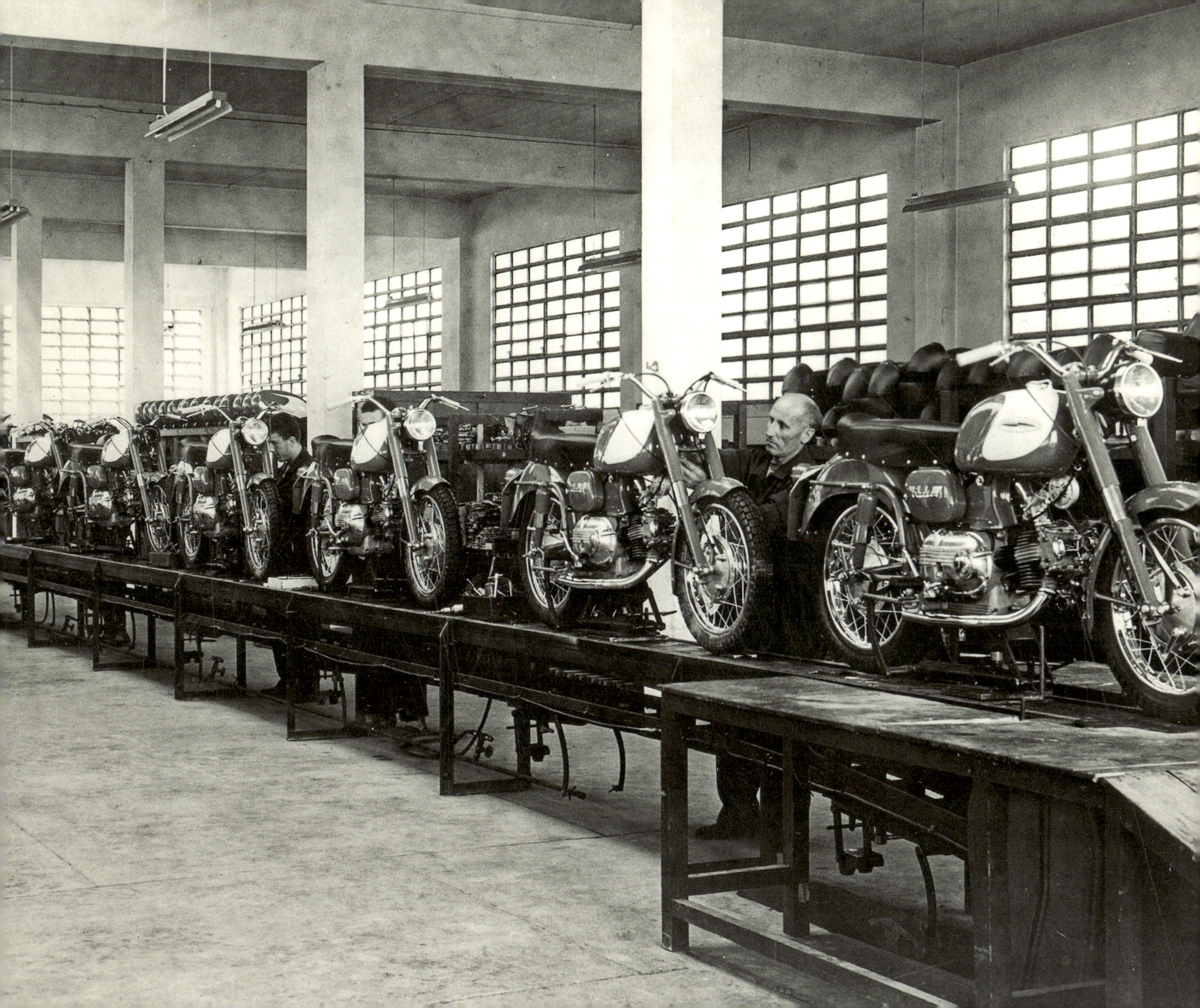

DAS JAHRZEHNT IN KÜRZE

1950

*Indian wird von Torque Engineering Co. gekauft und in zwei Unternehmen aufgeteilt. Harleys Erzrivale war nicht innovativ genug gewesen und schrumpfte von Jahr zu Jahr.
Arthur Davidson stirbt als letzter der vier Firmengründer im Alter von 69 Jahren bei einem Autounfall.*

1951

*Die seit 1929 produzierte WL 45 wird nicht mehr angeboten.
Der Staat verhängt eine Importsteuer von 40 Prozent, von der vor allem britische Marken betroffen sind.*

1952

Mit dem Modell K will man auf britische Maschinen reagieren, doch ein antiquierter seitengesteuerter Motor in einem modernen Fahrwerk bringt keinen Erfolg.

1953

Der Film The Wild One spielt auf die Ereignisse von Hollister an und zeigt die Welt der Biker-Bewegung. Amerikanische Spießer erschauern, doch deren Kinder sind begeistert. Harley-Davidson feiert seinen 50. Geburtstag.

1954

Die KR beherrscht den Dirt-Track, während die Straßenversion KRTT bis 1965 fast alle 200-Meilenrennen in Daytona gewinnt.

1957

Einführung der Sportster. Dick O'Brien integriert sie in die von ihm geleitete Rennabteilung – und wird damit zum Vater der zukünftigen XR-Rennmaschine.

1958

Durch die Umstellung auf ein gefedertes Hinterrad ändert sich der Stil der jetzt Duo Glide genannten Big-Twins. Trotzdem bleibt der riesige gefederte Sattel, auf dem auch ein Beifahrer noch genügend Platz findet. Eine Sitzbank im europäischen Stil sollte noch lange auf sich warten lassen.

DIE WICHTIGE HARLEY
Die Sportster soll es mit englischen Maschinen aufnehmen.

STILISTISCHES DETAIL
Zum 50. Firmenjubiläum wird auf dem Schutzblech eine V-Medaille angebracht. Sie soll länger bleiben …

DIE KONKURRENZ
Die Triumph Thunderbird – die kleine britische Bombe.

DIE KURIOSITÄT
Der Topper ist der erste – und der letzte – Motorroller von Harley Davidson.

DAS AUTO DER ZEIT
Chevrolet Corvette – der leichte Roadster mit Kunststoff-Karosserie und italienischem Design wird zum Anti-Cadillac.

DER MANN
Marlon Brando in The Wild One.

1960 – 1969

ROCK 'N' DAVIDSON

Der 1961 zum Präsidenten gewählte John F. Kennedy machte die USA mit seiner dynamischen Art etwas lockerer. Nach seiner Ermordung im November 1963 geriet der schon lange schwelenden Konflikt in Vietnam in Brand, doch erst nach dem Einziehung von Wehrpflichtigen durch die US-Army im Jahre 1966 regten sich Proteste. Währenddessen machte der Rock 'n' Roll die riesige Baby-Boomer-Generation rebellisch gegenüber dem typischen America Way of Life. Zu Beginn des Jahrzehnts blieb der Yankee noch brav und war gegen die Revolte. Noch.

Nach dem Motorrad kam die Musik. Und wieder entstanden die Veränderungen bei den Briten: 1964 setzten zuerst die Beatles auch amerikanische Stadien in Brand, es folgten die Roling Stones, The Who, die Kinks, die Animals und viele mehr. Die *British Invasion* brachte nicht nur einen neuen Sound, sondern auch eine neue europäische Sensibilität, eine Mischung aus Nihilismus und Fortschrittlichkeit, die mit der Utopie der amerikanischen Beatniks fusionierte. Aus alledem gingen die Hippiebewegung und die Popmusik hervor, in der sich immer noch ein wenig Rock 'n' Roll fand. Die Haare wurden immer länger und auf die schwarze Perfecto-Lederjacke folgte die Wildleder-Fransenjacke.

Die Hippies predigten Hedonismus und freie Liebe und sie verlangten nach künstlichen Paradiesen, Frieden in Vietnam sowie gesellschaftliche Veränderungen. All dies revolutionierte auch die Fahrzeuge. Zur Mitte des Jahrzehnts explodierte der Motorradmarkt im Westen der USA – und Japan brachte die richtigen Motorräder über den Pazifik.

Während Rocker in Großbritannien ihre Nortons, BSAs und Triumphs mit Stummellenkern, zurückversetzten Fußrasten und Höckersitzbänken in Café-Racer verwandelten, gingen US-Biker genau anders herum vor und montierten hohe Kuhhorn-Lenker, vorverlegte Fußrasten und möglichst niedrige Sitze. Dazu reckten und verlängerten sie ihre Gabeln und installierten möglichst breite Hinterräder in gebrauchte Knuckleheads oder andere Alteisen.

Die Custom-Szene hängte ihre Fransentaschen fast nur an Harleys und war streng orthodox und patriotisch. Noch niemals bestand eine solche tiefe Kluft zwischen einem Unternehmen und seinen Kunden: Puritanismus und Konservatismus auf der einen Seite, freie Liebe und Rebellion auf der anderen.

Weil das Unternehmen diese Randgruppe ignorierte, wurden die Marktlücken größer und von anderen Herstellern mit kleinen und preiswerten Motorrädern gefüllt. Oft handelte es sich um »Scrambler«, Vorgänger der Enduros, die bei amerikanischen Familien sehr beliebt wurden.

Bald konnte auch Harley solche Maschinen liefern. Der von H-D übernommene italienische Hersteller Aermacchi lieferte die Viertakt-Einzylinder Sprint 250 und 350, hinzu kamen die von der alten DKW abgeleiteten 175er-Zweitakter Pacer, Ranger und Scat; nicht zu vergessen den kurzzeitig angebotene Motorroller Topper mit seiner Fiberglas-Verkleidung. Der Scooter musste wie ein Rasenmäher mit einem Seilzug gestartet werden, wurde aber auch wegen seines klobigen Designs zum Flop. Die kleinen Fahrzeuge retteten Marktanteile, konnten aber nicht die geringe Nachfrage nach Big-Twins ausgleichen; besonders zur Mitte des Jahrzehnts gingen deren Verkaufszahlen massiv zurück.

Es waren japanische und italienische Hersteller, die Harley im Bereich der Freizeitmotorräder in jeder Hinsicht abhängten. Vespa- und Lambretta-Roller summten an der Ost- und der Westküste umher. Ducati traf mit den Scramber-Modellen ins Schwarze, und Honda festigte ab 1959 seinen Ruf mit soliden und sparsamen kleinen Maschinen. Suzuki, Yamaha und Kawasaki folgten bald mit schnellen Zweitaktern und bildeten rasch ein Monopol im boomenden Segment der Motocross-Maschinen. 1965 musste sich das Familienunternehmen Harley-Davidson schließlich öffnen, um Kapital einzusammeln.

Marianne Faithfull als *Girl on a Motorcycle*. Neben der Electra Glide spielt auch Alain Delon mit.

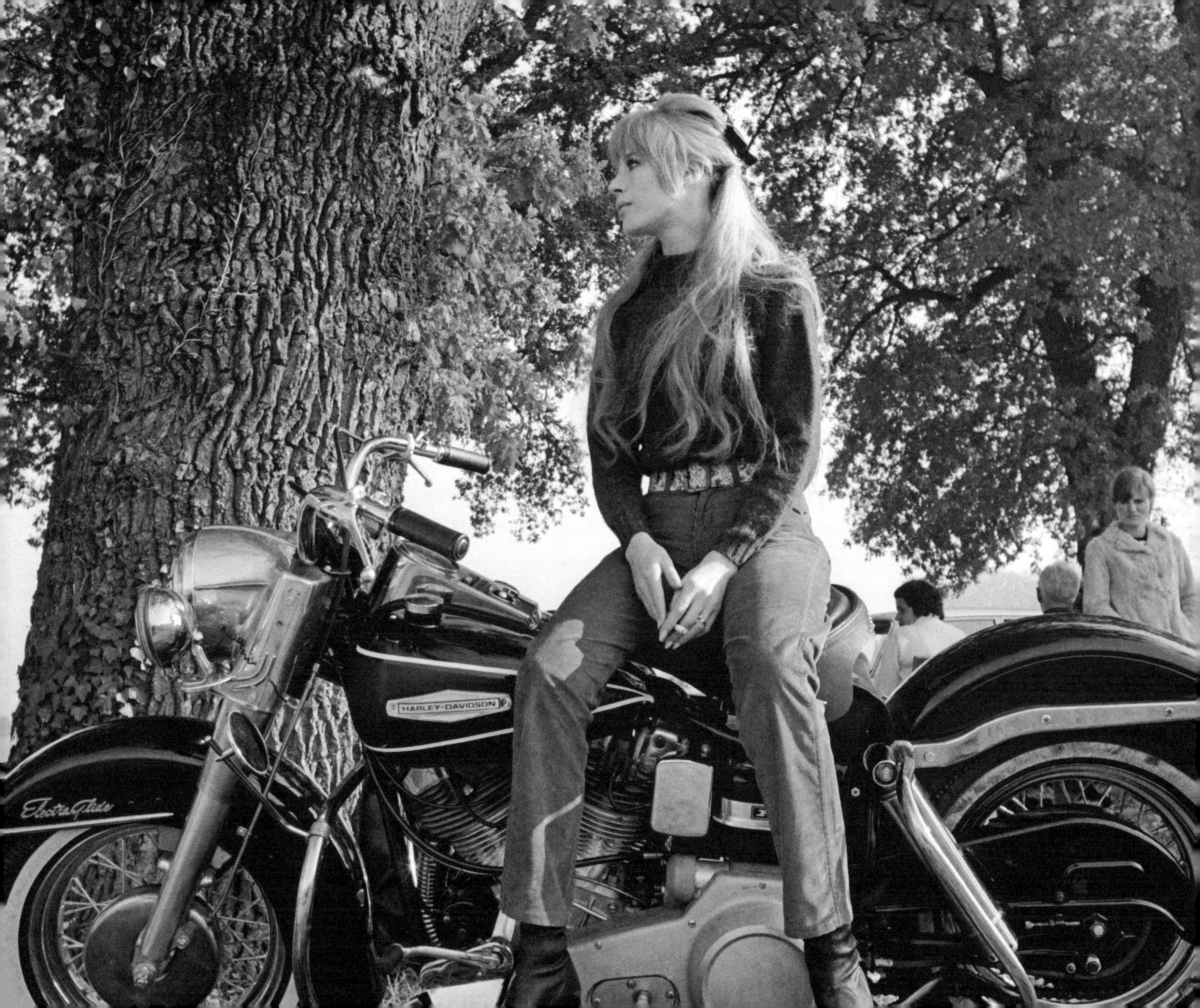
HARLEY-DAVIDSON
Electra Glide

1960 – 1969

ROCK 'N' DAVIDSON

Noch schlimmer war, dass das Image von Harley in die Jahre kam. Ein Werbespruch fasst das Problem zusammen: »You meet the nicest people on a Honda« (die nettesten Leute fahren Honda). Denn wer fuhr Ende der 1960er-Jahre noch eine Harley-Davidson? Auf der einen Seite rasten gruselige Rocker und bekiffte Hippies mit ihren Choppern und Custombikes herum; auf der anderen Seite saßen alternde Spießer und dicke Polizisten auf ihren trägen Electra Glides, die dank eines 35 kg Mehrgewicht bringenden elektrischen Anlassers ab 1965 die Duo Glide abgelöst hatte. Doch während Harley gerade damit begonnen hatte, sein Angebot zu elektrisieren, waren von Ducati desmodromisch gesteuerte Motoren, von Honda ausgereifte Twins und von Triumph und BSA Dreizylindermaschinen an den Start gebracht worden.

Glücklicherweise fuhr die Jugend auf Harleys neue Sportster XLH ab. Diese vom K-Modell abgeleitete flinke Maschine verteidigte Harleys Ruf, »echte Motorräder« zu bauen und nahm es leistungsmäßig mit der seit 1959 angebotenen Triumph Bonneville auf. Für die folgenden 20 Jahre sollte es vor allem die Sportster sein, die das Unternehmen über Wasser hielt.

Weil das durch die XLH verdiente Geld jedoch nicht ganz reichte, verkauften die Familien Harley und Davidson 1969 die Mehrheit ihrer Anteile an den Mischkonzern American Machine and Foundry (AMF), deren Chef Rodney C. Gott ein großer Harley-Fan war und große Pläne hatte. Im gleichen Jahr präsentierte Honda die unglaubliche CB 750 Four mit Vierzylindermotor, Fünfganggetriebe und Vorderrad-Scheibenbremse – und läutete damit eine völlig neue Zeit ein.

Der Topper ist der einzige jemals von Harley Davidson gebaute Motorroller. Er wird wie ein Rasenmäher mithilfe eines Zugseils gestartet (rechts).

Die jetzt als Harley Davidson verkauften Aermacchis hatten nur kurzzeitig Erfolg. Diese 350er wurde 1965 bei Wüstenrennen eingesetzt (rechte Seite).

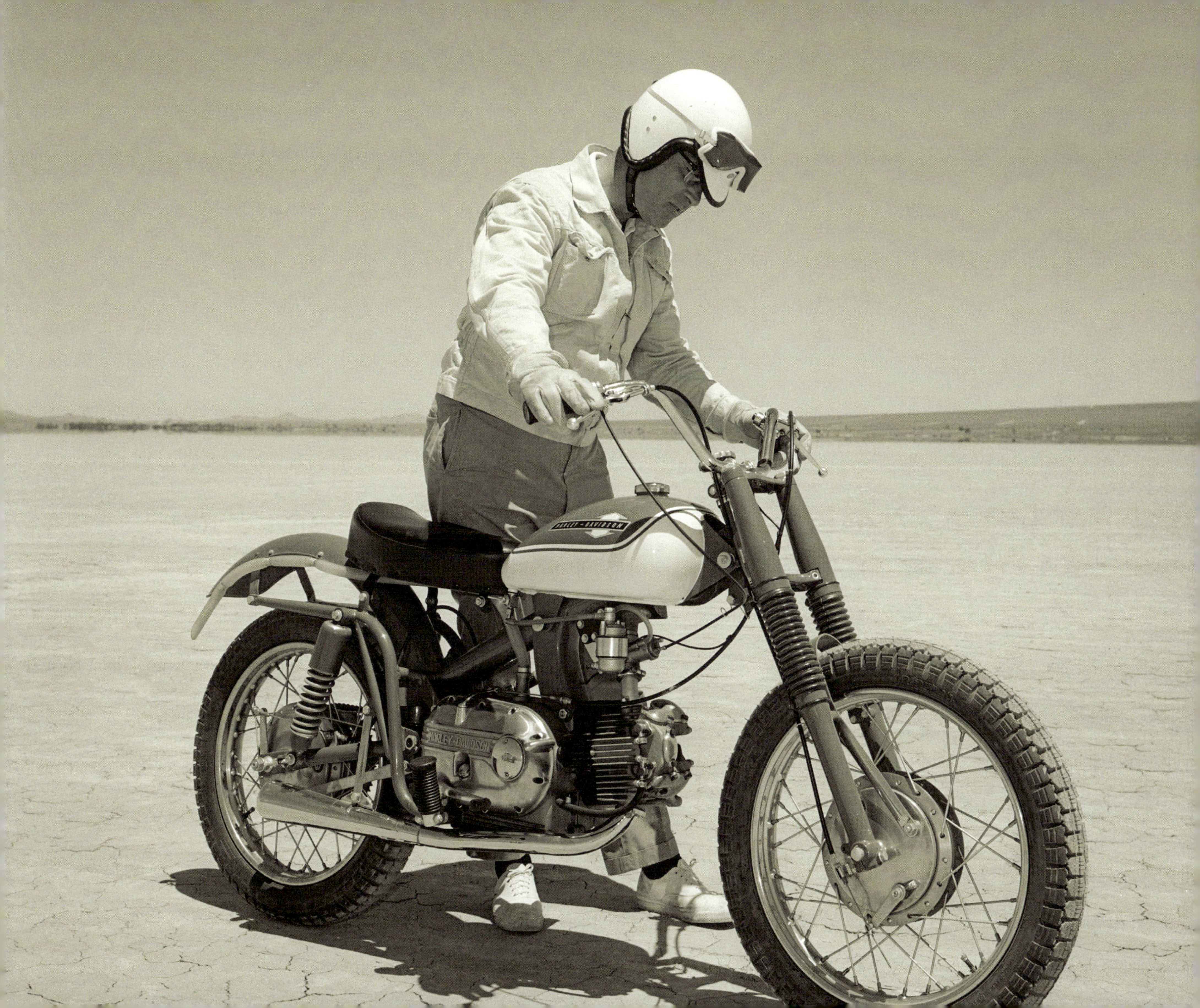
HARLEY-DAVIDSON
HARLEY-DAVIDSON

DAS JAHRZEHNT IN KÜRZE

1960
Die Vespa ist schwer in Mode, also stellt auch Harley-Davidson seinen ersten (und letzten) Scooter vor. Der Topper wird im italienischen Aermacchi-Werk gebaut.

1961
Aermacchi baut für Harley-Davidson auch die Sprint mit liegendem 250er- und 350er-Einzylinder-Viertaktmotor. Die Maschine wird als Straßenmaschine und Scrambler angeboten, doch der große Verkaufserfolg bleibt aus.

1962
Harley-Davidson erwirbt einen Hersteller, der bereits Koffer für Tourenmaschinen produziert. Für die Entwicklung des Designs sieht man hierin eine wichtige Entscheidung.

1963
Willie G. Davidson, Enkel des Gründers William A., tritt nach einer Tätigkeit bei Ford in die Design-Abteilung der Motor Company ein. Er trägt kurze Haare, eine eckige Brille, Anzug und Krawatte.

1965
Die Duo Glide wird durch den Anbau eines elektrischen Anlassers zur Electra Glide; dieser Name sollte mindestens für die nächsten 50 Jahre beibehalten werden.

1966

Mithilfe neuer Zylinderköpfe wird bei den Big-Twins das Schmiersystem verbessert. Erst jetzt werden die Triebwerke in Knuckleheads, Panheads und die neuen Shovelheads (Schaufelköpfe) unterschieden. Nachdem 1970 auch der Motorrumpf überarbeitet wurde, heißen die bis dahin gebauten Motoren »Early Shovel«.

1967

Brigitte Bardot singt, sie brauche niemanden auf der Harley-Davidson (»Je n'ai besoin de personn' en Harley Davidson«). Und Marianne Faithfull brennt Nackt unter Leder *(deutscher Titel)* als The Girl on a Motorcycle *(Original)* mit Alain Delon auf ihrer Electra Glide durch.

1968

Honda präsentiert die CB 750 Four und erschüttert damit die Fundamente der westlichen Motorradindustrie. Die Sportster erhält einen elektrischen Anlasser und den kleinen Peanut-Tank.

1969

Calvin Rayborn gewinnt die 200 Meilen von Daytona – allerdings das letzte Mal, denn ab nun werden ausschließlich japanische Hersteller um den Sieg kämpfen.

DIE WICHTIGE HARLEY
Die KR – ein mechanisches Wunder, und die letzte echte Harley-Rennmaschine.

STILISTISCHES DETAIL
Bei Harley wird der gefederte »Fahrradsattel« beibehalten.

DAS MOTORRAD DER ANDEREN
Die Ducati Scrambler – mit Wettbewerbs-Fahrwerk und kleinem OHC-Einzylinder.

DIE KONKURRENZ
Die Triumph Bonneville hatte sich ihren Namen bei einem Geschwindigkeitsrekord auf dem Salzsee in Utah verdient.

DAS AUTO DER ZEIT
Der Ford Mustang begründet eine neue Klasse: das Ponycar – erschwinglich, kompakt und leistungsstark.

DER MANN
Rodney C. Gott, Chef von American Machine and Foundry (AMF), liebt Harleys – und kauft die Firma.

»BRAD ANDRES FÄHRT 1960 ALS SIEGER – GENAUSO WIE DIE FOLGENDEN 14 FAHRER – MIT EINER HARLEY DAVIDSON NACH EINEM 200 MEILEN-RENNEN ÜBER DIE ZIELLINIE IN DAYTONA.«

Die Harley KR gewinnt 1960 in Daytona alle Rennen. Aber auf den Märkten sind es Briten und Italiener, die sich ein Kopf-an-Kopf-Rennen liefern.

scores GRAND SLAM WIN at DAYTONA

...ACES in ...CHAMPIONSHIP
...NDRES

- ...LEONARD
- ...EMMICK
- ...TIBBEN
- ...RY SCHAFER
- ...O'BRIEN
- ...WHITE

BRAD ANDRES

TIME: 98.06 M.P.H.

FIRST 7 PLACES in 100-MILE AMATEUR EVENT

1st TOM SEGRAVES

- 2nd ED WARREN
- 3rd JOHN PERSSON
- 4th LARRY PALMGREN
- 5th JOE KNOPP
- 6th BOB MOORE
- 7th BILL SCHAEFER

NEW RECORD TIME: 97.05 M.P.H.

TOM SEGRAVES

DAYTONA BEACH, FLA.
MARCH 12-13, 1960

1970 – 1979

SCHACHZÜGE, WUNDER UND HIPPIES …

In den USA erwirtschaften 1970 etwa 200 Millionen Einwohner 22 % des weltweiten Bruttosozialprodukts. Das Land fühlte sich als weltweite Ordnungsmacht – von Indochina über Chile bis nach Angola wurde massiv eingegriffen. Doch 1973 gab es Rückschläge. Hinsichtlich der militärischen Sackgasse und unter dem Druck der Friedensbewegung rief Präsident Nixon die Marines aus Vietnam zurück, kurz danach kam die Watergate-Affaire ans Licht, und er wurde zum Rücktritt gedrängt. Es folgten Gerald Ford und Jimmy Carter, der eher auf Diplomatie setzte.

Plötzlich zweifelten Amerikaner an ihrer Macht, ihren Werten und sogar ihren Autos. Nachdem der Automobilgegner Ralph Nader 1965 seine Studie *Unsafe at any Speed* veröffentlicht hat, verschärften die US-Regierung Normen für die Umweltbelastung und Sicherheitsstandards – und läuteten den Abschied des schönen Straßenkreuzers ein; den Gnadenschuss erhielten sie durch die erste Ölkrise von 1973.

Die Motor Company hatte andere Sorgen: Die in Italien von Aermacchi gebauten Harleys kamen immer schlechter an, und der Motorradboom zog spurlos an Harley-Davidson vorbei. Der neue Eigentümer AMF entschied 1971, die Produktion durch den Bau eines neuen Werks in York, Pennsylvania zu verdoppeln. Doch die Qualität litt und der bereits durch die kleinen Aermacchi-Harleys beschädigte gute Ruf brach komplett ein.

1974 trafen Milwaukee zwei Tiefschläge: In den Harley-Fabriken begann ein 101 Tage dauernder Streik, und das berühmte Los Angeles Police Department ersetzte seine Electra Glide durch die V7 von Moto Guzzi. Diese Demütigung brachte AMF dazu, zwei angesehene Ingenieure zu rekrutieren, um »die Schrauben anzu-

Der Film Easy Rider *begründet 1969 den Harley Davidson-Mythos. Auf ihren alten Custom-Bikes mit Panhead-Motoren erfinden Peter Fonda und Dennis Hopper die Figur des Rebellen neu.*

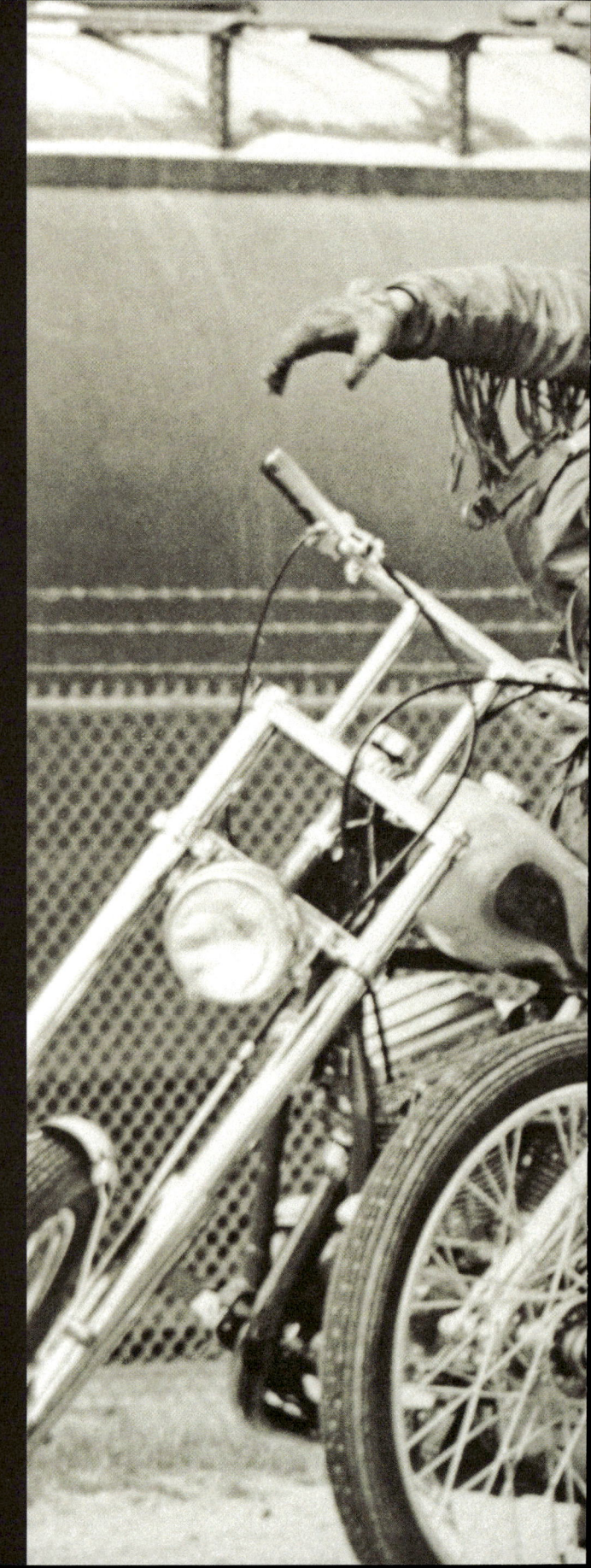

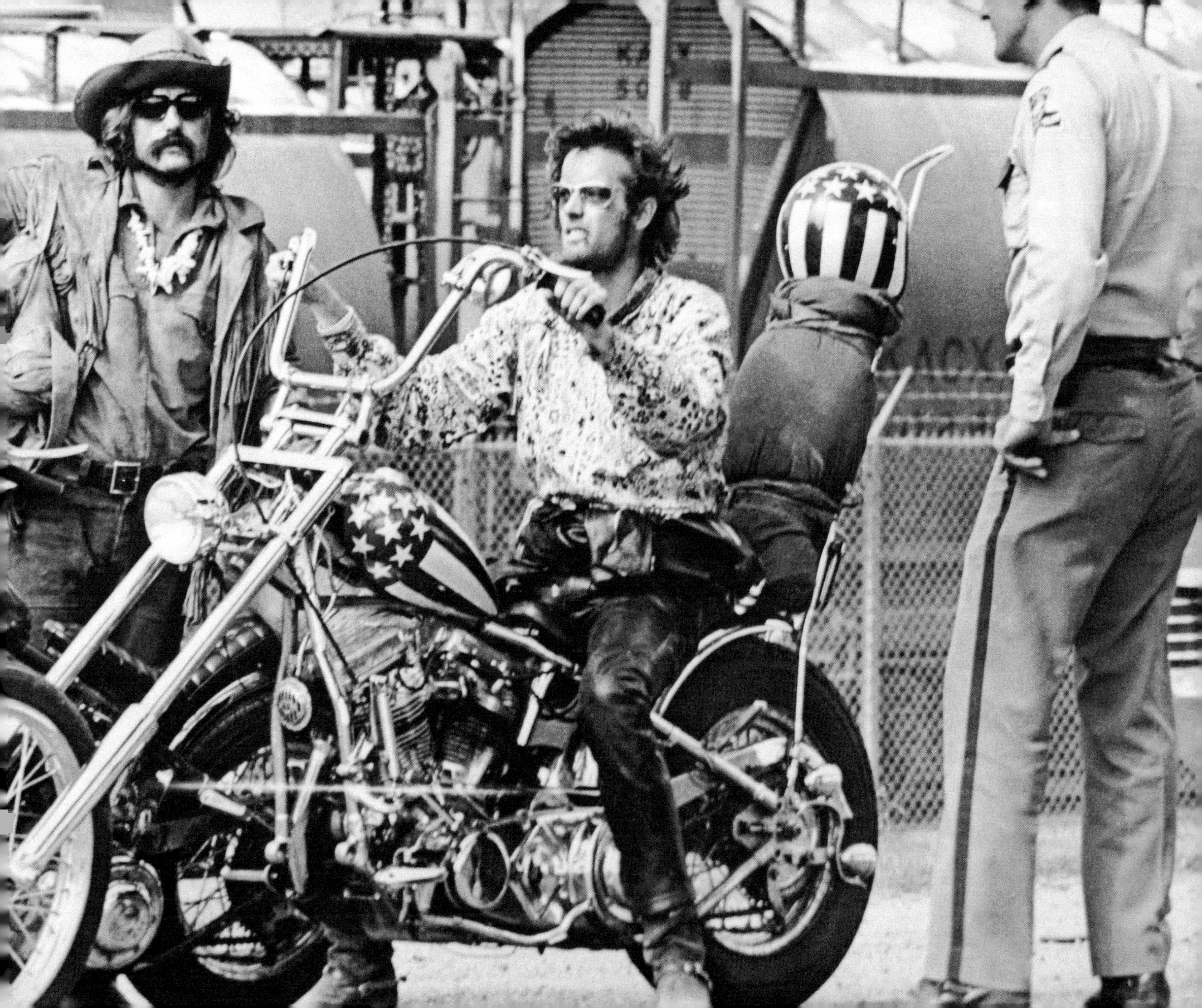

ziehen«. Jeff Bleustein und Vaughn Beals sollten in den kommenden zwanzig Jahren sehr wichtige Rollen spielen.
Als einziger Lichtpunkt fand die Sportster immer mehr Anhänger und wies die Engländer über den Atlantik zurück – natürlich mit freundlicher Unterstützung der Japaner …
Die Japaner hatten sich bisher auf kleine Hubräume beschränkt, doch mit der Honda CB 750 Four hatten sie eine echte Bombe gezündet. Zum Glück gab es noch keine japanischen »Cruiser« und die Maschinen von Honda, Kawasaki, Suzuki und Yamaha waren eher europäisch gestaltet – insbesondere englisch. So wurden die einst mächtigen britischen Marken auch ihre ersten Opfer; Harley und BMW konnten mir ihren speziellen Maschinen dagegen überleben.
Während japanische Innovationen vorwiegend auf europäischen Technologien basierten, fand die Qualität ihrer Konstruktionen und die Verarbeitung reichlich Lob. Ein »Japaner« verlor kein Öl, hatte keine Launen und ließ sich leicht fahren – das genaue Gegenteil einer Harley – oder auch Triumph. Japan schlug auch auf dem Markt für geländegängige Maschinen zu. Und schließlich setzten sie auch noch dazu an, die 750er Harley von den Highspeed-Ovalen Amerikas zu vertreiben.
Während europäische Konstrukteure ein oft tödliches Rennen gegen die vier Japaner eingingen, beschäftigten sich Amerikaner lieber mit persönlichen Umbauten. In Bastler-Garagen oder Künstler-Ateliers entstanden wahre ästhetische Manifeste, wie die von Peter Fonda in *Easy Rider* gefahrene »Captain America«.
Anders als Marlon Brando in *The Wild One* fuhren die Helden des Films keine Engländer – auch wenn nur noch der Motor ein Original aus Milwaukee war …
Die Hippiebewegung und der enorme Erfolg des preiswert produzierten Films *Easy Rider* retten Harley vor der völligen Vergreisung. In Milwaukee überließ man die Maßnahmen zur Verarbeitung des Phänomens zum Glück Willie G. Davidson, dem Enkel des Gründers, der 1963 noch mit Anzug und Krawatte Leiter der Designabteilung geworden war.
Willie G. änderte sein Outfit: Mit Bart, Lederjacke und stets einer Baskenmütze auf dem Kopf fuhr er zu allen Treffen und Veranstaltungen, um neue Trends zu erschnüffeln und seine Ideen zu testen. 1970 schuf er die Super Glide, eine feine Mischung aus Electra Glide und Sportster. Die sehr individuelle Art – Amerikaner sprechen von einem »Cruiser« – lockt ein neues Klientel von Wochenend-Rebellen an, die einmal den Zündschlüssel in die Hand nehmen wollten. Auch wenn sich die FX nicht besonders gut verkaufte, zeigte sie den richtigen Weg. Ein Weg, der 1977 von einem Fiasko bestätigt werden sollte – die europäische gestaltete XLCR Café Racer. Äußerst erfolgreich war jedoch die FXS Low Rider im Cruiser-Stil.
Auch wenn die Super Glide und die Low Rider die Motor Company belebten, reichten ihre Verkäufe nicht aus, sie reich zu machen. 1979 konnte Harley in den USA nur noch auf einen Marktanteil von 20 % blicken und machte Verluste. AMF hatte bereits 1978 Aermacchi an Cagiva verkauft und wollte jetzt auch Harley loswerden. Doch bevor man sich auf die Suche nach einem neuen Käufer machte, setzte man sich mit Porsche in Verbindung, um einen neuen Big-Twin zu entwickeln – die »Evolution« war auf dem Weg.

In den Händen von Calvin Rayborn gewann diese XRTT mit ihrem Graugussmotor drei von sechs Rennen gegen britische Dreizylinder-Maschinen.

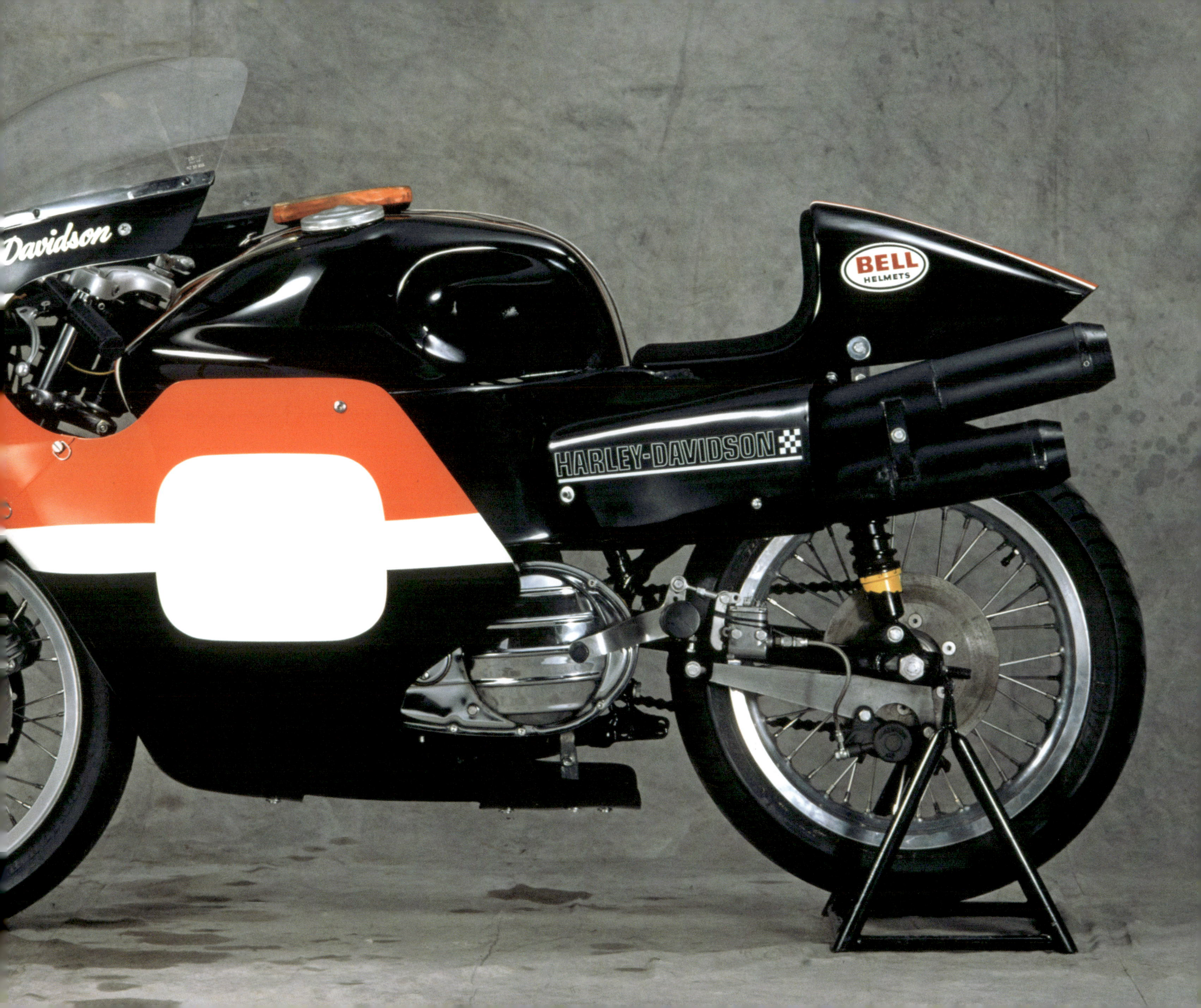
Davidson
BELL
HELMETS
HARLEY-DAVIDSON

DAS JAHRZEHNT IN KÜRZE

1970

Die neue XR verliert sämtliche Rennen gegen britische Maschinen und erhält den Spitznamen »Iron Maiden« (Eiserne Jungfrau). Doch Harley kann mit neuen Geschwindigkeitsrekorden glänzen: Calvin Rayborn erreicht mit einer per Sportster-Triebwerk befeuerten Zigarre 265 mph (426 km/h) und im folgenden Jahr schafft Joe Smith beim Dragsterrennen die Viertelmeile (402,3 m) unter neun Sekunden.

1971

Auf den Tanks ist jetzt »AMF Harley-Davidson« zu lesen.

1972

Die Sportster wird auf 1000 cm³ Hubraum vergrößert und modernisiert. Erstmals wird eine Electra Glide vorn mit einer Scheibenbremse ausgerüstet. Calvin Rayborn gewinnt drei von sechs Rennen bei der transatlantischen Meisterschaft für 750-cm³-Maschinen auf einer alten XRTT mit Gusseisen-Motor und Trommelbremsen. Einer der größten Sporterfolge in der H-D-Geschichte ist zugleich einer der letzten.

1973

Alle Harley Davidsons werden mit Vorderrad-Scheibenbremsen ausgerüstet.

1974

Harley-Davidson-Fabriken werden durch einen 101-tägigen Streik lahmgelegt. Das Los Angeles Police Department gibt bei Moto Guzzi eine Großbestellung auf (die Guzzi California wird bald zu einem Bestseller).

1975

Rekord-Verkaufszahlen: 75 403 Motorräder, darunter 11 000 Aermacchis. Allerdings sinken sowohl Marktanteile als auch Gewinne. Nach englischen Marken passt sich auch Harley-Davidson an den japanischen Pedalerie-Standard an: Schaltung links, Bremse rechts. Die Sportster wird mit einer japanischen Showa-Gabel ausgerüstet.

1977

Harley-Davidson eröffnet das erste Werksmuseum in York. Die XLT – eine Art Mini-Electra Glide auf Basis der Sportster wird zum Flop.

1978

Harley trennt sich von Aermacchi und Motorrädern mit kleinen Hubräumen.

1979

Harley-Davidson stellt einen jungen Ingenieur ein – sein Name: Eric Buell.

DIE WICHTIGE HARLEY

Die FX Super Glide – das erste »Werks-Custombike«.

DAS MOTORRAD DER ANDEREN

Die Honda Cub entthront im Wettbewerb um das meistgebaute Kraftfahrzeug das T-Modell von Ford. Sie gilt als unverwüstlich, unzerstörbar und genügsam (2 Liter auf 100 km).

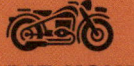

DIE KONKURRENZ

Die Moto Guzzi California wird vom Los Angeles Police Departement eingesetzt.

DIE KURIOSITÄT

Die Harley XLCR Café Racer gibt sich auf europäische Art – und flopt.

DAS AUTO DER ZEIT

Der Toyota Corolla kann mit seinem Preis/Leistungs-Verhältnis, seinem sparsamen und zuverlässigen Motor und seiner kompletten Ausstattung punkten.

DER MANN

Willie G. Davidson wird Leiter der Designabteilung bei Harley Davidson.

ALLES ODER NICHTS

Ronald Reagan gewann 1981 mit »America is back!« die Präsidentenwahlen in den USA, begrub die *Soft-Power*-Politik von Jimmy Carter und erhöhte die Rüstungsausgaben. Neun Jahre später zerfielen viele kommunistische Staaten friedlich, der »Eiserne Vorhang« und die Berliner Mauer verschwanden.

Die Welt schien in die Roaring Twenties zurückversetzt zu sein. Die neoliberale Politik Reagans belebte die Wirtschaft und die Börsen, vergrößerte aber auch die Ungerechtigkeit. Die westliche Welt wurde von einem wahren Konsumrausch ergriffen – die Menschen entdeckten den Heimcomputer und kauften Mikrowellen-Öfen oder Videokameras.

Der Rückgang der Hippiebewegung schadete nicht dem Motorradabsatz. Das Custom-Phänomen ging in eine Gegenkultur aus Luxus-Elementen und Hollywood über, wo jeder Schauspieler seinen eigenen Cruiser haben musste.

Und Cruiser waren auch das Thema, das die japanischen Hersteller mit voller Kraft angingen. Nachdem die britische Motorradindustrie sich komplett aufgelöst hatte und bei deutschen und italienischen Herstellern Stillstand herrschte, griffen sie frontal die Custombikes von Harley-Davidson an – mit der Yamaha Virago, Honda Shadow oder Suzuki Intruder. Und sie bauten nicht nur Imitate: Für die riesige Honda Gold Wing oder die Yamaha V-Max gab es keine Vorbilder und sie wurden in den USA äußerst beliebt. Auch der Markt für große Enduros war weitgehend in japanischer Hand.

Diese zuverlässigen Motorräder erlaubten den Fahrern plötzlich, ohne Werkzeugkasten auf die Reise zu gehen. Die jüngere Generation mied Harleys wegen ihrer Elektrik-Probleme, ihrer Vibrationen, die sämtliche

Deutsch-Amerikanische Freundschaft: Dieser Mann hat seine Harley in Erinnerung an Peter Fondas *Captain America* mit Stars and Stripes lackiert. Doch hat er es ebenfalls aus unpatriotischer Provokation getan?

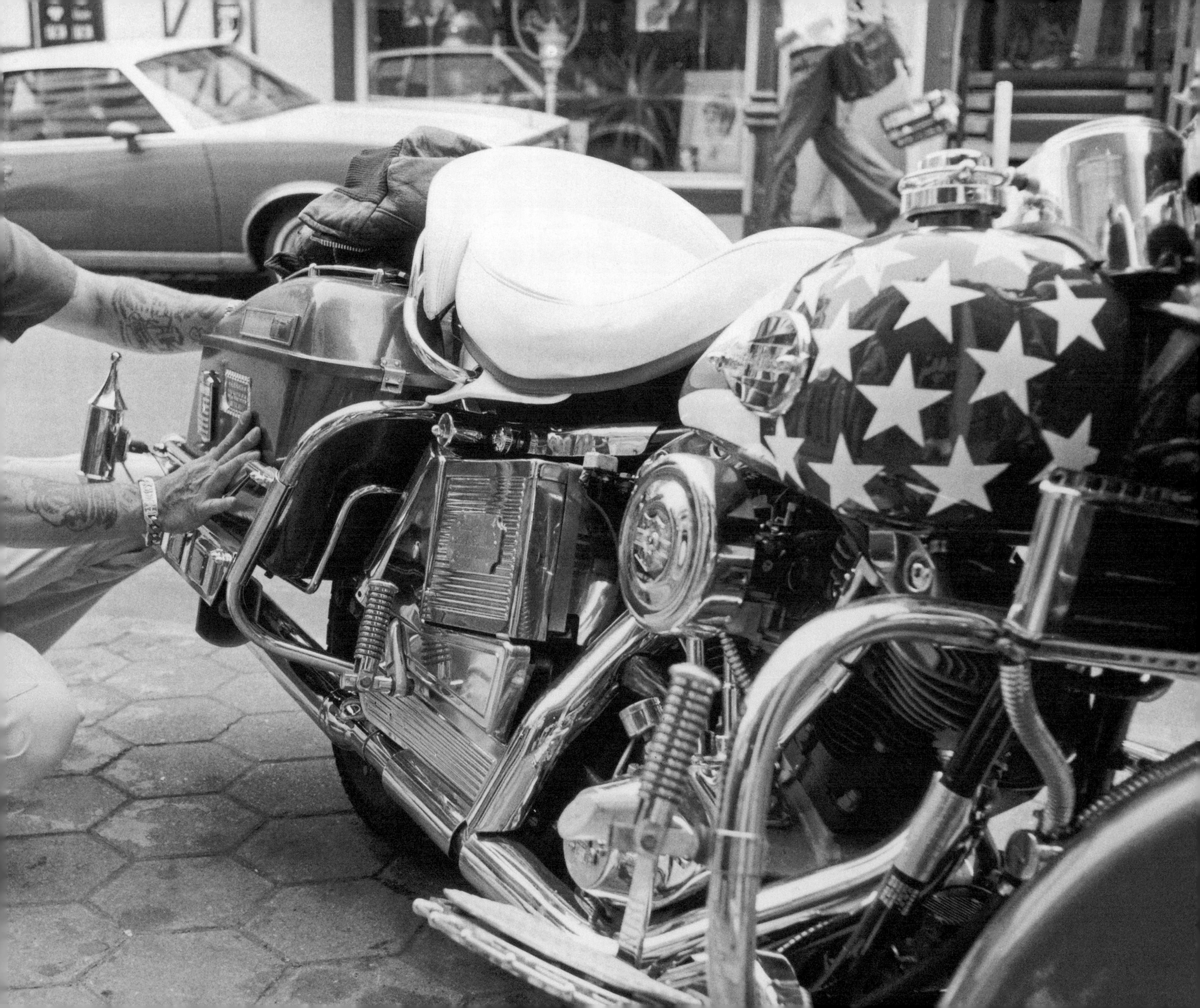

»DER CHOPPER-CODE IST
MIT DER LANGEN UND
GERECKTEN GABEL, DEM
GROSSEN VORDERRAD,
DEM TIEFEN SITZ
UND DEM GEKAPPTEN
HINTERRADKOTFLÜGEL
NOCH HEUTE BELIEBT.«

Die *Bike Week* in Daytona gilt als Weltmesse des Customs. Auf der Strandpromenade und in den Wettbewerben werden die schönsten Kreationen bewertet.

HARLEY 'FUCKIN' DAVIDSON
379
1949 HARLEY
1200
BUTCHIE
PITTSBURGH, PA.
UNUSUAL

Verbindungen lösten, und ihrer Ölundichtigkeit – in Milwaukee mussten jetzt die Fehler der 1970er-Jahre teuer bezahlt werden.

Der konstruktive Nachteil des amerikanischen V-Twins lag darin, dass sein enger Zylinderwinkel von 45° ihm zwar einen unverwechselbaren Charakter, aber auch starke Vibrationen verlieh. Die Japaner schafften es jedoch, diese Probleme bei ihren V2-Triebwerken zu unterdrücken oder auszugleichen. Vor allem waren ihre manchmal schüchternen, manchmal barocken Konstruktionen niemals so lässig oder extravagant wie die US-Bikes.

H-D verdankte sein Überleben auch seinen Händlern, die es zwar ständig mit Garantieansprüchen zu tun hatten, aber in der Flaute treu zu Milwaukee standen. 1983 verkaufen sie weniger Motorräder als ihre Kollegen von Honda USA!

Trotz finanziellen Ausblutens holte AMF den technischen Rückstand auf und erweiterte das Programm. 1980 erschienen zwei Harleys, die Meilensteine setzten. Die FXWG Wide Glide war ein neues Puzzle aus verschiedenen Modellen, doch ihr Stil etablierte den Chopper-Code für immer und ist mit ihrer langen und gereckten Gabel, ihrem großen Vorderrad, ihrem tiefen Sitz und ihrem gekappten Hinterradkotflügel noch heute beliebt. Auf der anderen Seite bot die FLT Tour Glide mit ihrer spektakulären Verkleidung, dem in Gummi gelagerten Motor und einem neuen Zentralrohrrahmen drei noch heute aktuelle Merkmale. Im gleichen Jahr kehrte der seit den 1910er-Jahren aufgegebene Antriebsriemen zurück – diesmal aber nicht mit Glattleder, sondern aus gezahntem Aramid. Auch die elektronische Zündung, die Doppelscheibenbremse am Vorderrad und das Fünfganggetriebe wiesen in die Zukunft. Nur finanziell wurde es nicht besser.

1980 empfahl das für Harley zuständige AMF-Vorstandsmitglied Vaughn Beals seinem Unternehmen, die Motorradsparte in Milwaukee loszuwerden, weil sie unrettbar krank sei. Einige Monate später erhielt AMF ein Übernahmeangebot von 13 Harley-Führungskräften, darunter auch Willie G. Davidson – unterstützt von Vaughn Beals.

Ein Jahr später kaufen sie das Unternehmen für 80 Millionen Dollar zurück. »Der Adler fliegt wieder allein« verkündet ein im ganzen Land aufgehängtes Plakat. Aber der Adler musste sich zuerst an neue Abgasnormen und weiterhin mangelnde Nachfrage anpassen. Erst 1986 sollte es dank eines wahren Festivals an Innovationen, die noch von AMF eingeleitet, aber dem neuen Team gutgeschrieben wurden, langsam wieder bergauf gehen.

Zuerst war 1984 der neue, komplett aus Leichtmetall gefertigte, Evolution-Motor vorgestellt. Das zusammen mit Porsche entwickelte Triebwerk wurde weiterhin über lange Stößelstangen gesteuert, hatte aber eine deutlich höhere Verdichtung. Tatsächlich war der »Evo« eher eine Revolution und die wichtigste Modernisierung seit Einführung des OHV-Motors 1936. Er brachte schließlich auch Harley eine »japanische Zuverlässigkeit« und ausreichend Motorleistung. Im gleichen Jahr wurden beim neuen Softail-Rahmen die Stoßdämpfer unter dem Getriebe versteckt, um dem Chopper das Aussehen eines alten Starrrahmens zu geben, den die Puristen so sehr vermissten.

Dies weiterhin von Willie G. Davidson geleitete Designabteilung bezog jetzt viele ihrer Innovationen aus dem eigenen Werksmuseum – lange vor dem VW Beetle und dem New-Mini schuf H-D den Neo-Retro-Stil. 1986 gab Harley-Davidson zwei Millionen Aktien im Wert von je elf Dollar heraus, um seine Kriegskasse zu füllen. Im folgenden Jahr wurde die Firma an der Wall Street gelistet und 1988 zeigte die Marktanteile-Statistik für Harley-Davidson wieder 50 Prozent an. Voller Stolz hieß es: *Harley-Davidson is back!*

Die 1977 vorgestellte FXS Low Rider wurde ein großer Erfolg. Sie half Harley durch die 1980er-Jahre.

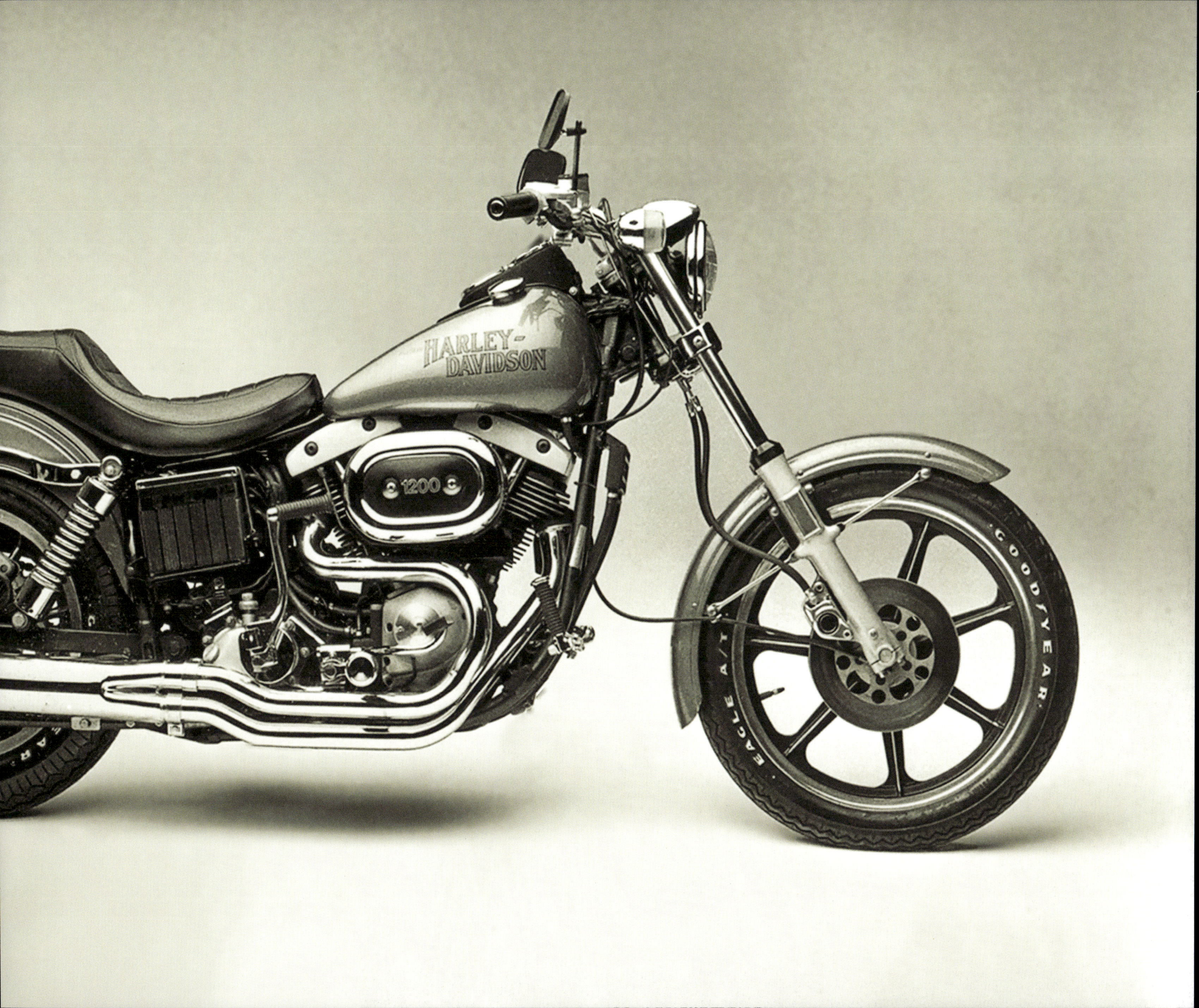
HARLEY-
DAVIDSON
1200
GOODYEAR
EAGLE A/T

DAS JAHRZEHNT IN KÜRZE

1980

Die Wide Glide und die Tour Glide sorgen für Aufsehen. Die komplett in schwarz und Chrom gehaltene FXB Sturgis begründet das schwarze Genre und bleibt für viele Jahre bei jüngeren Fahrern attraktiv.

1981

Vaughn Beals von AMF wird Geschäftsführer bei Harley-Davidson – nachdem das Unternehmen sich von AMF unabhängig gemacht hat.

1983

Auf Druck von Harley-Davidson erheben die USA Strafzölle auf Motorräder aus Japan mit über 700 cm³ Hubraum. Honda baut daraufhin die Gold Wing in Amerika und viele Japan-Bikes werden mit 650 cm³ ausgeliefert. Die Maßnahme wird »auf Wunsch« von Harley-Davidson zwei Jahre früher als geplant wieder beendet.
Gründung des HOG – der Harley Owners Group. Der heute größte Motorradclub der Welt hat über eine Million Mitglieder.
Die XR 1000 mit ihrem 90 PS starken Motor konkurriert mit Rennmaschinen des ehemaligen Harley-Ingenieurs Eric Buell, der in Troy, Illinois, eine eigene Produktion eröffnet hat.
Die XLX 61, eine extrem gestrippte Sportster 1000, wird für 3995 Dollar angeboten.

1984

Vorstellung des Softail-Rahmens und des Evolution-Motors.

1987

Einführung der Sportster Hugger, der Heritage Softail Classic (sehr erfolgreich!) und der Low Rider Custom.

1986

Die Big-Twins verlieren den Kickstarter und erhalten den Zahnriemenantrieb – lange Zeit ein Alleinstellungsmerkmal von H-D.
Die Sportster darf endlich ihre eisernen Zylinder und Köpfe abgeben, um ebenfalls ein Evolution-Triebwerk zu erhalten. Es gibt sie mit 883 und 1100 cm³ Hubraum.
Die FLST Heritage Softail erinnert an die Hydra Glide von 1949.
H-D übernimmt den Reisemobil-Hersteller Rambler, um sein Angebot zu erweitern.

1988

Rückkehr der 1948 aufgegebenen Springer-Gabel in der FXSTS Springer Softail. Zum 85. Firmengeburtstag treffen 60 000 Fans in Milwaukee ein.

DIE WICHTIGE HARLEY
Die Heritage Softail füllte die Kasse.

STILISTISCHES DETAIL
Die Springer-Gabel kehrt nach 40 Jahren wieder ins Harley-Programm zurück.

DIE KONKURRENZ
Die Honda Gold Wing ist das erste japanische Motorrad »Made in USA«.

DIE KURIOSITÄT
Die Harley-Studie Nova erscheint mit ihrem V4-Motor wie eine verfrühte V-Max – zu früh.

DAS AUTO DER ZEIT
Der von AMC (unter der Regie von Renault) eingeführte Jeep Cherokee gilt als SUV-Pionier.

DER MANN
Der Ingenieur Vaughn Beals zieht die Schrauben fester an.

1990 – 1999
ZURÜCK AUF DIE WELTBÜHNE

Mit dem Zerfall der UdSSR blieben die USA als einzige Weltmacht übrig. 1992 feierte der amerikanische Politologe Francis Fukuyama den endgültigen Sieg der liberalen Demokratie in dem Buch *Das Ende der Geschichte*.
Das war vielleicht etwas früh, denn im Sommer 1990 marschierte Saddam Hussein in Kuweit ein und Präsident George Bush schickte die US-Army, um ihn wieder zu vertreiben – eine neue »Geschichte« hatte ihren Ausgangspunkt.
In den USA wurde inzwischen leidenschaftlich über das Verhältnis von Präsident Clinton mit seiner Praktikantin Monica Lewinsky diskutiert oder über den Goldrausch im Internet spekuliert.
Harley war einer der ersten Hersteller, die das Internet nutzen. Dies lag daran, dass die Motor Company auch zehntausende Zubehörartikel, Ausrüstungsgegenstände, Spezialteile, Kits und Bekleidung in dicken Katalogen anbot, aus denen Kunden und Händler sich im Internet wesentlich einfacher bedienen konnten.
Seit der Wiederbelebung in den 1980er-Jahren erschien Harley-Davidson eher wie ein großes Design-Studio mit angeschlossener Werkhalle, als eine Fabrik mit Designabteilung. Statt neue technischer Abenteuer zu erfinden, baute man lieber auf das Erbe und pflegt seinen Mythos. Die langen und vergeblichen juristischen Verfahren um die Patentierung des unnachahmlichen Klangs des V-Twins sprechen Bände über die Mentalität des Unternehmens.
Um das Auge zu erfreuen und neue Trends zu erfinden holte sich das Team um Willie G. Inspiration im Museum an der Canal Street, wo alter Ruhm seinen Charme spielen lässt. So wurde die Electra Glide von 1965 dreißig Jahre später als »neuer Klassiker« namens Road King ins Programm aufgenommen.
1990 wurde die Softail Fat Boy ebenfalls durch die Geschichte inspiriert – allerdings die ganz große – und löste Kontroversen aus. Ihr Nachname und die gutmütige Silhouette konnte das Wortspiel gut verstecken: »Fat Boy« verband die Namen der beiden 1945 über Japan abgeworfenen Atombomben (»Fat Man« und »Little Boy«). Die silbergraue Lackierung und das seltsame geflügelte Logo auf dem riesigen Tank erinnerten zweifellos an einen Bomber der US-Air Force. Und dazu passten dann auch die eigenwilligen Scheibenräder mit den dicken Reifen. Um die Sache weiter zu verschärfen, imitierten die gelben Linien am Motor auch noch die »Verzierungen« der beiden Bomben. Die Motor Company behauptete, dies sei reiner Zufall, aber fest stand, dass die Fat Boy den japanischen Custombikes, die in dieser Zeit den US-Markt überschwemmten, eine lange Nase drehte. Ein dazu passender makaberer »Spaß« auf Biker-Treffen lag darin, massenweise japanische Motorräder anzuzünden. Die Fat Boy wurde vor allem in Europa ein riesiger Erfolg, sodass sie nach 26 Jahren immer noch im Programm zu finden ist.
Technisch rüstete die Motor Company reichlich auf, um sowohl die Abgasnormen zu erfüllen als auch die Produktionskosten zu senken; so war der neue Dyna-

Die Fat Boy von 1990 schockiert mit ihrer Erinnerung an die Bombardierung von Hiroshima und Nagasaki die Japaner. Hier hat sie in der Version von 2004 ihre provokante Verzierung verloren.

Davidson Fat Boy

»MAN KAUFT EINE HARLEY NICHT WEGEN IHRER GUTEN STRASSENLAGE, SONDERN WEGEN IHRES BÖSEN BLICKS, IHRES UNTER TAUSEND MASCHINEN ERKENNBAREN KLANGS UND VOR ALLEM WEGEN IHRER FLEGELHAFTEN AUFMACHUNG.«

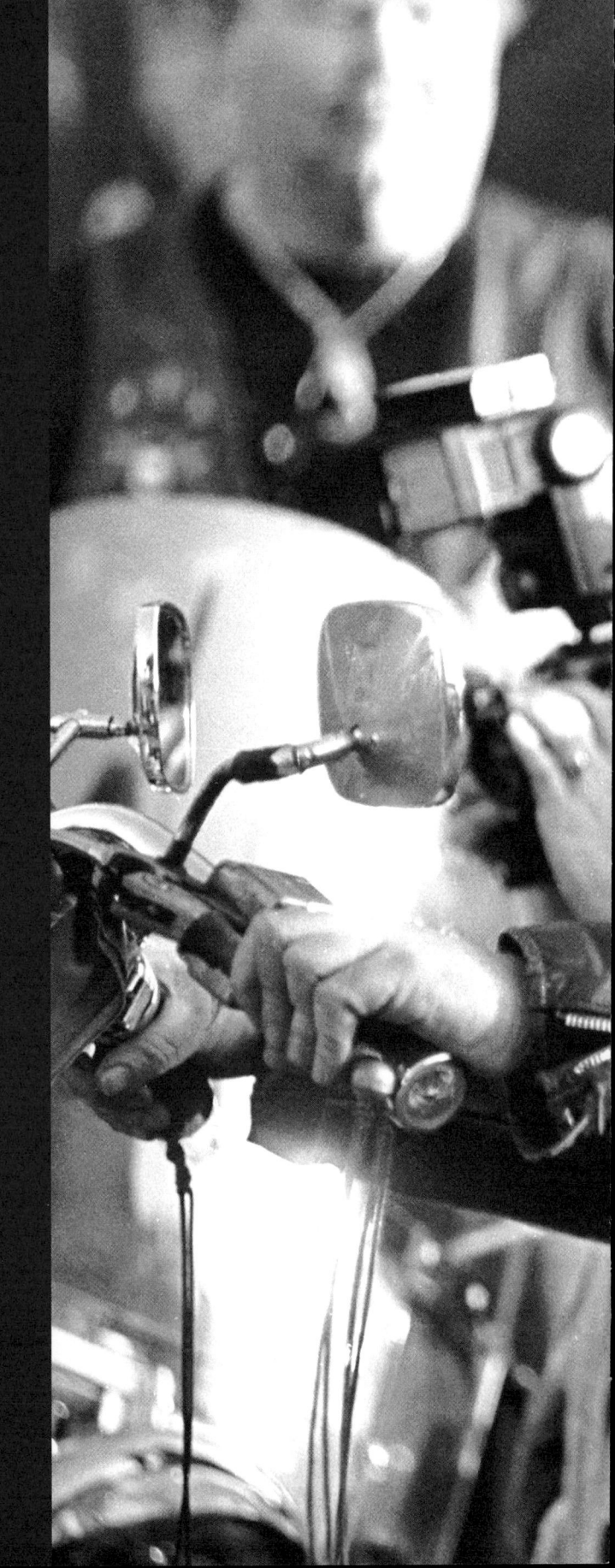

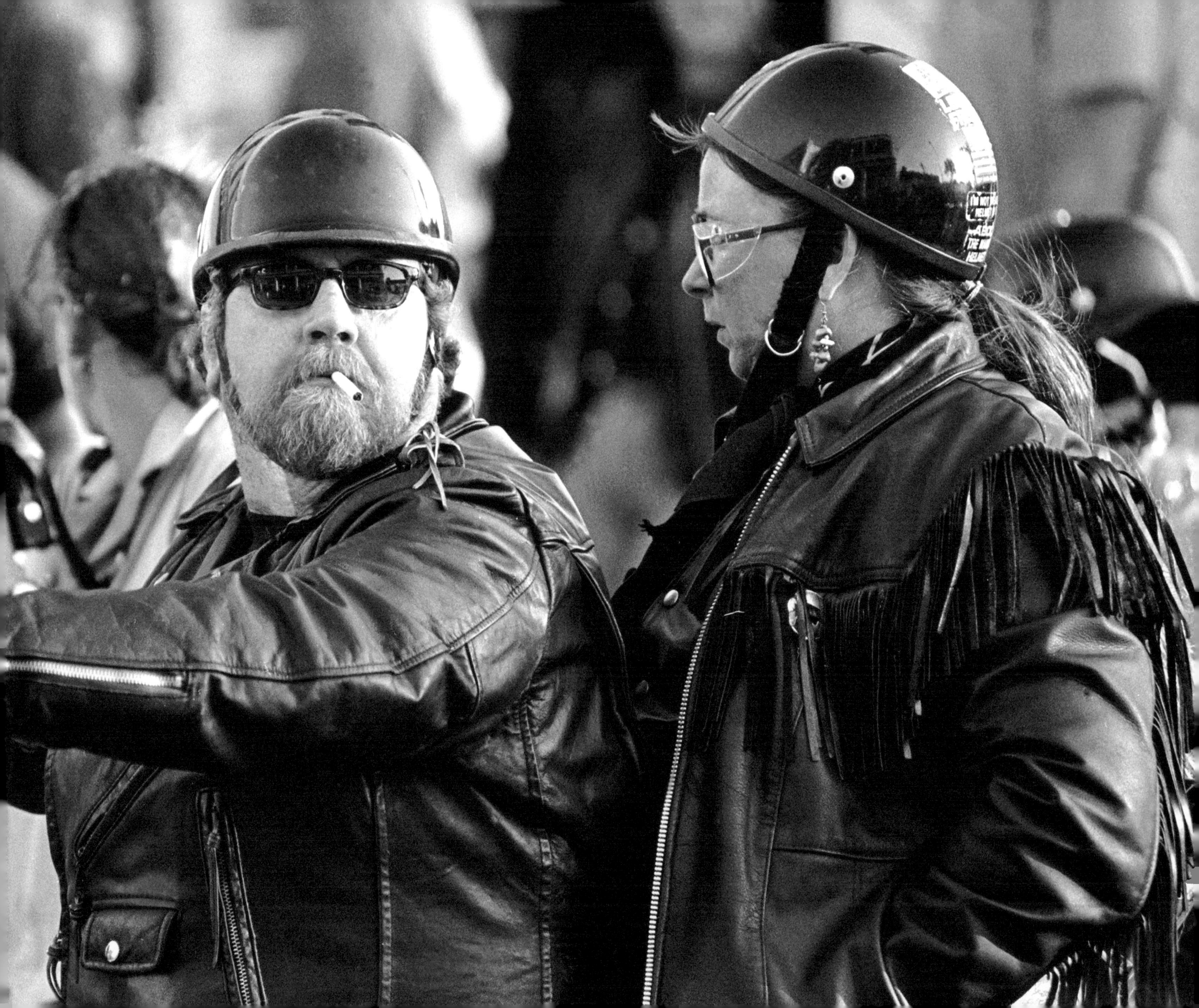

1990 – 1999
ZURÜCK AUF DIE WELTBÜHNE

Rahmen (mit konventionellen Stereo-Stoßdämpfern) billiger zu produzieren, weil er nicht mehr verlötet, sondern verschweißt wurde.

Auf jeden Fall kauften die Kunden eine Harley nicht wegen ihrer guten Straßenlage, sondern wegen ihres bösen Blicks, ihres unter tausend Maschinen erkennbaren Klangs und vor allem wegen ihrer flegelhaften Aufmachung. Weil Harleys zu Bentleys auf zwei Rädern geworden waren, kletterten ihre Preise auf das Doppelte eines »vergleichbaren« japanischen Motorrades. Der Milliardär Malcolm Forbes gründete einen Motorradclub für vermögende Harleyisten und hielt gegen alle Logik den Mythos des Motorrad-Rebellen aufrecht.

Wie bei der Explosion des Biker-Phänomens in den 1950er-Jahren setzte Harley-Davidson auch jetzt auf ein doppeltes Spiel: Auf der einen Seite wurden die Folklore-Bad-Boys – mit Tattoos, Stirnband und Totenkopf – bedient, und auf der anderen erfordert eine immerwährendes Verlangen nach Seriosität die Unterstützung verschiedener Wohltätigkeitsorganisationen. In den H-D-Pubs nippte unterdessen der einsame, alle Geschwindigkeitsbegrenzungen einhaltende Biker an seiner … Limonade. Der polierte Chrom seines makellosen Images wurde für Harley zur Obsession – ein solider Chrom, so fest, dass er auch ausländischen Invasionen widerstand. Während technische und stilistische Unbeweglichkeit bei der britischen und japanischen Invasion fast das Ende des Unternehmens bedeutet hätte, schien Harley jetzt davon zu profitieren. Zwischen 1990 und 1999 konnte der jährliche Ausstoß von 60 000 auf fast 180 000 Motorräder verdreifacht werden!

Allerdings mangelte es in den 1990er-Jahren nicht an Wettbewerb, denn auch europäische Hersteller erlebten eine Renaissance. BMW erfand die Boxermaschine neu und setzte sich im Rennen um Innovationen an die Spitze. Ducati schuf mit dem Monster einen echten Roadster, auf den viele gewartet hatten, und setzte den Kult um die desmodromische Ventilsteuerung und seine Superbike-Modelle in wirtschaftlichen Erfolg um.

Selbst der Erzfeind Triumph stieg unter der Leitung des Immobilien-Magnaten und Motorradfans John Bloor im Jahre 1990 wie Phoenix aus der Asche auf. Mit ihrem klangvollen Dreizylinder setzte die Trident die Geschichte genau dort fort, wo sie fünfzehn Jahre zuvor aufgehört hatte – diesmal allerdings mit modernster Technik und Qualität.

Wie reagierte Harley-Davidson auf die neue Bedrohung? 1995 kaufte H-D 49 Prozent der von ihrem ehemaligen Ingenieur Eric Buell gegründeten Sportmotorrad-Marke. Mit ihren aus der Sportster abgeleiteten und auf 90 bis 100 PS getunten V-Twins und den innovativen Fahrwerken konnte Buell das antiquierte Image der Motor Company etwas entstauben und den Amerikanern eine zollfreie Alternative zur Ducati 900 SS oder Triumph Daytona anbieten.

Die Gefahr kam nicht nur aus dem Ausland. 1998 schuf Polaris Industries aus Minnesota (bekannt für Schneemobile, Quads und Golf-Cars) aus dem Nichts die Marke Victory – und damit einen direkten Konkurrenten für Harley-Davidson, wie die Motor Company es seit den Konkurs von Indian im Jahre 1953 noch nicht erlebt hatte. Mit einem modernen DOHC-Vierventil-Motor und einem Sechsganggetriebe war Victory der Marke aus Milwaukee zumindest technisch um einiges voraus. Ironischerweise waren die Modelle Vision Tour, Freedom, Hard-Ball, Jackpot und Judge auch noch von den Söhnen und Enkeln von Arlen Ness entwickelt worden – dem für seine eleganten Linien gefeierten Harley-Customizer. Doch unter den Motorradfahrern regte sich hinsichtlich der Modernität ein gewisses Unbehagen, denn eine Victory war nicht das Motorrad eines Herstellers, der seit 20 Jahren sämtliche technische und ästhetische Entwicklungen eingefroren hatte.

Die 1987 vorgestellte Heritage Softail wurde in den 1990er-Jahren zum Bestseller und wird bis heute kaum verändert angeboten.

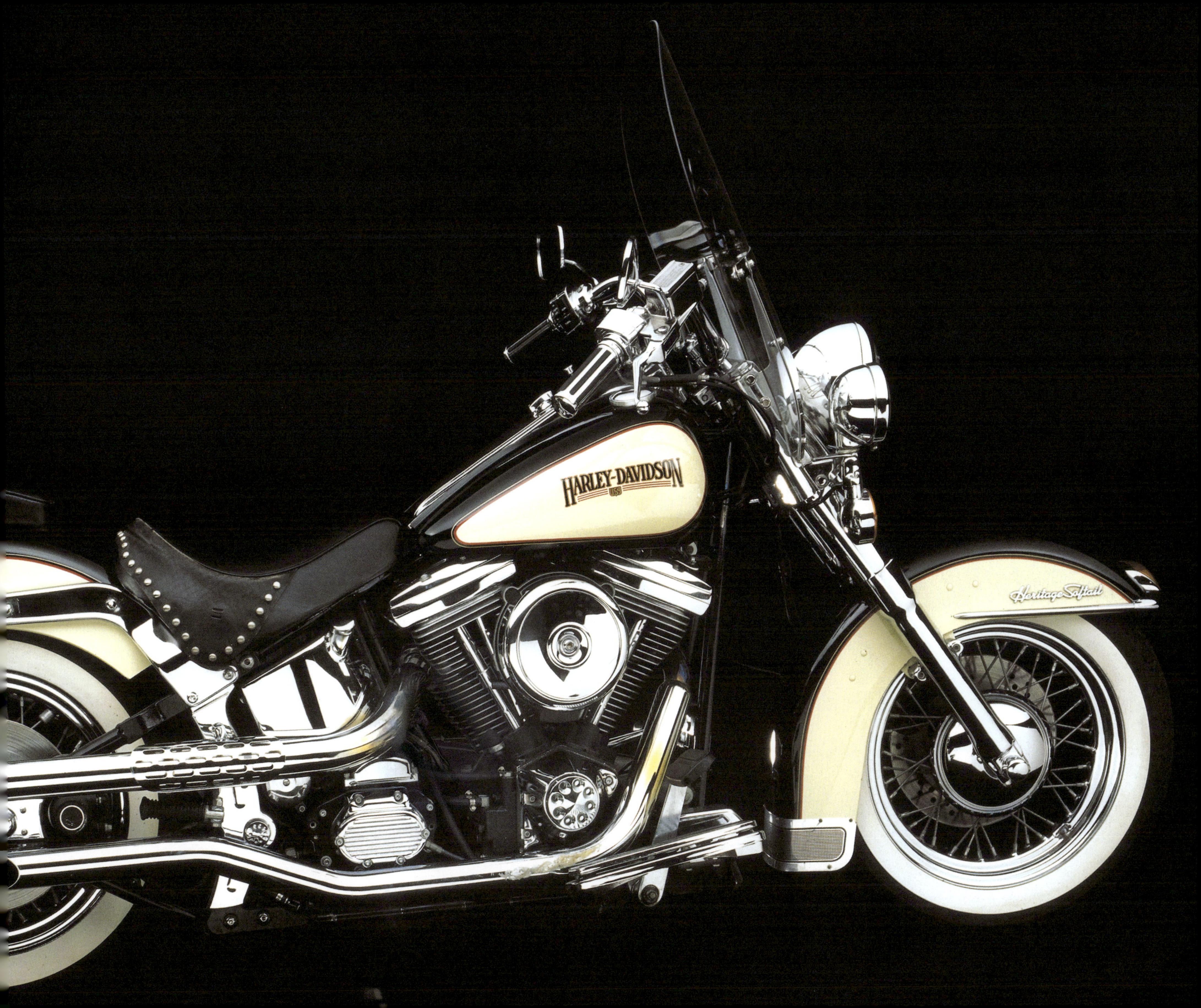
HARLEY-DAVIDSON
Heritage Softail

DAS JAHRZEHNT IN KÜRZE

1990

Zum 50. Sturgis-Treffen kommen 250 000 Motorradfahrer aus der ganzen Welt. Harley-Davidson feiert diese Gelegenheit mit der Dyna Glide Sturgis, bei der viel Chrom durch geschwärzte Teile ersetzt wurde.

1991

Die Sportster erhält ein Fünfganggetriebe und einen Zahnriemen-Endantrieb.

1992

Harley kauft Anteile der Firma Buell. 1994 hält Milwaukee 49 Prozent und stockt 1998 auf 98 Prozent auf.

1993

100 000 Harley-Fans feiern in Milwaukee den 90. Geburtstag des Unternehmens. Mit ihrer schwarz/weißen Lackierung, den Weißwandreifen, der Sitzbank und den Satteltaschen aus Rindsleder erhält die Heritage Softail Nostalgia bald den Spitznamen Cow Glide. Sie floppt.

1994

Harley geht wieder auf die Rennstrecke. In der von Japanern und Ducati dominierten Superbike-WM tritt Milwaukee mit der VR 1000 an, einem V2 mit 60° Zylinderwinkel, DOHC-Steuerung und Vierventil-Köpfen. Für die Homologation werden 200 Exemplare zu exklusiven Preisen verkauft.

1995

Die Electra Glide Ultra Classic erhält eine elektronische Einspritzung von Magneti Marelli.
Die Jahresproduktion übersteigt 100 000 Maschinen.

1996

Bestes Ergebnis überhaupt für die VR 1000: zehnter Platz bei den 200 Meilen von Daytona. In Franklin, Wisconsin, entsteht ein neues Lagerhaus, um den Vertrieb des für das Geschäft wichtigen Zubehörs und der Bekleidungslinie zu verbessern.

1997

Die Heritage Softail Springer erinnert an den Big-Twin von 1948.
Neue Werke in Kansas City und Milwaukee, Eröffnung des Product Development Centers: 20 000 m³ Raum für die Entwicklung zukünftiger Motorräder und deren Zubehör.

1998

Vorstellung der Sportster Sport mit Doppelzündung, erhöhter Kompression und Doppelscheibenbremse.
140 000 Fans feiern das 95. Firmenjubiläum.
Das erste H-D-Werk außerhalb der USA eröffnet in Manaus, Brasilien.
Das von der Bad Boy abgeleitete Sondermodell Night Train erweist sich als so erfolgreich, dass es ins Programm aufgenommen wird.

1999

Die Dyna und die Touring-Modelle weihen den neuen Twin Cam 88-Motor mit 1450 cm³ Hubraum ein. Die weiterhin zwei Ventile jedes Zylinders werden jetzt mit je einer immer noch unten, aber etwas höher liegenden Nockenwelle gesteuert, sodass aus mehr Drehzahlen mehr Leistung erzeugt werden kann.
Das Programm enthält 26 Motorräder aus fünf Familien. Zur Auswahl stehen zwei Motoren mit vier verschiedenen Hubräumen.

DIE WICHTIGE HARLEY

Die VR 1000 blieb auf der Rennstrecke erfolglos.

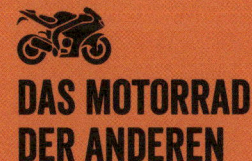

DAS MOTORRAD DER ANDEREN

Die Ducati 916 wird mit schnittigen Design von Massimo Tamburini und dem Underseat-Auspuff zur Sensation des Jahrzehnts.

DIE KONKURRENZ

Die Superbike-Rennmaschine von Ducati.

DIE KURIOSITÄT

Die Armstrong 500 ist eine von Harley Davidson produzierte Militärmaschine mit 500er Rotax-Einzylindermotor.

DAS AUTO DER ZEIT

Der mithilfe von Lamborghini entworfene Dodge Viper wird mit einem V10-Motor aus einem Pickup angetrieben.

DER MANN

Erik Buell, ein ehemaliger Harley-Ingenieur, baut seine eigene Motorradmarke auf.

GRÖSSE UND ...

Das 21.-Jahrhundert begann in Wirklichkeit am 11. September 2001, als Kamikaze-Piloten von Al-Quaida Linienflugzeuge in die Zwillingstürme des World Trade-Centers in New York und das Pentagon in Washington DC lenkten. Die USA waren schockiert, doch Präsident George W. Bush rief rasch den »Krieg gegen den Terror« aus und schickte umgehend Soldaten nach Afghanistan und später auch in den Irak. Harley-Davidson konnte aus der America-forever-Dynamik großen Nutzen ziehen. Die weltweite Aura der Marke war noch nie stärker und nur noch mit der von Ferrari vergleichbar – dem einzigen Unternehmen, das einen Großteil seiner Einnahmen aus dem Verkauf von Werbeartikeln mit seinem Logo erzielen konnte.

Von »Buy American!« profitierten auch die modernen Custombikes von Victory-Polaris. Wie schon beim Wettbewerb mit Indian wurde auf Innovationen mit Innovationen reagiert: 2001 präsentierte H-D die VRSC V-Rod, deren zusammen mit Porsche entwickeltes Triebwerk zu Recht die Bezeichnung »Revolution« erhielt. Außer dass es sich um einen V2-Motor handelte, bestanden keine Gemeinsamkeiten mit den anderen Harley-Twins: Der Motor war wassergekühlt und kurzhubig, der Zylinderwinkel betrug 60° und jeweils zwei oben liegende Nockenwellen öffneten vier Ventile. Die Presse applaudierte, aber Puristen rümpften ihre Nase: Der Motor lief ihnen zu rund, der Perimeter-Rahmen war ihnen zu massiv und dann noch dieser riesige Wasserkühler – war das noch eine Harley? Doch die 2002 ins Programm aufgenommene Maschine fand ihre Nische und brachte dem Unternehmen neue Kunden. Auf ihr zeigten sich gut gebaute junge Männer in den Dreißigern, die sich niemals auf eine »echte« Harley setzen würden; höchstens noch auf eine Victory ...

Auch europäische Hersteller wie BMW, Triumph und Ducati, aber auch KTM, Aprilia, MV Agusta und Moto Guzzi konnten sich auf ihren Märkten – und auch in Amerika – gegen die einst übermächtigen Japaner behaupten. Die westliche Motorradindustrie schien sich nicht mehr vor Honda, Kawasaki, Suzuki und Yamaha fürchten zu müssen, die zudem am steigenden Yen-Kurs litten und sich zunehmend auf boomende Schwellenländer konzentrierten.

Ob in Amerika oder Europa – der Adler breitete seine Flügel aus: Im Jahre 2000 wurden – drei Jahre früher als geplant – 200 000 Motorräder verkauft. 2004 waren es schon 300 000 und 2007 bereits 400 000 Maschinen. Bei Harley war man durchaus nicht untätig geblieben; die Firma war zwar nicht gerade innovativ, aber immer hatte man renoviert. Wie Victory mit seinem »aseptischen« Motor hatten auch die Ingenieure in Milwaukee ein Sakrileg gewagt: beim Twin Cam 88 B für die »starren« Softail-Modelle reduzierten zwei Ausgleichswellen 90 % der Vibrationen. Auch die Bremsen wurden verbessert und die Delphi-Einspritzanlage in alle Modelle implantiert. 2006 präsentierte H-D den »ambitioniertesten Motor der Geschichte«: den Twin Cam 96, der dank seiner Steuer-Elektronik auch den strengsten Abgasnormen in Europa gerecht wurde – einem Markt, der inzwischen alles andere als marginal war.

Auf dem »alten Kontinent«, und vor allem in Frankreich, Spanien und Italien hatten verschärfte Verkehrskontrollen

Bei der »Open Road Tour« zum 100. Geburtstag von Harley Davidson im Jahre 2003 gilt das Interesse nicht nur Motorrädern.

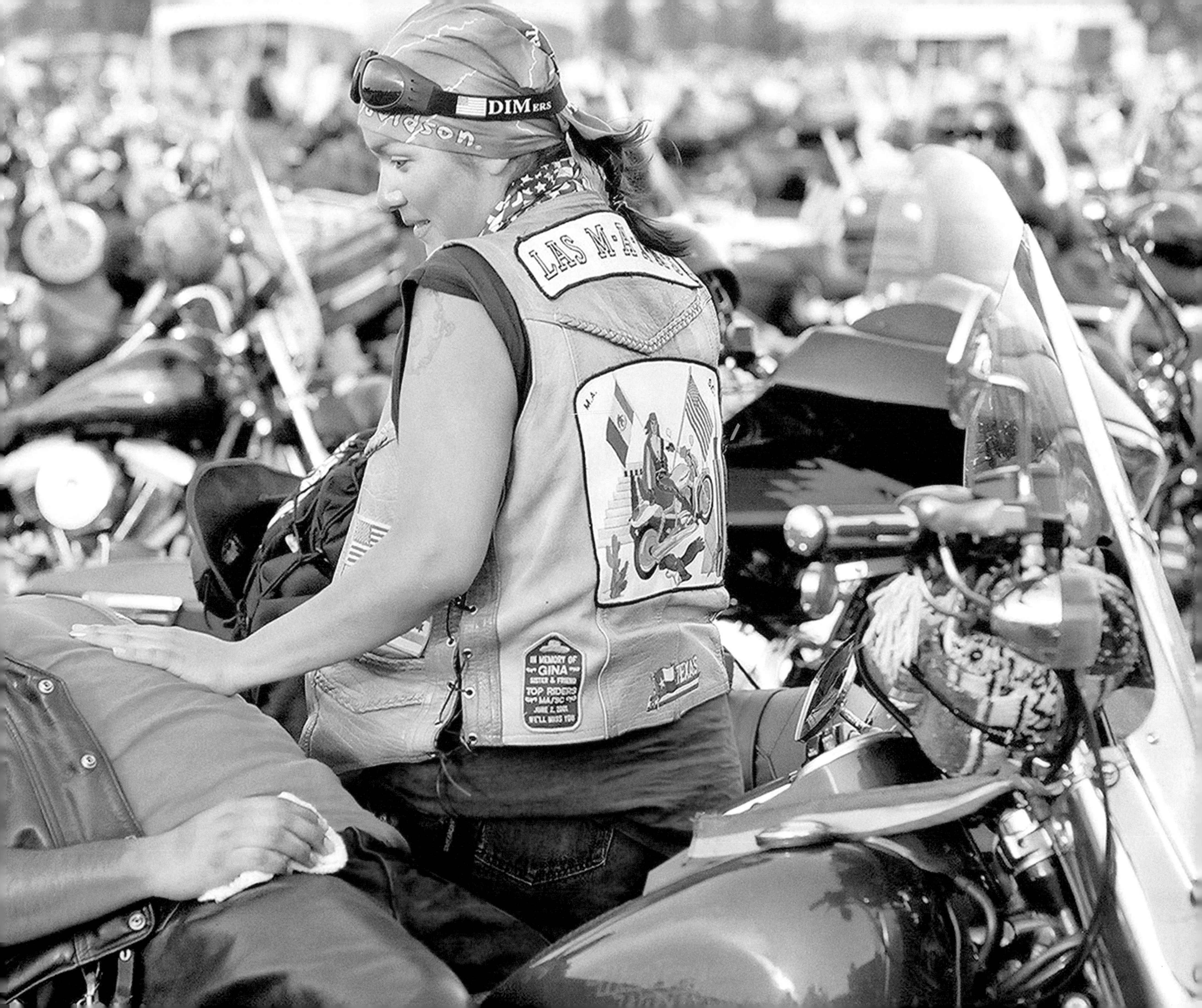
DIMERS
GINA
TOP RIDERS
TEXAS

»BEI HARLEY DAVIDSON WURDE FESTGESTELLT, DASS DER TOTALE BLACK LOOK BEI DER JUGEND GUT ANKAM, UND MAN ENTSCHIED, DIE ›DARK CUSTOM‹-KARTE AUSZUSPIELEN.«

Die V-Rod, hier in der Muscle-Version, ist als Custom-Dragster die stärkste jemals gebaute Harley – und wird kaum nachgefragt.

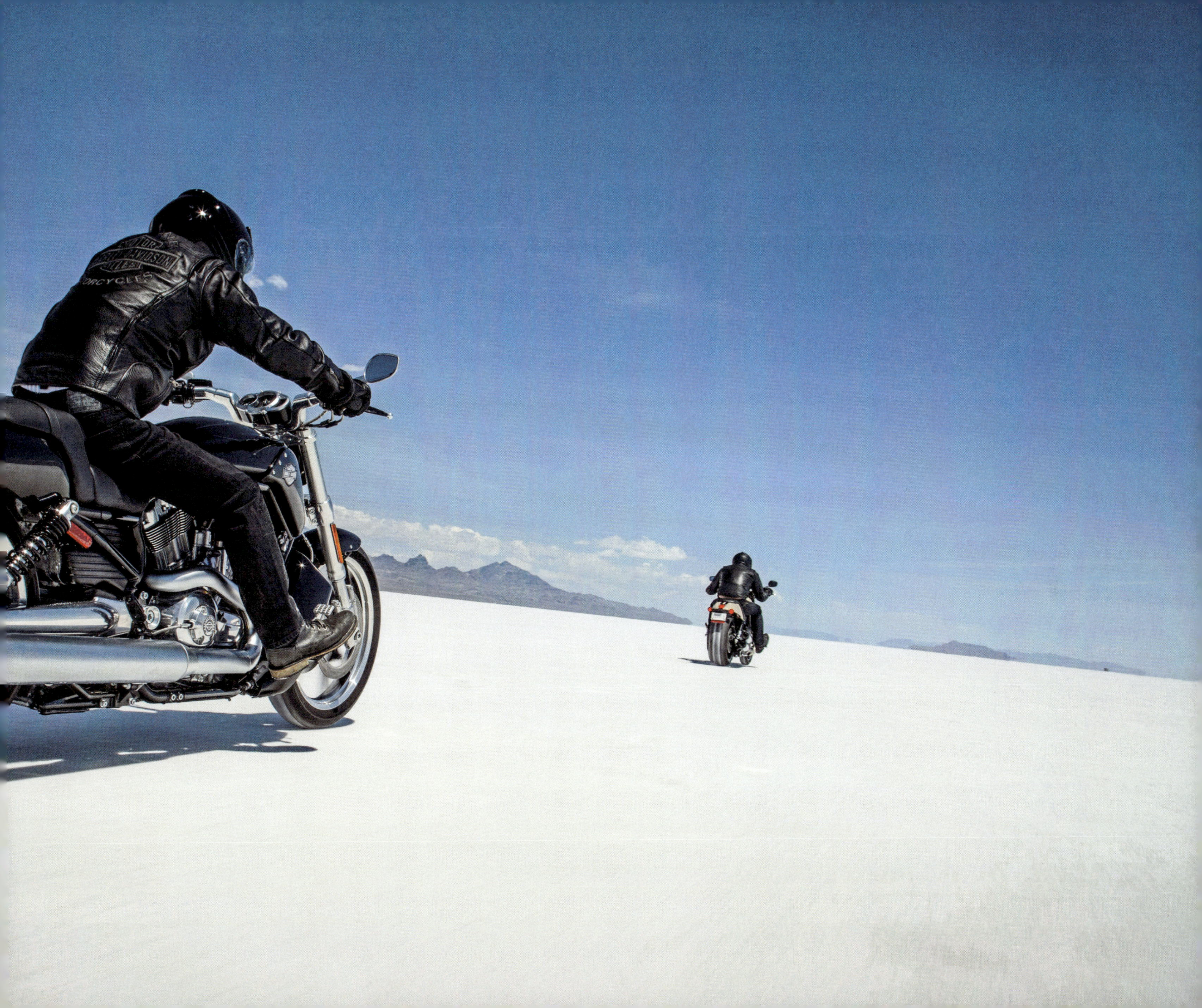

dafür gesorgt, dass viele Motorradfahrer auf ihre Sportmaschinen verzichteten, um nicht den Führerschein zu verlieren. Stattdessen stiegen sie auf eine Harley um, deren behäbiges Fahrwerk und das fette »Potato-Potato« des V-Twins bei niedrigen Drehzahlen jeden davon abhält, in Konflikte mit den Gesetzen zu geraten.

Die Motor Company ging sogar dazu über, Motorräder für den europäischen Markt zu entwickeln. 2006 wurde auf der INTERMOT in Köln ein »Konzept-Bike« präsentiert: die XR 1200. Der große sportliche Roadster auf Basis der Sportster erinnerte an die legendäre XR 750-Dirttrack-Rennmaschine. Enthusiastisch drängte die Motorradpresse darauf, dass die Produktion des orangefarbenen Krachers im folgenden Jahr unverzüglich beginnen solle. Allerdings bestand ein großes Missverständnis, denn diese raue Maschine war weder sportlich noch komfortabel, zudem passte sie nicht in das bei Europäern beliebte »coole« Bild einer Harley. Offiziell war sie so erfolgreich, dass sie auch auf anderen Märkten angeboten wurde. In Wirklichkeit musste sie bis in den hintersten Winkel der USA, wo die echte XR immer noch ihre Fans hatte, als Restposten angeboten werden.

Der Fat Bob ging es ein wenig besser. Mit ihren beiden von der Two-Cam von 1928 entliehenen Scheinwerfern, ihren dicken Reifen und ihrer martialischen Silhouette erinnerte die auf Basis der Dyna Glide entstandene Sonderserie mehr an einen Panzer als einen Custom – und vielleicht konnte sie sich gerade deshalb in Deutschland ihrem Platz im Programm sichern. Trotz diverser Höhen und Tiefen drang Harley-Davidson immer weiter auf dem europäischen Markt vor, wo sich japanische Chopper immer weiter zurückzogen. Allein in Frankreich konnte zwischen 2004 und 2014 der Jahresumsatz von 2000 auf 8000 Maschinen vervierfacht werden.

Harley-Davidson ist heute der profitabelste Motorradhersteller der Welt. Von 1986 bis 2003 war der Wert einer Aktie um das einhundertfünfzigfache gestiegen! 2006 bedeutete der Gewinn von einer Milliarde Dollar bei 360 000 verkauften Maschinen, dass jedes Motorrad 3000 Dollar abwarf!

Milwaukee hatte nicht eine Erfolgsgeschichte, sondern ein wahres Märchen erlebt, wo der Magier Willie G. Davidson mit seinem Zauberstift ganz außergewöhnliche Schlachtrösser für Rocker, Biker und tapfere HOG-Ritter zeichnete.

Die mäßigen Erfolge der modernen V-Rod und der sportlichen XR 1200 bestätigten die Angst der Motor Company vor dem Abenteuer und den Kult der Nostalgie. Gegen Ende des Jahrzehnts bestätigten dies zwei Motorräder, die die Rückkehr zum Stil der 1940er-Jahre markierten: 2006 erinnerte die Dyna Street Bob an die schlanken Bobber der unmittelbaren Nachkriegszeit und wurde dank ihrer Sachlichkeit, aber auch dank ihres niedrigen Preises (13 000 €) zu einem großen Erfolg. Und 2008 erschien die fast doppelt so teure Softail Cross Bones als Reinkarnation der Knucklehead von 1946, die ein Marine aus der Schlacht um Iwojima zurück nach Hause gebracht zu haben schien. Nichts fehlte: ein Totenkopf auf schwarzem Hintergrund, ein gefederter Sattel, die Springer-Gabel, der kleinen Bates-Scheinwerfer und die Bobber-Schutzbleche.

Doch das scheinbare Motto der Motor Company »Alles ändern, damit sich nichts ändert« schien seine Grenzen erreicht zu haben.

Wie Willie G., dessen Bart immer weißer wurde, schienen auch die Kunden immer älter zu werden. In den letzten vier Jahren des Jahrzehnts war das Durchschnittsalter des amerikanischen Harley-Fahrers von 42 auf 47 gestiegen, im Europa lag es bereits bei über 50.

Doch auch 2009 lag die Priorität nicht darin, junge Kunden zu gewinnen. Nach der Finanzkrise im Herbst 2007 drohte die US-Wirtschaft im Ruin zu versinken. Der Konsum brach zusammen, Handels- und Devisenumsätze brachen ein und führten zu einem starken Verkaufsrückgang. Harley entließ 1100 Mitarbeiter, schloss Buell und verkaufte MV Agusta 2010 für einen Dollar an Claudio Castiglioni – den Mann, von dem man die Firma zwei Jahre zuvor für 70 Millionen Dollar übernommen hatte.

In diesem Jahr waren viele Motorräder aus dem Harley-Programm fast vollständig schwarz. Als Zeichen der Trauer? Aber nein, man wollte damit die Jugend zurückerobern!

Die besten Plätze bei der »Bike Week« sind schnell besetzt.

CAUTIO
BRIDGE
ICE IN
WINTE
HOT DOGS
HOTDOGS
Coors LIGHT
WIEBLERS
HARLEY-DAVIDSON
BETTENDORF, IOWA
WINCHESTER
Harley-Davidson
WINCHESTER, VA
GYPSY TOUR · 199
Coors
RIDING TOWARDS THE 75TH

2000 – 2009

GRÖSSE UND ...

»2006 WURDE AUF DER INTERMOT IN KÖLN EIN ›KONZEPT-BIKE‹ PRÄSENTIERT: DIE XR 1200. DER GROSSE SPORTLICHE ROADSTER AUF BASIS DER SPORTSTER ERINNERTE AN DIE LEGENDÄRE XR 750-DIRTTRACK-RENNMASCHINE.«

2008 stellt Harley die sportliche XR 1200 vor allem für den europäischen Markt vor. Doch auch Europäer wollen entweder eine echte Harley – oder einen echten Sportler.

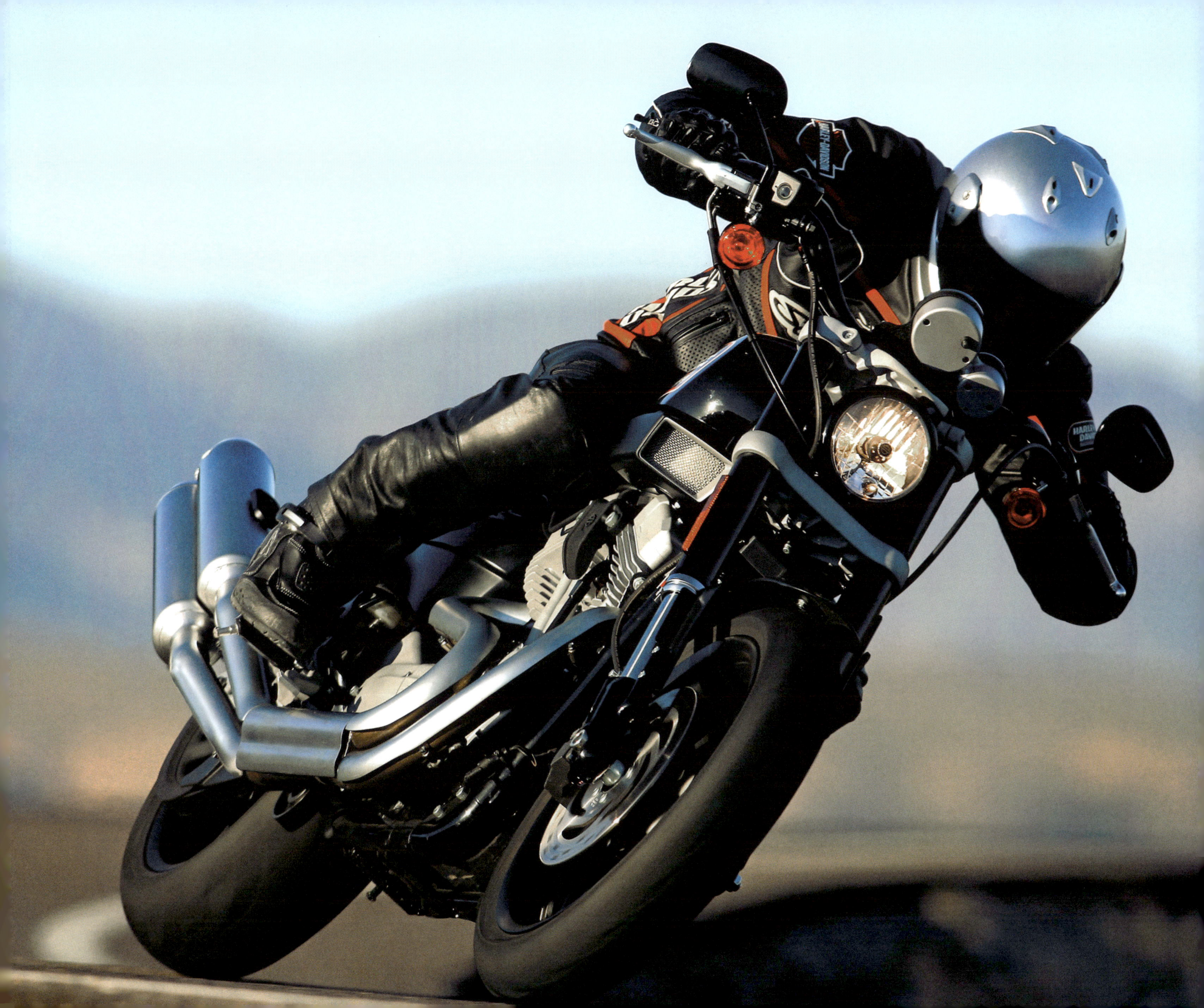

DAS JAHRZEHNT IN KÜRZE

2000

Der neue Twin Cam 88 B-Motor (1450 cm³) treibt die ebenfalls neue FXSTD Softail Deuce an, die mit einem lang gestrecktem Tank sowie einem großen, schmalen Vorderrad an den klassischen Chopper der 1960er-Jahre erinnert.

2001

Die neue V-Rod wird vorgestellt, wogegen die Rennmaschine VR 1000 – die »Leihmutter« ihres Motors – sich verabschiedet, ohne in acht Saisons auch nur einen Sieg bei der Superbike-WM eingefahren zu haben. Die V-Rod trägt für H-D ab jetzt die Standarte bei Dragsterrennen. Nüchtern gestaltet, komfortabel und gut ausgestattet soll die FXDXT Dyna Super Glide T-Sport in Europa punkten und – in grauer Lackierung – BMW-Fahrern schöne Augen machen. Bald stellt sich jedoch heraus, dass die Kunden lieber echte Amerikaner mögen.

2002

Um der neuen muskulösen V-Rod eine lange Nase zu drehen, bringt Buell die XB9R Firebolt heraus, eine sportliche und sehr innovative Maschine, deren Aluminium-Rahmen den Kraftstoff aufnimmt, während die Schwinge als Öltank dient. Sie wird angetrieben von einem kurzhubigen, aus der Sportster abgeleiteten V-Twin. Das Vorderrad wird mithilfe einer an der Felge angebrachten riesigen Bremsscheibe verzögert. Buell wird zu Harleys Strohmann im Straßenrennsport.

2003

Zum 100. Firmenjubiläum schickt Harley-Davidson einen riesigen Museums-Lkw auf Weltreise. Die Abschlussfeier in Milwaukee wird von 250 000 Menschen besucht. Harley verkauft knapp unter 290 000 Motorräder. Die Sportster erhält einen neuen Rahmen, um den Motor elastisch aufhängen zu können, nimmt dabei aber reichlich an Gewicht zu.

2005

Die Dyna erhält einen steiferen Rahmen und ein Sechsganggetriebe. Einführung der Softail Deluxe, deren riesige Kotflügel und die drei Scheinwerfer an die Hydra Glide der 1950er-Jahre erinnern. Die Springer Classic ahmt sogar die Knucklehead von 1936 nach.
Die Einführung der VRSCR Street Rod, einer Roadster-Version der V-Rod, soll die neue Baureihe auch auf dem europäischen Markt besser verkaufen.

2006

Bei der Sportster löst eine Delphi-Einspritzanlage den Vergaser ab. Rekordgewinn: eine Milliarde Dollar – bei einem Umsatz von sechs Milliarden.

2007

Die Mitarbeiter wollen ihren Anteil vom Gewinn. Erstmals seit 16 Jahren gibt es Streik: Das Werk York muss für drei Wochen schließen.
Start der XR 1200 und der Dyna Fat Bob, aber auch der inspirierten FXCWC Softail Rocker – der ersten »futuristischen« Harley seit Ewigkeiten.
Mit ihrem schwarzen Lack, der gebürstetes Aluminium, Chrom und andere Edelmetalle einspart, gewinnt die Sportster Nightster jüngere Kunden.
Mehrere Touring-Modelle werden mit ABS ausgerüstet. Durch die Finanzkrise sinkt der Umsatz und die in diesem Jahr erwarteten 400 000 Motorräder werden nicht verkauft.

2008

Weder die Finanzkrise noch das Schrumpfen des Aktienkapitals auf ein Viertel hindern Harley-Davidson daran, für 70 Millionen Euro die italienische Topmarke MV Agusta zu übernehmen. Der noch nicht so hart getroffene europäische Markt begrenzt den wirtschaftlichen Schaden – in Frankreich steigt der Umsatz um 21 Prozent. Das neue H-D-Museum öffnet in Milwaukee seine Pforten: 400 Motorräder auf 12 000 Quadratmetern.

2009

Harley-Davidson kündigt einen 30-prozentigen Gewinnrückgang für das Geschäftsjahr 2008 an und erwartet auch für 2009 einen rückgängigen Umsatz. 2009 und 2010 entfallen 1100 Arbeitsplätze – fast alle in York, wo vor zwei Jahren gestreikt wurde; jeder Zweite verliert hier seinen Job. MV Agusta wird für einen Dollar an seinen alten Besitzer zurück verkauft. Buell wird geschlossen.
James L. Ziemer übergibt den Vorstandsvorsitz an Keith E. Wandell.
Einführung der Sportster Iron für einen Verkaufspreis von 8200 Dollar sowie der neuen Modelle Dyna Wide Glide und Electra Glide Ultra Limited – letztere mit dem neuen Twin Cam 103-Triebwerk mit 1690 cm³ Hubraum.
Größter Rückruf der Geschichte: Im Dezember müssen 112 000 Touring-Modelle in die Werkstätten.

DIE WICHTIGE HARLEY

Die wichtige Softail Cross Bones Harley erweckt den Bobber der 1940er-Jahre zum neuen Leben.

DAS MOTORRAD DER ANDEREN

2001 erscheint ein Geist aus dem englischen Nebel: die neue Triumph Bonneville.

DIE KONKURRENZ

Die Victory Vision Tour setzt auf eine weitere Vision des amerikanischen Motorrades: weltweiten Erfolg.

DIE KURIOSITÄT

Die Buell Blast 500 soll Einsteiger anlocken und den Straßen-Einzylinder wiederbeleben.

DAS AUTO DER ZEIT

Der Toyota Prius soll die Welt retten und wird in Kalifornien und Japan zum Erfolg.

DER MANN

Ralph »Sonny« Barger, Gründer der Hell's Angels, schreibt seine Memoiren – und vier weitere Bücher.

2010 – 2017
DAS MOTORRAD NACH 120 JAHREN

Welcher Hersteller feiert seinen Geburtstag im Vatikan – mit einer Segnung seiner Motorräder auf dem Petersplatz durch den Papst höchstpersönlich und einer außerordentlichen Messe mit 2000 Bikern in der Basilika? Harley Davidson hat sich definitiv verändert. Die Firma ist ein Monument des Establishments geworden. Die Motor Company will nicht mehr schockieren. In der gesamten westlichen Welt ergrauen die einst jungen Motorradfahrer der Jahrgänge 1970 bis 1980, ohne dass irgendeine Erneuerung stattfand. Bei Harley Davidson stellte man fest, dass der totale *Black Look* aus der Sonderserie Sturgis zum Jubiläum der Black Hills Rallye sowohl bei der US-Jugend als auch in Europa gut ankommt und Ducati seine Monster Dark sehr gut verkauft – Bingo! Die erste Harley, mit der die »Dark Custom«-Jugendkarte ausgespielt werden soll, ist die Sportster 883 Iron – vorgestellt im Mai 2009 zum Höhepunkt der Finanzkrise. Und sie wird ein großer Erfolg. Nach der Krise ist es die Fourty-Eight, die einen Anstieg der Umsätze ankündigt: Besonders Kunden unter 35 reißen sich um sie.

2014 verlässt die erste wirklich neue Harley seit der V-Rod von 2002 das neue Werk in Indien: die Street 750. Mit dem auf der V-Rod basierenden Grundprinzip von 60° Zylinderwinkel soll sie den Adler aus Milwaukee auch Menschen mit kleineren Einkünften zugänglich machen; vor allem ist sie für neue Fahrer aus Schwellenländer bestimmt. Auf dem heimischen Markt muss die Street ab 2016 gegen die neue Maschine eines alten Rivalen antreten: die Indian Scout 60, deren Vorfahren die meistverkauften Motorräder der 1920er-Jahre waren.

VERSÄUMNISSE NACHHOLEN, VORSPRUNG GEWINNEN
Unter Druck gesetzt von Victory und Indian musste Harley seinen technischen Rückstand dringend aufholen. Die Big-Bikes der Großväter gingen bei dieser Operation um die »Rückeroberung der Jugend« etwas verloren. Doch es waren vor allem die Road King, die Street Glide und die Electra Glide, die Geld nach Milwaukee spülten. Seit der Einführung von ABS und einem schlüssellosen Zündsystem hatte Harley kaum Innovationen gebracht. Doch jetzt rauschte eine echte Welle der Modernisierung durch das gesamte Modellprogramm: Tempomat, Navi und Touchscreen, Bluetooth-Verbindung, Spracherkennung, Hi-Fi-Stereoanlage, Reifendruck-Kontrolle, Koffer-Zentralverriegelung mit Fernbedienung und LED-Beleuchtung. Auch das Fahrwerk wurde nicht vergessen, die Gabeln wurden verstärkt und die Bremsen beider Räder miteinander kombiniert. Doch die größte Neuerung ging in dieser Masse fast unter: Der Twin Cam 110 (1801 cm³) wurde mit einer dezenten Wasserkühlung ausgerüstet.

EIN MOTORRAD FÜR DIE ZUKUNFT – UND FÜR DAS IMAGE
Falls Harley einen Minivan oder eine Waschmaschine präsentiert hätte, wäre in der Motorradwelt niemand mehr überrascht gewesen. Die LiveWire ist nicht mit einem V-Twin ausgerüstet – Ketzerei! Zudem macht sie keinen Krach wie eine Harley und sieht auch nicht so aus. Sie ist demonstrativ modern, fein und anmutig, frei von Chrom und bietet eine straßenorientierte »europäische« Sitzposition, beschleunigt und bremst auch heftig. Sie ist seit Jahrzehnten die erste Harley, die nicht die nostalgische Saiten spielt. Und sie wird diejenigen zum Schweigen bringen, die Harley Davidson beschuldigen, den Fortschritt zu verschlafen.

In vielen amerikanischen Bundesstaaten gibt es keine Helmpflicht. Hier schützt man sich mit einem Kopftuch vor der Sonne.

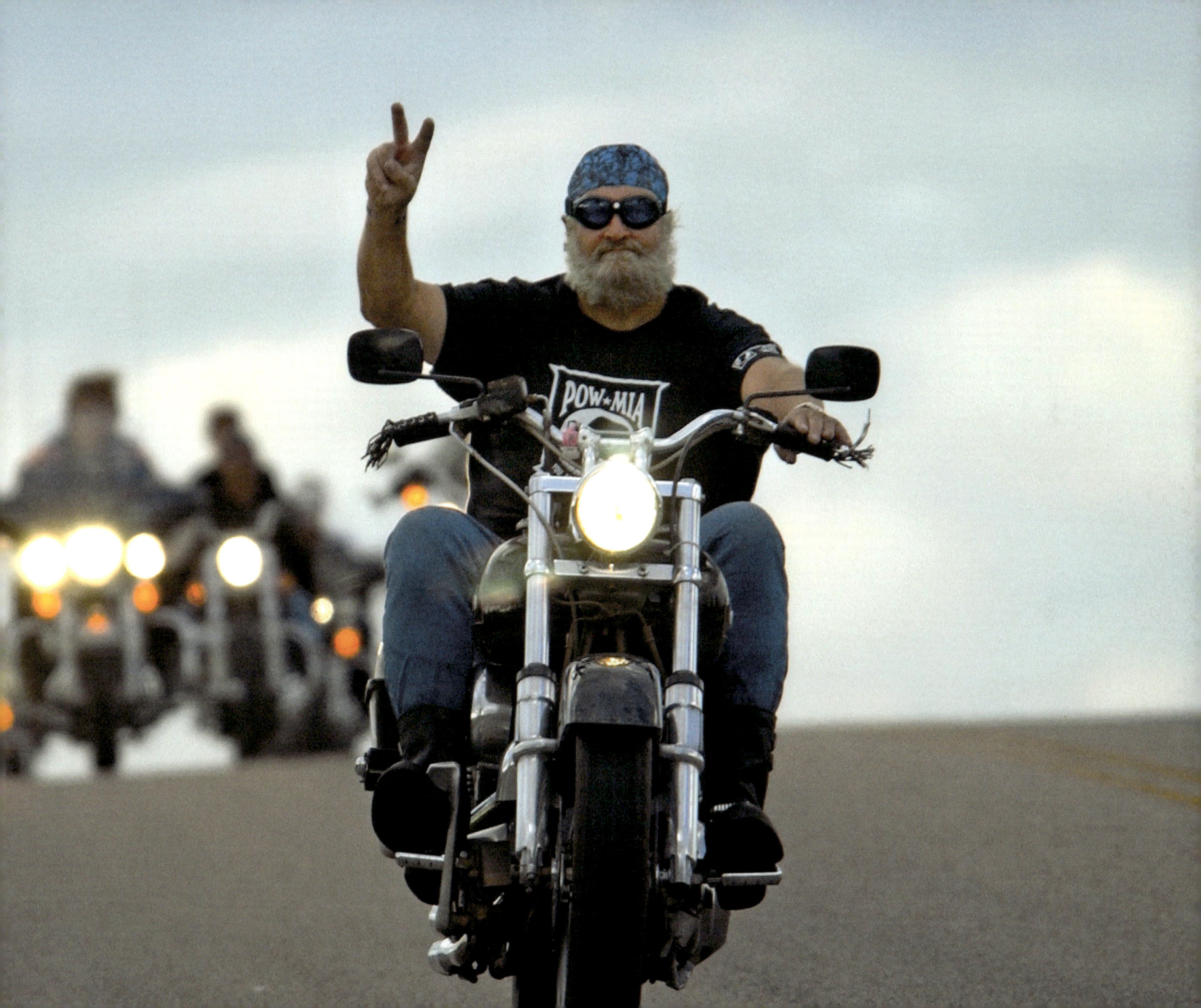
POW★MIA

2010 – 2017

DAS MOTORRAD NACH 120 JAHREN

»DIE LIVEWIRE WIRD DIEJENIGEN ZUM SCHWEIGEN BRINGEN, DIE HARLEY DAVIDSON BESCHULDIGEN, DEN FORTSCHRITT ZU VERSCHLAFEN.«

Die 2015 von Motor-Journalisten aus aller Welt getestete LiveWire ist bis auf eine Sache perfekt: ihre Batterien können derzeit keine 80 km Reichweite sicherstellen.

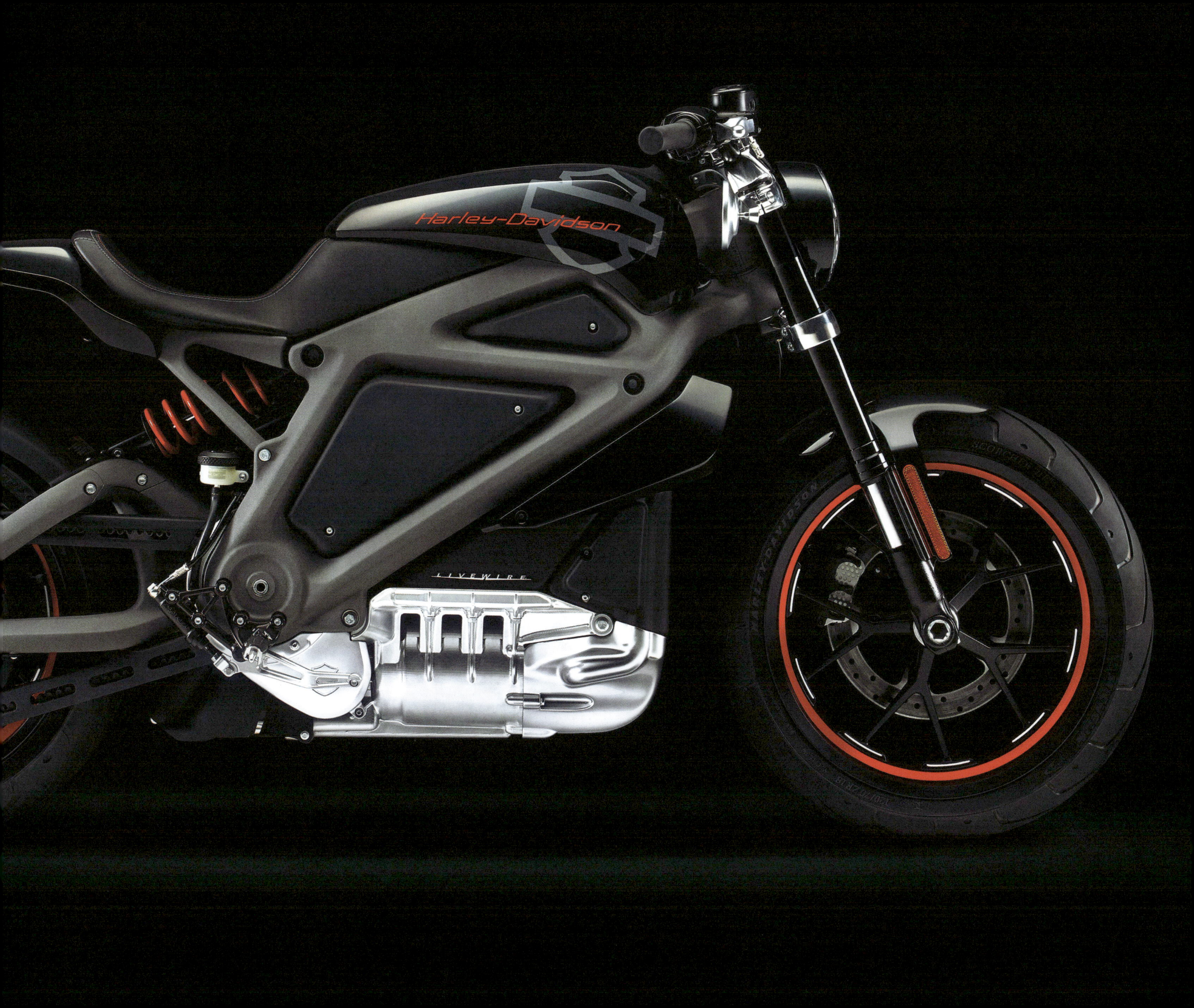
Harley-Davidson
LIVEWIRE

MOTOR
HARLEY-DAVIDSON
CYCLES

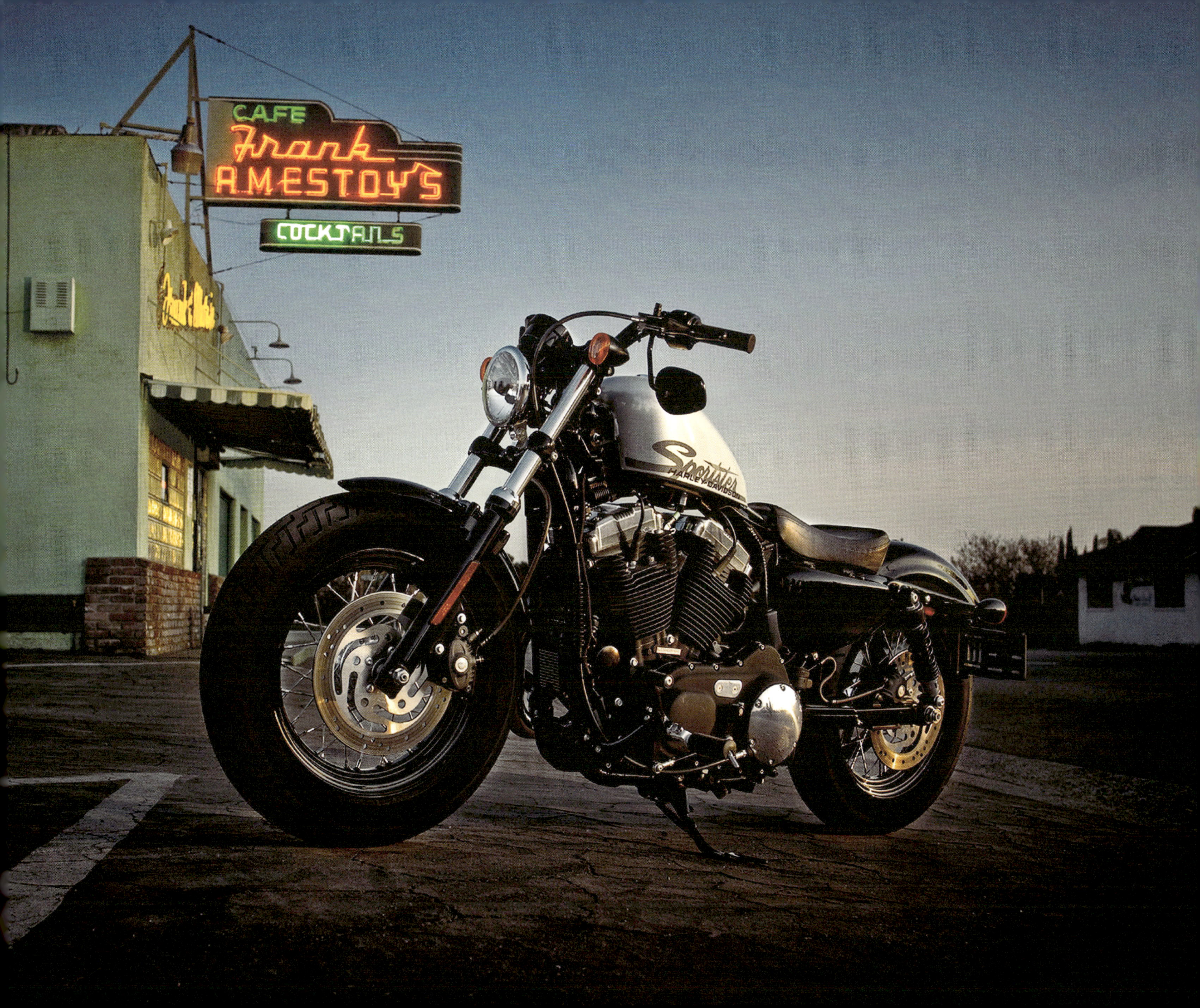
CAFE
Frank
AMESTOY'S
COCKTAILS
Sportster
HARLEY-DAVIDSON

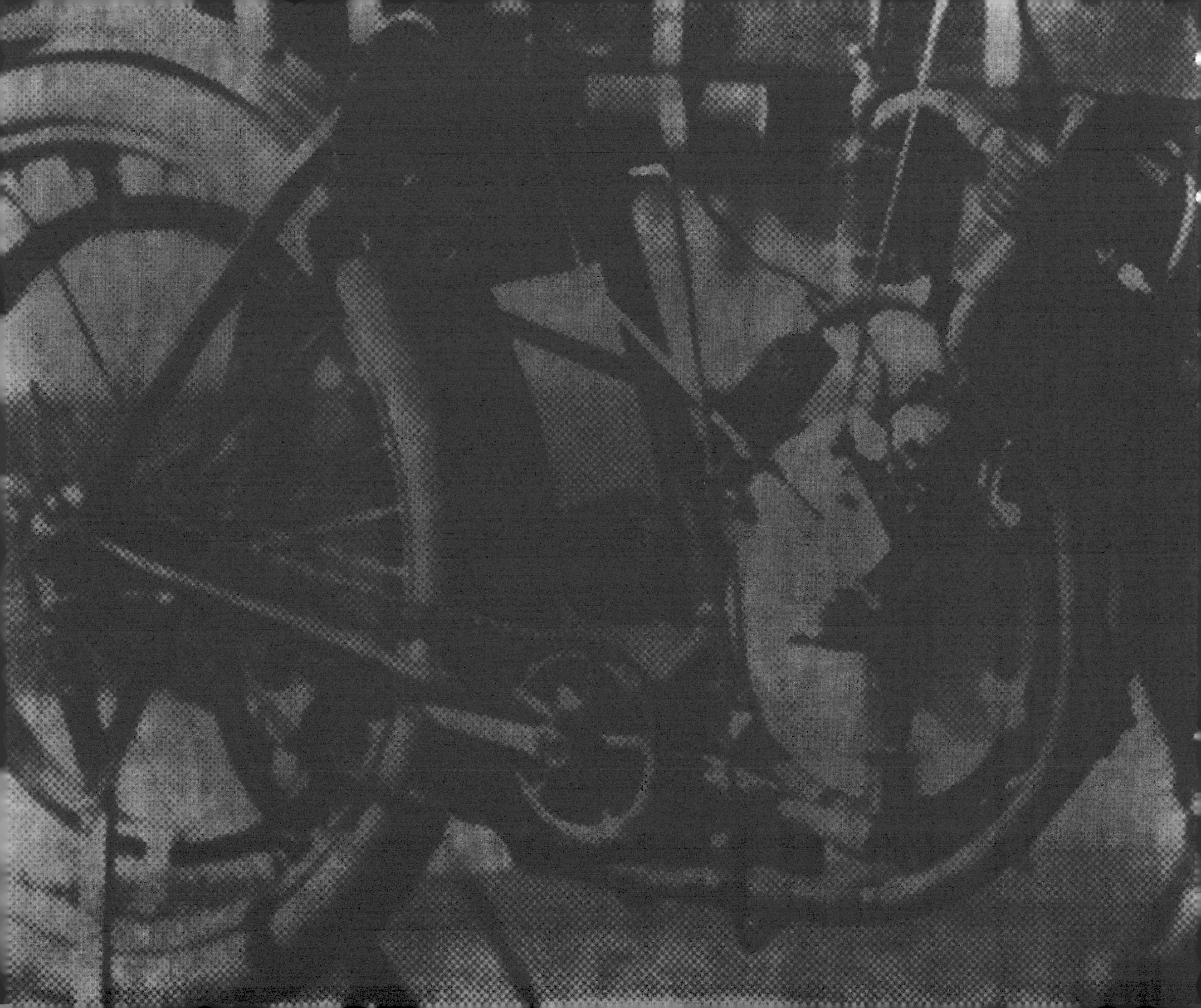

AM ANFANG: DER EINZYLINDER

DIE TECHNIK 2

DIE REGELN DER MECHANISCHEN EVOLUTION

WER HARLEY-MOTOREN NICHT MAG, KÖNNTE BEHAUPTEN, SIE WÜRDEN SCHÜTTELN. WER SIE MAG, FINDET IHRE »GOOD VIBRATIONS« ERREGEND ... DIE ENTSCHEIDUNG, DIE OBJEKTIVITÄT UND VOR ALLEM DER SINN WERDEN VON DIESEM EINZIGARTIGEN GEPOLTER IN DEN BANN GESCHLAGEN.

Das fast schon animalischen unregelmäßigen Pulsieren verwandelt sich beim Beschleunigen in ein herrliches infernalisches Getöse. Diese Vibrationen und ihr Klang kommen von weit her ...

DER URAHN DES V-TWINS
Am Anfang war der Einzylinder. Als sie 1901 ihren ersten kleinen Motor in ihr Boot schraubten, ließen sich William Harley und Arthur Davidson von einem 138 cm³-Einzylinder von De Dion-Bouton inspirieren. Der Grund hierfür war einfach: De Dion-Bouton war der größte Automobilhersteller der Welt. Im gleichen Jahr installierte Oscar Hedström, Mitbegründer von Indian, einen Klon des französischen Triebwerks in ein Fahrrad und kürzte so die Runde über den See deutlich ab.
Wie das Original von De Dion-Bouton besaß auch das 2 PS starke Indian-Aggregat (405 cm³ Hubraum) ein »automatisches« Einlassventil. Ein sehr optimistisches Adjektiv: Während das Auslassventil durch mechanischen Druck geöffnet und durch ein kräftige Feder wieder geschlossen wurde, führte das Einlassventil eine eher anarchische Existenz; es öffnete sich durch das vom Unterdruck des ablaufenden Kolbens angesaugte Frischgas gegen eine entsprechend schwach ausgelegte Feder, die es anschließend wieder schloss. Der Motor drehte nicht besonders hoch, denn ab 2000/min federte das Ventil wieder zurück, Abgase gelangten in den Vergaser und der Motor starb ab. Keine optimale Füllung des Zylinders plus geringe Drehzahlen gleich geringe Leistung (siehe Kasten »Das Drehmoment der Harleys, die Pferdestärken der Japaner«, Seite 118).
Um die Drehzahlen zu erhöhen, musste das Einlassventil durch einen zweiten Nocken geöffnet werden. Die so geregelten Steuerzeiten brachten eine deutliche Mehrleistung, doch die Fahrer waren natürlich nie zufrieden.
Die Lösung lag in einer Vergrößerung des Motors. In Frankreich waren inzwischen wahre mechanische Monster entstanden. Doch schwerere Kolben verstärkten die Schwingungen, die schon jetzt an den Rahmenverbindungen nagten. Auch hätten viele neue Teile produziert, neue Gussformen gebaut und ein neuer Rahmen entworfen werden müssen, um all das aufnehmen zu können ... Zu teuer.

Auch der Motor kann customisiert werden: Vom Luftfilter über das Kickstarter-Pedal bis zu den Stößelstangen-Röhrchen und den Auspuffkrümmern wurde bei diesem Shovelhead-Triebwerk viel Wert auf Schönheit gelegt.

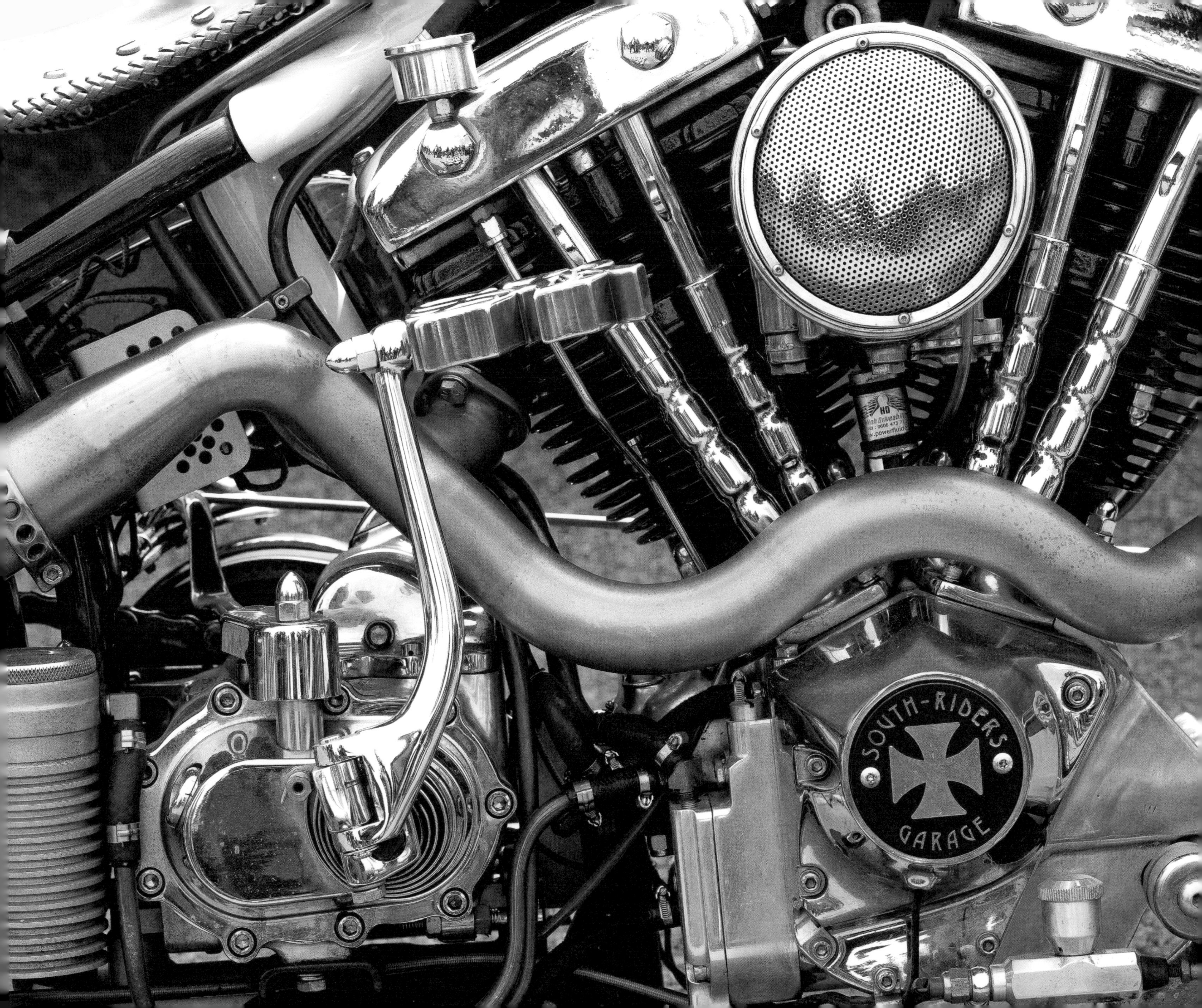
SOUTH-RIDERS
GARAGE

DER V2 WIRD GEBOREN

Bei Indian entschied man sich 1907 stattdessen einen zweiten Zylinder hinter den ersten zu setzen und die Pleuel beider Kolben mit dem gleichen Hubzapfen zu verbinden. Dazu musste das Kurbelgehäuse nur leicht verändert und ein Pleuelfuß gegabelt werden, um das zweite Pleuel dazwischen laufen lassen zu können. Die sowohl in Amerika wie auch in Europa beliebte Lösung hatte jedoch einen Fehler: Der Zylinderwinkel und der gemeinsame Hubzapfen erlaubte keine synchron auf- und ablaufenden Kolben. Während bei einem Paralleltwin die Kolben ihre Arbeitstakte um 180° versetzt ausführten (einer verdichtet, der andere stößt aus; einer wird gezündet, der andere saugt an), wirken die Kräfte wie auf die Pedale eines Fahrrades – und verringern die Vibrationen. Beim Harley-V-Twin ab 1909 sind die Bewegungen genau um die 45° versetzt, die der Hubzapfen benötigt, um zwischen den Zylinderachsen zu wechseln. Weil ein Viertaktmotor für einen Gaswechsel zwei Kurbelwellenumdrehungen benötigt, zündet unser V2 mit Abständen von 405 bzw. 315° – vergleichbar einem Fahrrad mit einem um 45° versetzten Kurbelarm.

Ab 1909 experimentierte man bei HAD mit dem V-Motor (oben).

Der Seitenventil-Motor verrät sich durch seine flachen und an Zweitakter erinnernden Zylinderdeckel sowie die nach unten aus den Zylindern führenden Krümmerrohren. Hier sitzt er in einem Modell WL von 1937 (rechts).

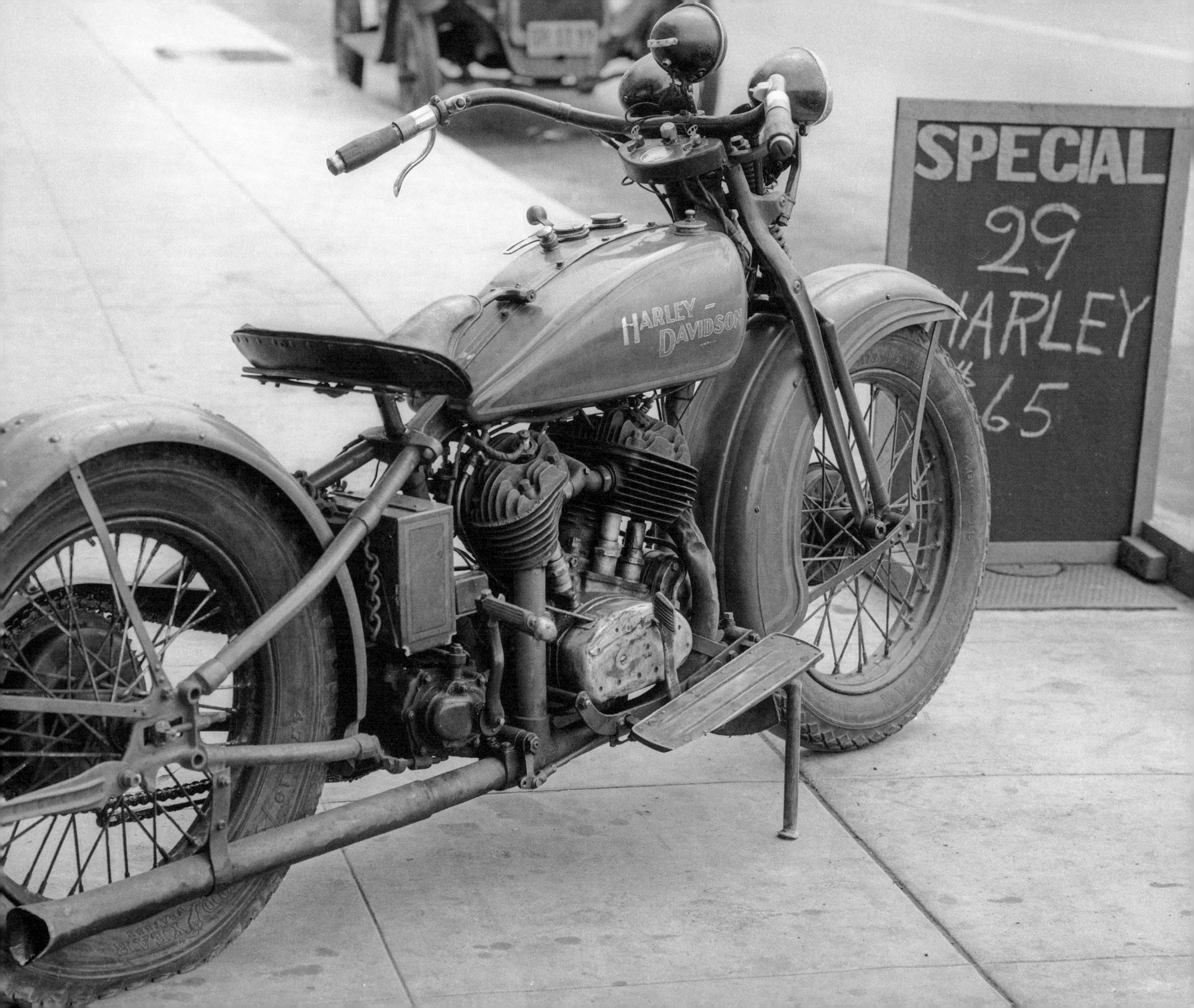
SPECIAL
29
HARLEY
$65
HARLEY-DAVIDSON

»ES IST GENAU DIESE RUCKARTIGE FUNKTIONSWEISE, DIE FÜR DIE UNRHYTHMISCHEN SCHWINGUNGEN SORGT (DIE ›GOOD VIBRATIONS‹) UND VOR ALLEM DEN BERÜHMTEN KARTOFFEL-SOUND ERZEUGT (›POTATO POTATO‹), DER EIN ECHTES MARKENZEICHEN DARSTELLT.«

In der hochmodernen Fabrik in Menomonee Falls bei Milwaukee werden sämtliche V2-Motoren für alle Montagewerke der Motor Company hergestellt.

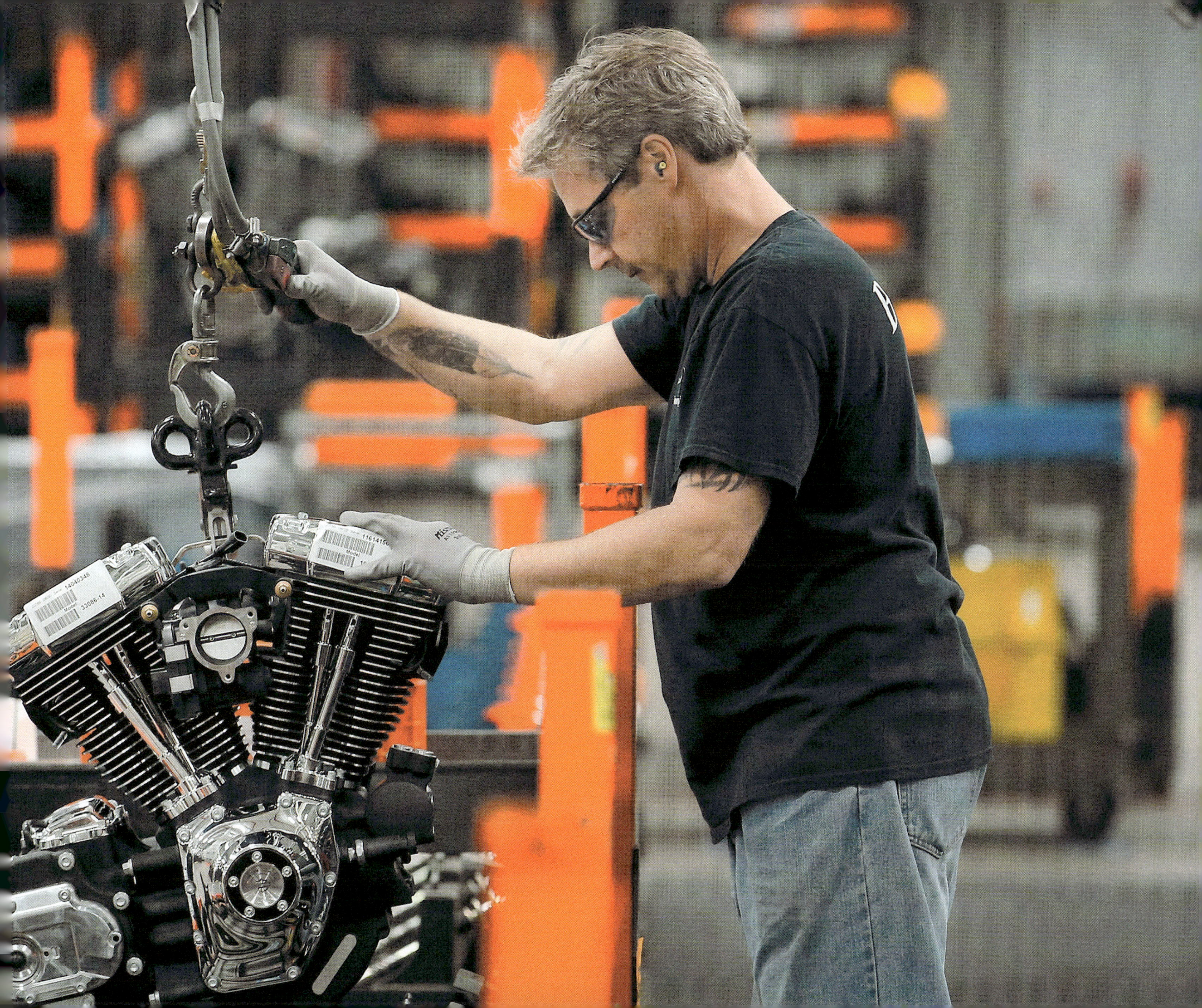

Es ist genau diese ruckartige Funktionsweise, die für die unrhythmischen Schwingungen sorgt (die *Good Vibrations*) und vor allem den berühmten Kartoffel-Sound erzeugt (»Potato Potato«), der ein echtes Markenzeichen darstellt.

DIE GESCHICHTE DES VENTILTRIEBS

Die Einlassventile am V-Twin von Bill Harley wurden wie auch bei den Einzylindern per Nockenwelle geöffnet. Aus zweimal 405 cm³, also 810 cm³ Hubraum mobilisierte der Motor 7 PS. Heute leistet ein 125er-V2 locker 15 PS. Woran liegt das? Der größte Nachteil damaliger Motoren lag in der geringen Verdichtung. Zum einen war dies dem nicht besonders klopffesten Benzin geschuldet, zum anderen war die Brennraumform mit den seitlich angeordneten Ventilen alles andere als optimal. Das angesaugte Gemisch wurde größtenteils in der seitlichen Kammer verdichtet und durch die langen Flammwege nur unzureichend gezündet – und ein Großteil der freiwerdenden Energie wirkte nicht direkt auf den Kolben. Hinzu kommt, dass die Abgase nicht vollständig aus dem Brennraum gespült werden konnten.

Das Problem wurde bei Harley teilweise durch die anfänglich verwendete IOE-Steuerung (**I**nlet **o**ver **E**xhaust) verringert, da hier in einem kleineren Nebenbrennraum das hängende Einlassventil direkt über dem stehenden Auslassventil angeordnet war. Die Motor-Company nannte diese Steuerung anschaulich »F-Head«. Die Krönung dieser Bauart war die JDH Two Cam von 1927, die mit ihrem »High-Compression«-Motor 160 km/h Höchstgeschwindigkeit erreichte – und daher auch die erste Harley mit einer Vorderradbremse war. Das 1200 cm³-Triebwerk war so hoch, dass für die Einlassventile und ihre Kipphebel entsprechende »Taschen« im Tank untergebracht werden mussten.

1929 ging man in Milwaukee scheinbar einen Schritt zurück, indem das seitengesteuerte Modell 45 (750 cm³ Hubraum) vorgestellt wurde. Hier standen beide Ventile nebeneinander, was die Brennraumform nicht unbedingt verbesserte, dafür konnte der »Flathead«-Motor bedeutend kompakter gestaltet und wahrscheinlich auch kostengünstiger produziert werden.

Die Flathead wurde 1937 zur WL überarbeitet und ab 1941 als WLA massenhaft an die US Army ausgeliefert. Es gab Seitenventiler mit 1200 und sogar 1340 cm³ Hubraum, doch sie erreichten nie die Leistung der JDH. Mit etwas Benzin und ausreichend Öl erwies sich der Flathead als absolut unverwüstlich und unzerstörbar – auch dank des simpel aufgebauten Ventiltriebs.

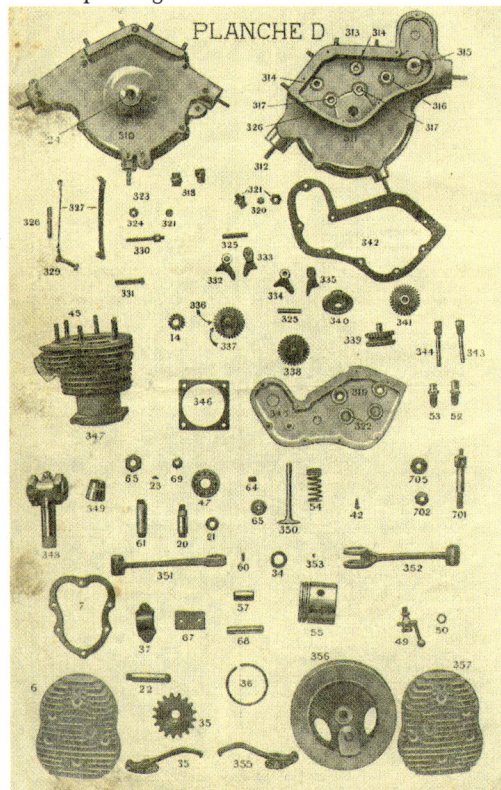

AUS TREUE ZUM ROCKER

Nach dem Modell E erstarrte bei Harley-Davidson die grundlegende Weiterentwicklung des Ventiltriebs. Neue Zylinderkopf-Formen sorgten bald für inoffizielle Bezeichnungen (Knucklehead, Panhead usw.), doch den darin sitzenden Kipphebeln (engl.: Rocker), den langen Stößelstangen und der unten liegenden Nockenwelle blieb man treu, auch wenn andere Hersteller längst oben liegende Nockenwellen (OHC = **O**ver**h**ead **C**amshaft) per Kette oder Zahnriemen antrieben und so höhere Drehzahlen möglich wurden. Erst beim V-Rod-Motor setzte die Motor-Company direkt auf das aktuelle DOHC-Prinzip (**D**ouble **O**ver**h**ead **C**amshaft).

Bei einem Harley Big-Twin bleibt es bei – jetzt zwei – unten liegenden Nockenwellen, die über Stößel, Stößelstangen und Kipphebel die Ventile öffnen. Diese heute nur noch von Moto Guzzi und Royal Enfield geteilte altertümliche Technik gilt als robust, einfach einstellbar und montagefreundlich. Techniker verabscheuen sie wegen ihrer vielen beweglichen Teile und ihrer Massenträgheit, die hohe Drehzahlen verbietet. Wenn Hersteller wie Yamaha und Indian die OHV-Steuerung (siehe Kasten Seite 115) für ihre übergroßen Langhuber übernehmen, liegt dies zum Teil an einer so zu erzielenden geringeren Bauhöhe, zum anderen können sie dadurch hemmungslos die Stößelstangenrohre der Harley kopieren.

Die beiden Pleuel (Nr. 351 und 352) sind so ausgeführt, dass das erste zwischen die Gabel des zweiten um den gleichen Hubzapfen greift (links).

An dieser Panhead soll das Luftleitblech links am Motor dem hinteren Zylinder mehr Fahrtwind zuführen, um ihn besser zu kühlen (rechts).

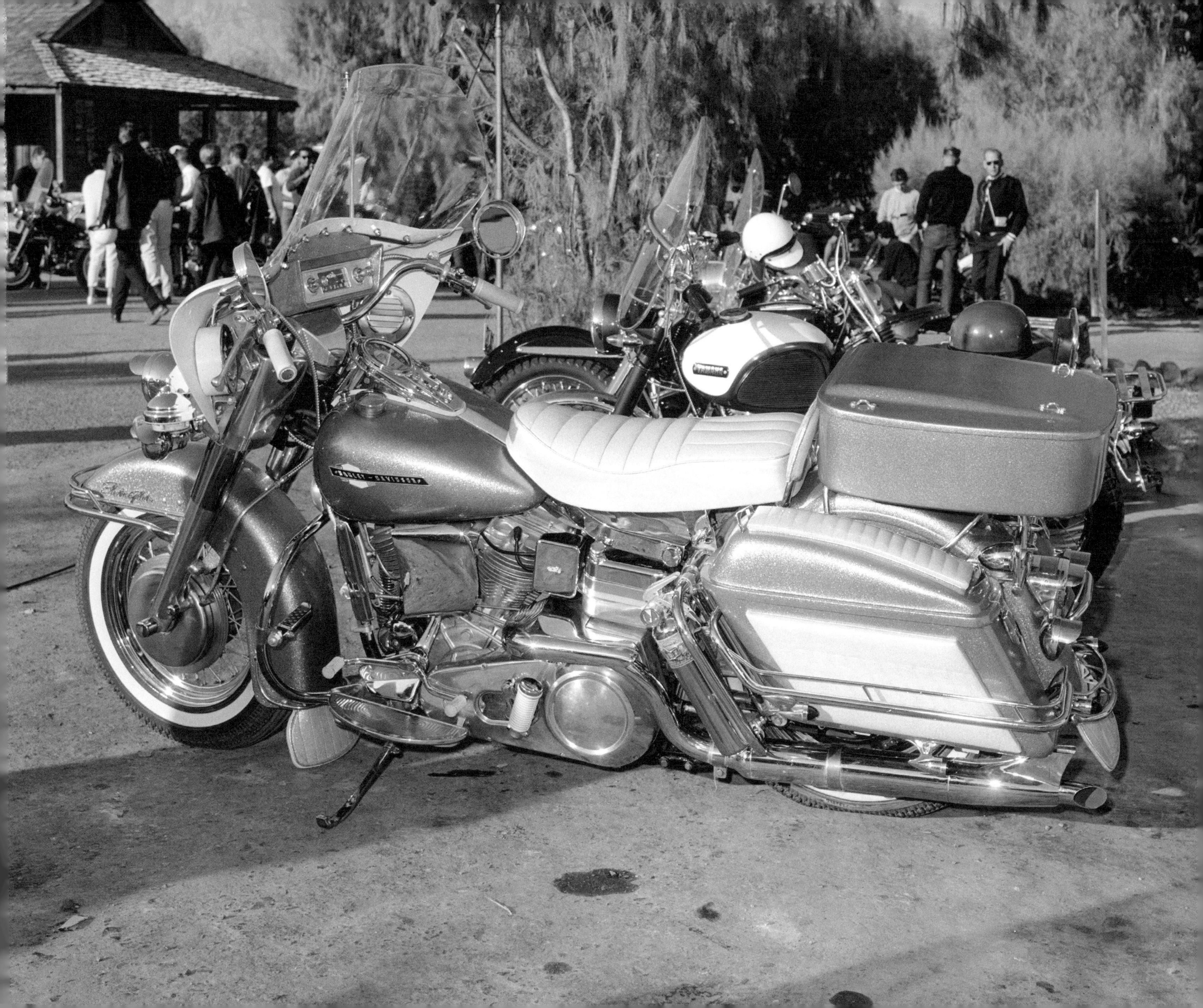
HARLEY-DAVIDSON

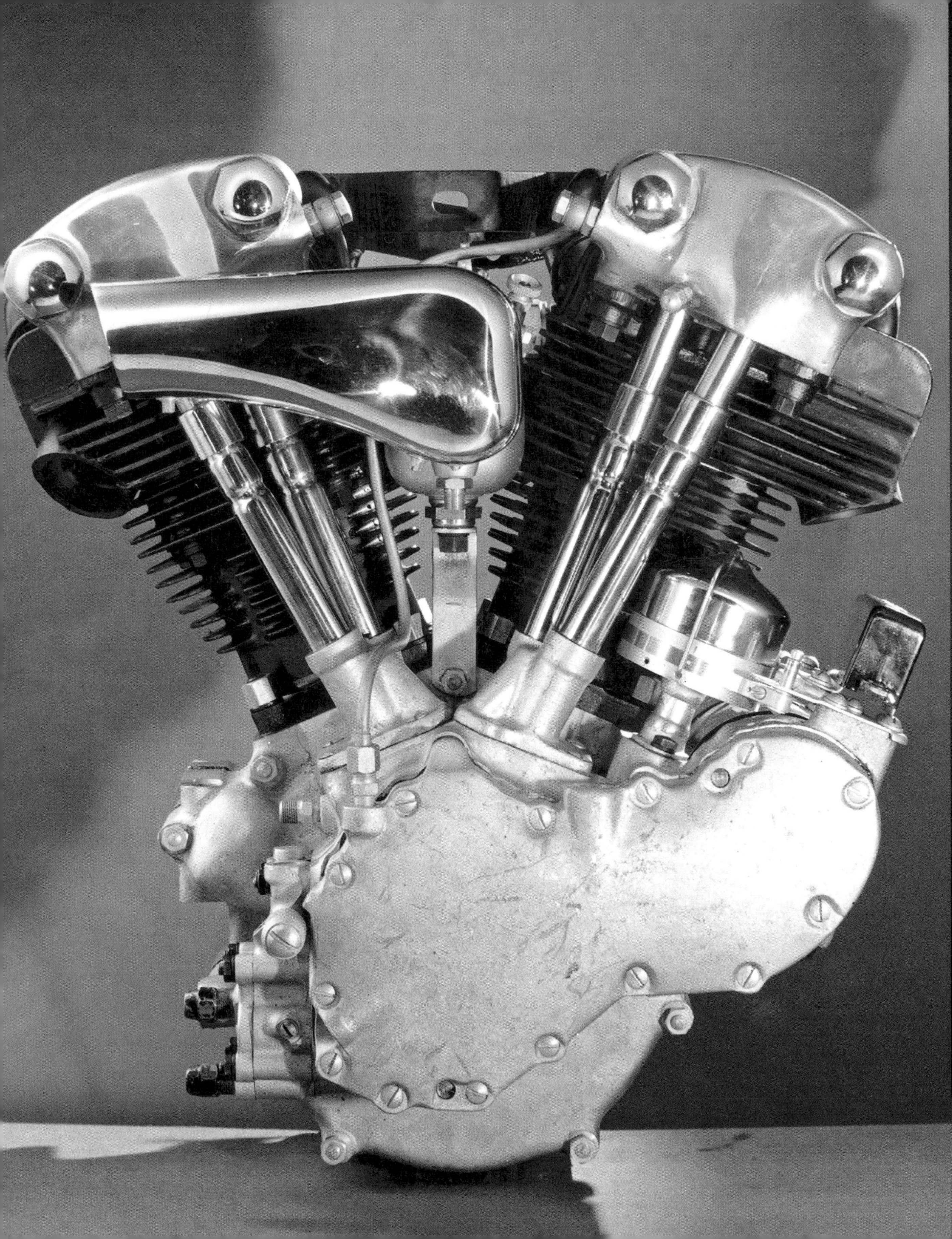

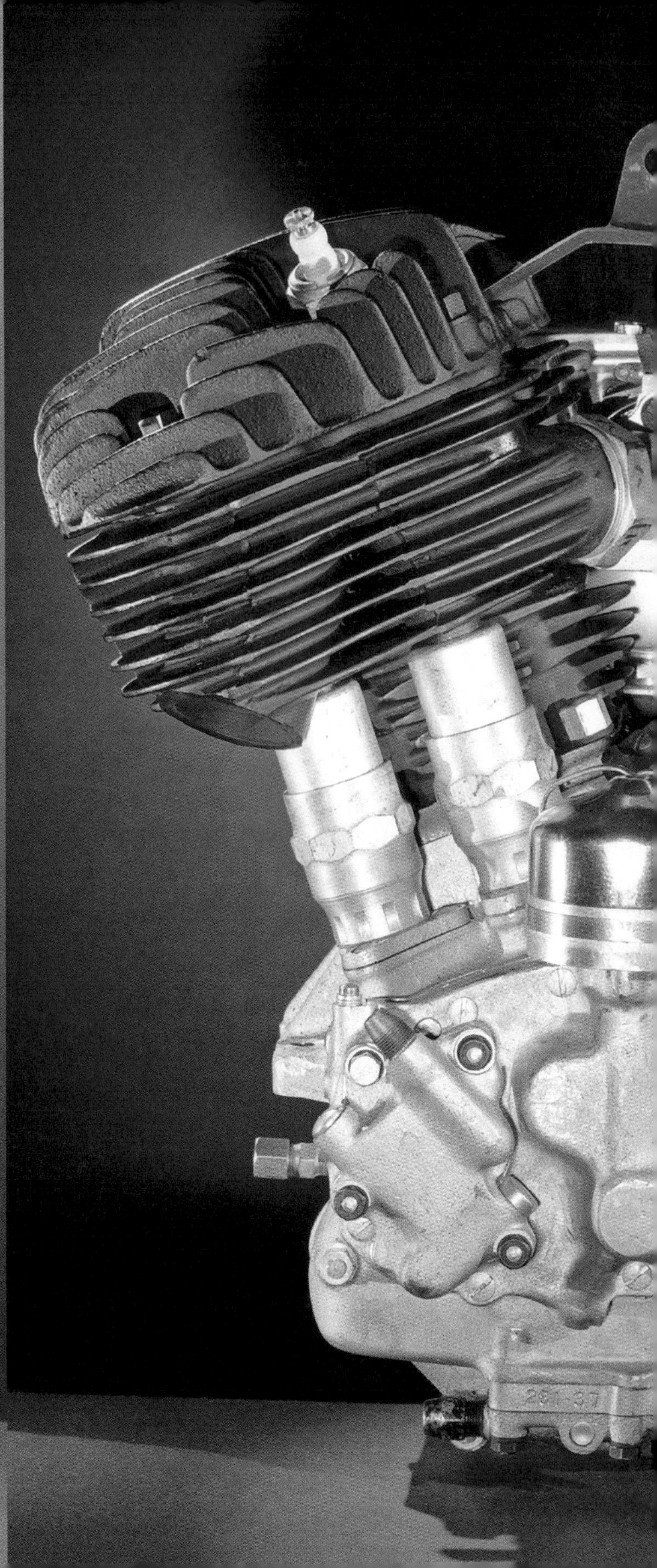
291-37

DER HANG ZUM HÄNGENDEN VENTIL

Auch wenn er weniger leistungsstark war, hatte der Seitenventilmotor einen großen Vorteil: Es bestand kein Risiko, dass die Ventile gegen den Kolben schlugen, denn sie bewegten sich parallel neben ihm – und nicht gegen ihn.

Ein großer Nachteil »kopfgesteuerter« Motoren lag darin, dass der Kolben und die darüber hängenden Ventile im gemeinsamen Brennraum gegeneinander »boxen« mussten – und bei den geringsten Abweichungen von den vorgegebenen Steuerzeiten miteinander kollidierten, was zu großen Motorschäden führte. Überhitzung (besonders bei den Auslassventilen), schlechte Schmierung, spröder Federstahl und bei Drehzahlen über 6000/min flatternde Ventile sorgten dafür, dass die OHV-Technik (Overhead Valve = Hängende Ventile) anfangs nur misstrauisch angenommen wurde.

Die als nicht lange haltbar, teuer herzustellend und schwierig einstellbar geltenden OHV-Motoren waren anfangs Rennmaschinen vorbehalten, für die eine höhere Kompression – und damit mehr Leistung – von entscheidender Bedeutung war. Mit Fortschritten in der Metallurgie, bei den Schmierstoffen und in der Motorenkonstruktion wurde die OHV-Steuerung auch bei sportlichen Serienmaschinen übernommen.

Als Harley-Davidson 1936 seinen ersten V2-Motor mit OHV-Steuerung vorstellte, war dieses Modell E mit seinen 36 PS aus 1000 cm³ zusammen mit der britischen Vincent und der deutschen BMW eines der schnellsten Motorräder seiner Zeit. Anfangs überhitzte sie, verlor Öl und fiel komplett aus, aber sie war der Traum von einem Motorrad!

Der Knucklehead (links) ist zweifellos ein wunderschöner Motor, aber er baut deutlich höher als der wesentlich kompaktere Flathead (der rechte Motor ist größer abgebildet, sodass seine Kompaktheit verloren geht).

HARLEY-DAVIDSO
MOTOR
HARLEY-DAVIDSON
CYCLES
PATENTED
S&S
SUPER

EIN VERALTETER MOTOR?

Manche Motorradfahrer bezeichnen den V-Twin von Harley-Davidson als Anachronismus. Wenn man das Verhältnis aus Hubraum und Leistung betrachtet, liegen sie nicht ganz falsch. Nur die indische Royal Enfield und die russische Ural schneiden noch schlechter ab.

Doch wenn es um eine gute Leistungsausbeute geht, überraschen Harleys. Bei einer 750er oder auch 1200er mit einem Leergewicht von 200 kg ist es nicht schwierig. Doch eine 1800er-Harley wiegt doppelt so viel und hat den c_w-Wert eines Schaufelbaggers; wie erreicht sie einen Verbrauch von 5 bis 6 Liter auf 100 km?

Die Mechanik erklärt einiges: Zunächst läuft der V-Twin mit niedrigen Drehzahlen, sodass seltener Kraftstoff eingespritzt werden muss. Zweitens handelt es sich um einen »Langhuber«, dessen lange Kolbenwege eine bessere Vermischung des Benzins mit der Luft erlaubt und dem Gemisch anschließend mehr Zeit bietet, um vollständig zu verbrennen. Darüber hinaus bietet das hohe Drehmoment bei niedrigen Drehzahlen genügend Schub, ohne dass der Motor »gedreht« werden muss.

Und weil Harleys wenig verbrauchen, haben sie auch keine großen Probleme mit Abgasvorschriften – solange ihre Besitzer nicht an der Einspritzung und dem Auspuff herumschrauben.

Das H-D-Triebwerk ist also nur scheinbar veraltet. Zudem ist es mit den neuesten elektronischen Regelungen ausgerüstet – und seit kurzem sogar mit Wasserkühlung, die dafür sorgt, dass der Motor ohne zusätzlichen Hubraum mehr Leistung abgeben kann.

Was eine Harley tatsächlich überschreitet, ist das Idealgewicht eines Motorades, sodass sich eine wirklich sportliche Fahrweise verbietet. Die Sportster bringt heute in der Basisversion bereits 260 kg auf die Waage – 60 kg mehr als ihre Konkurrenten. Eine Electra Glide wiegt mit 410 kg einen Zentner mehr als eine BMW K 1600

»UND WEIL HARLEYS WENIG VERBRAUCHEN, HABEN SIE AUCH KEINE GROSSEN PROBLEME MIT ABGASVORSCHRIFTEN – SOLANGE IHRE BESITZER NICHT AN DER EINSPRITZUNG UND DEM AUSPUFF HERUMSCHRAUBEN ...«

DAS DREHMOMENT DER HARLEYS, DIE PFERDESTÄRKEN DER JAPANER

Motorräder von Harley-Davidson haben viel Drehmoment, aber nur eine moderate Leistung. Was bedeutet das? Warum beschleunigen sie so gut, werden dann aber nicht sonderlich schnell? Was bedeuten die PS, kW und Nm in den Datenblättern?

Drehmoment ist die momentane Kraft, die durch das Verbrennen des Benzins über den Kolben und das Pleuel auf die Kurbelwelle ausgeübt wird. Gemessen wird das Drehmoment in der Einheit Newtonmeter (Nm)*. Ein Nm entspricht der Kraft von einem Newton auf einen horizontal gehaltenen Hebel von einem Meter Länge. Ein Newton hat die Gewichtskraft von etwa 102 Gramm. Ein 125 cm³-Viertaktmotor erzeugt ein maximales Drehmoment von etwa 10 Nm – ein 1800er-Harley-Twin erreicht dagegen ca. 150 Nm. Wodurch entsteht dieses Drehmoment? Natürlich durch die Wucht der explosionsartigen Verbrennung, aber auch dadurch, wie sie ausgeübt wird. Die Verbrennung ist von großer Bedeutung, wichtig für Harley, weil die Zylinder groß sind. Die Art der Ausübung hängt von der Länge des Hebels ab. Je länger der Hebel, desto stärker die Kraft; wer will, kann einmal versuchen, 1 kg an einer 5 m langen Stange zu halten. Beim Motor ist das Äquivalent zur Stange das Pleuel und die Kurbelwelle. Harley-Motoren sind – im modernen Motorenbau sehr selten – langhubig ausgelegt: Die vom Kolben zurückgelegte Strecke im Zylinder (der Hub) ist größer als der Durchmesser des Kolbens (die Bohrung). Dies erfordert einen weit von der Kurbelwellen-Achse entfernt liegenden Hubzapfen (auf den das Pleuel wirkt), der eine größere Hebelwirkung erzeugt. Und durch diese Hebelwirkung entsteht beim Motor ein großes Drehmoment.

*früher wurde das Drehmoment auch in kpm (Kilopond · Meter) angegeben; 1 kpm = 9,8 Nm.

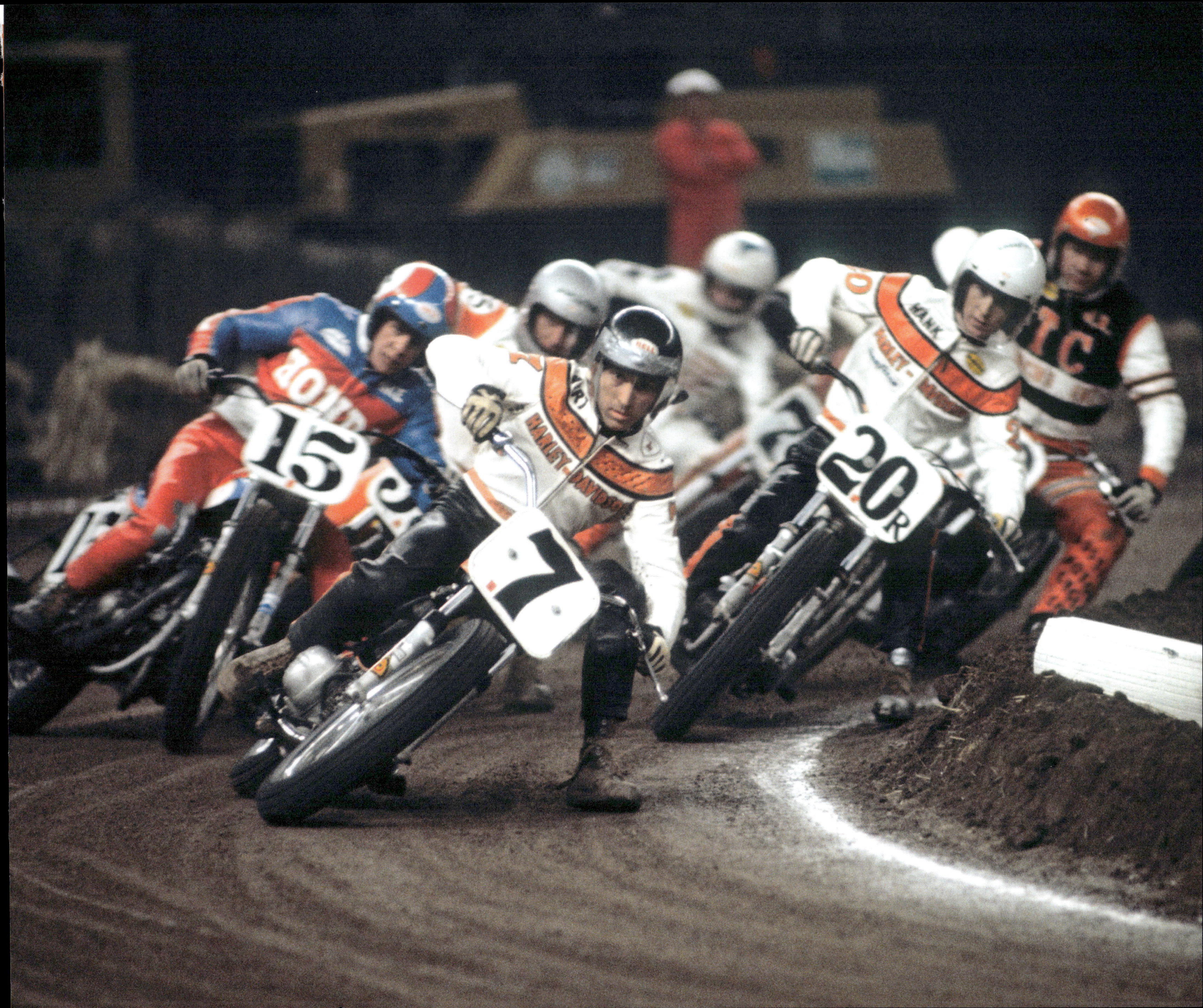
15
7
20R

und immer noch 30 kg mehr als die Honda Gold Wing – zwei durchaus komfortable Reisedampfer, die beide einen Sechszylindermotor mitschleppen müssen. Das Gewicht, die Größe und die Masse des Big-Twins machen es nicht leichter, das ganze in ein modernes Fahrwerk zu packen.

LEISTUNG ENTSTEHT DURCH SCHNELLES DREHMOMENT

Wenn das Drehmoment die momentane »immobile« Kraft ist, stellt die Leistung die treibende Kraft dar, die beim fahrenden Motorrad den Widerstand überwindet. Sie errechnet sich aus dem mit der Geschwindigkeit multiplizierten Drehmoment und wird in Watt (W) oder Kilowatt (kW) ausgedrückt. Früher wurde die Leistung in Pferdestärken (PS) beschrieben, dabei galt: 1 PS ist die Leistung, die nötig ist, um 75 kg in einer Sekunde einen Meter hoch anzuheben*.

Bleiben wir bei unserem Stab von 1 m Länge und nehmen an, dass das an seiner Spitze befestigte Gewicht ein Hammerkopf ist – bei der 125er ist er (10 Nm =) 1 kg schwer, bei der Harley wiegt er 15 kg. Dann haben wir noch einen sehr großen Nagel mit der Kraft einzuschlagen, die es benötigt, um ein Motorrad mit 100 km/h zu fahren. Mit dem 1 kg schweren »125er-Hammer« werden viele schnelle Schläge erforderlich, während der 15 kg schwere Harley-Hammer einmal langsam ausholt, um den Nagel mit einem Schlag zu versenken.

Übersetzt in Motorrad-Sprache: Bei 100 km/h dreht der Harley-Twin im fünften Gang knapp über 2000/min, während die Kurbelwelle der 125er schon mit 8000/min rotiert.

Wir können noch etwas weiter in die Mechanik eindringen.

Der verärgerte Konstrukteur der 125er hat beschlossen, eine 500er mit vier Zylindern zu jeweils 125 cm³ zu bauen (genauso hat es Honda 1960 gemacht). Logischerweise wird dieser Motor 40 Nm liefern – ein Viertel des Harley-Drehmoments. Doch er schafft es, sehr viel Leistung zu erzeugen, weil sein Motor ausreichend hoch dreht – viel schneller als der 125er. Wenn die Drehzahlgrenze des kleinen Einzylinders bei 8000/min lag, toleriert ein ausgeglichen laufender 500er locker 16 000/min. Der 4 kg wiegende Hammer erreicht also die Geschwindigkeit einer Kanonenkugel. Bei dieser Drehzahl erzeugt der Motor 100 PS – und damit mindestens genauso viel wie der Harley-Twin. Bohrt man die einzelnen 125er-Zylinder jetzt auf 250 cm³ Hubraum auf, erhält man eine 1000er mit 200 PS und 300 km/h Höchstgeschwindigkeit – ein modernes »Superbike« mit der doppelten Leistung einer Harley – aber nur halbem Drehmoment und halbem Hubraum.

Kann Harley dagegen ankämpfen? Einfach hoch genug drehen, um mehr Leistung zu erzeugen? Nein, denn die schweren Kolben werden beim Abbremsen an den beiden Totpunkten extrem belastet und erreichen auf ihren Wegen zerstörerische Geschwindigkeiten von 15 oder 20 m/s; hinzu kommen destruktive Vibrationen.

Um ohne konstruktive Änderungen die Leistung etwas zu erhöhen, hat Harley nur eine Möglichkeit: mehr Hubraum; entweder durch mehr Hub, bei dem die gleiche Kraft mehr Hebelwirkung bekommt, oder durch mehr Bohrung, wobei mehr verbrennendes Gas mehr Kraft erzeugt. In beiden Fällen wird das Drehmoment erhöht – also mehr Leistung bei gleicher Drehzahl abgegeben.

Für geringe Geschwindigkeiten mit leicht erhöhtem Standgas gibt es nichts besseres als einen V-Twin von Harley mit seinem gewaltigen Drehmoment aus dem Drehzahlkeller.

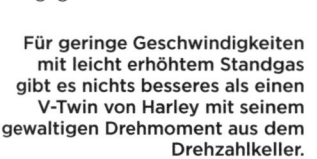

* 1 PS = 736 W (0,736 kW).

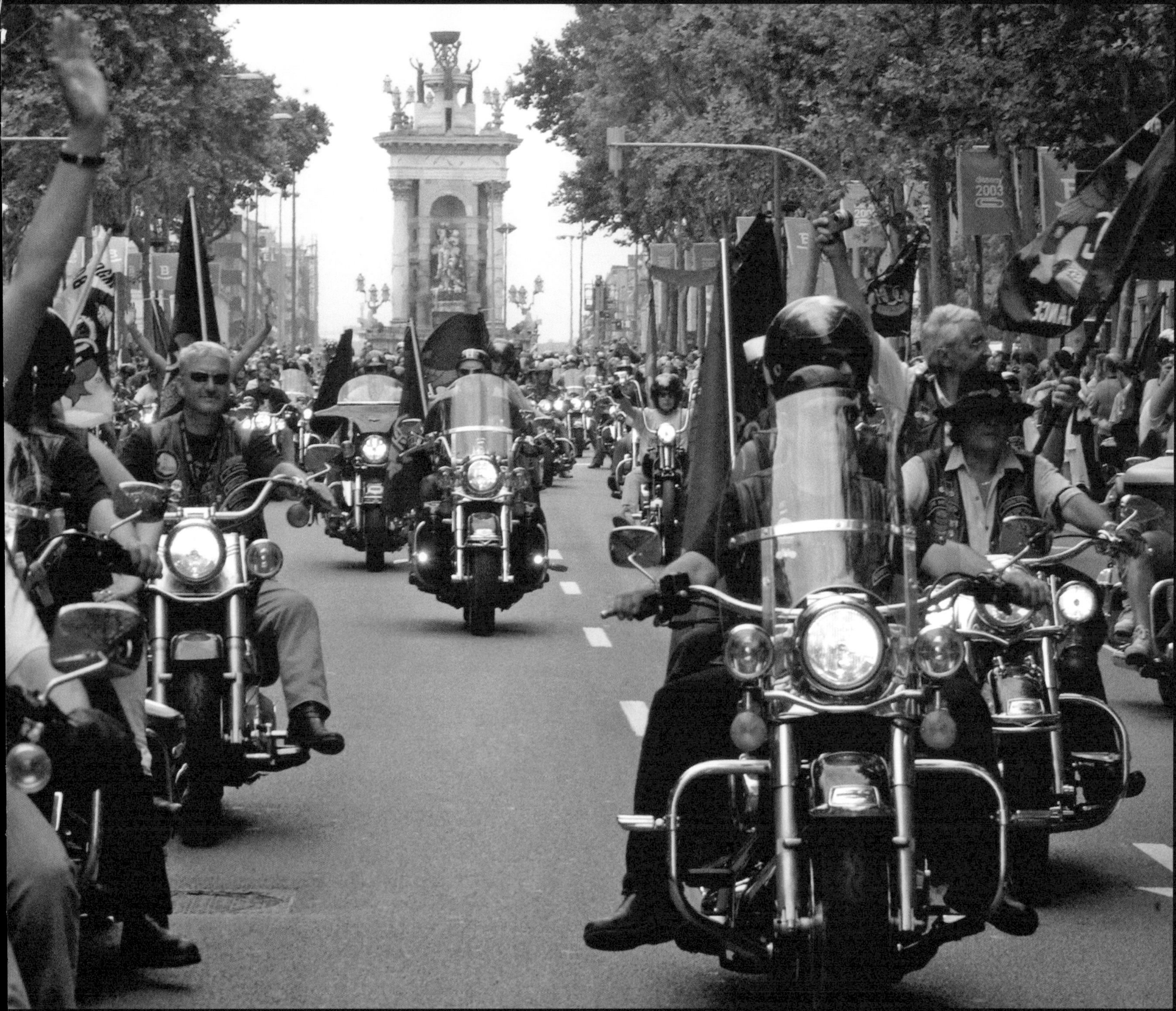
2003

DOSSIER
DAS HARLEY-DAVIDSON-LEXIKON

Harley-Motoren werden seit den 1960er-Jahren mit Kosenamen versehen, die sich an den Formen der Zylinderköpfe orientieren: Knucklehead, Panhead, Shovelhead, Evo oder Blockhead, Fathead. Abgesehen davon gibt es weitere Namen: Bob und Boy, Street und Road, Springer und Softail. Und die Maschinen tauschten Komponenten aus, wechselten das Zubehör und die Aufmachung, verkleideten sich … Im Lauf der Jahrzehnte hat man bei Harley-Davidson ein System entwickelt, um mit Abkürzungen zurechtzufinden. Mit etwas Geduld und Übung lassen sich Kombinationen wie FXCWC, FLSTSC oder FLHTCUI entwirren und eine Dyna von einer Softail oder eine Sportster von einer Sport Glide unterscheiden.
Nur Mut!

SPORTSTER-MODELLE

- XL - GERINGES GEWICHT
- C - CUSTOM
- R - RACING
- L - LOW (NIEDRIGE SITZHÖHE)
- N - NIGHTSTER

DYNA-MODELLE

- F - BIG-TWIN-MOTOR
- X - 16-ZOLL-VORDERRAD
- D - DYNA
- C - CUSTOM
- L - LOW RIDER
- F - FAT BOB
- B - STREET BOB

SOFTAIL-MODELLE

F – BIG-TWIN-MOTOR

L – 16- ODER 17-ZOLL-VORDERRAD

X – 19- ODER 21-ZOLL-VORDERRAD

ST – SOFTAIL

B – NIGHT TRAIN (BAD BOY)

C – CLASSIC ODER CUSTOM

N – DELUXE

F – FAT BOY

W – WIDE (BREITE GABEL)

TOURING-MODELLE

F – BIG-TWIN-MOTOR

L – 16-ZOLL-VORDERRAD

H – VERKLEIDUNG ODER WINDSCHUTZSCHEIBE

T – ELECTRA GLIDE

C – CLASSIC

U – ULTRA

R – ROAD KING

X – STREET GLIDE

V-ROD-MODELLE

V – REVOLUTION-MOTOR

R – RACING

S – STREET

C – CUSTOM

AW – A (SERIE) W (BREITES HINTERRAD)

DX – D (NIGHT ROD) X (SPECIAL)

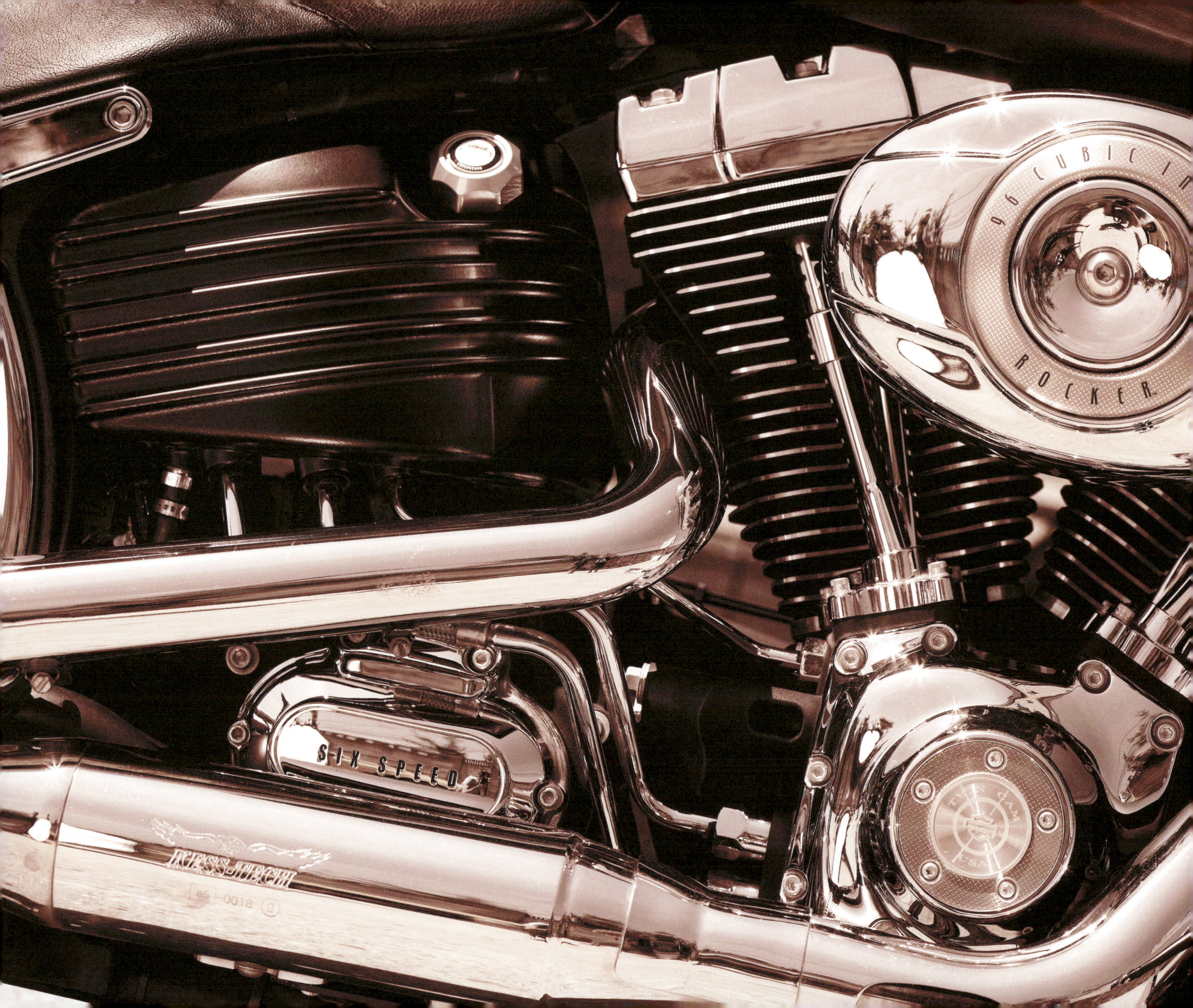
96 CUBIC IN
ROCKER
SIX SPEED

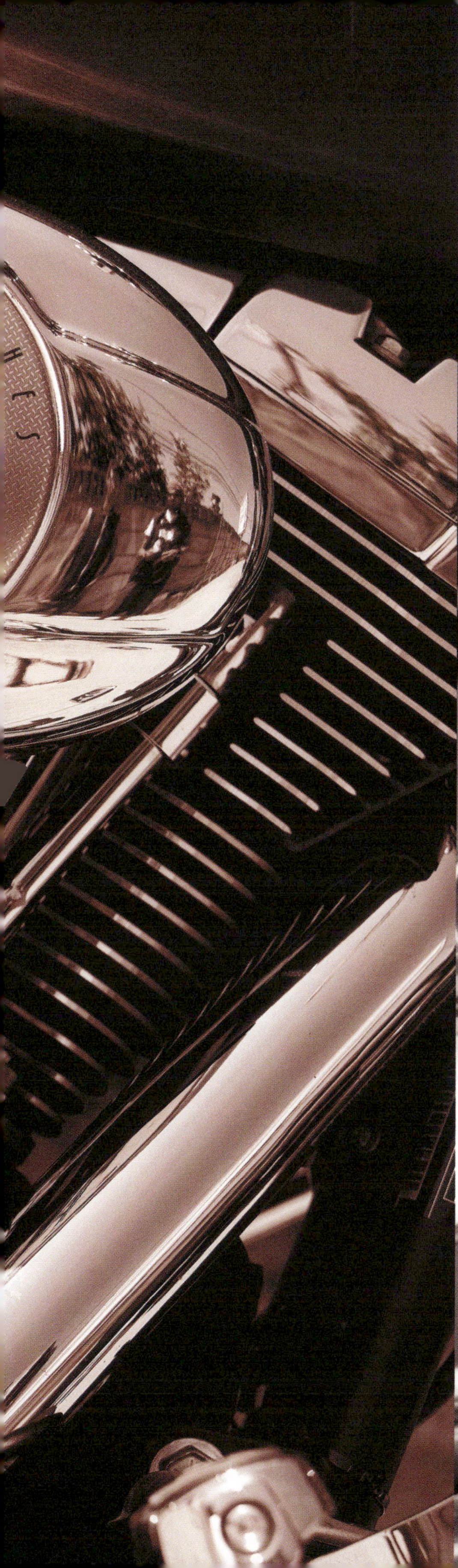
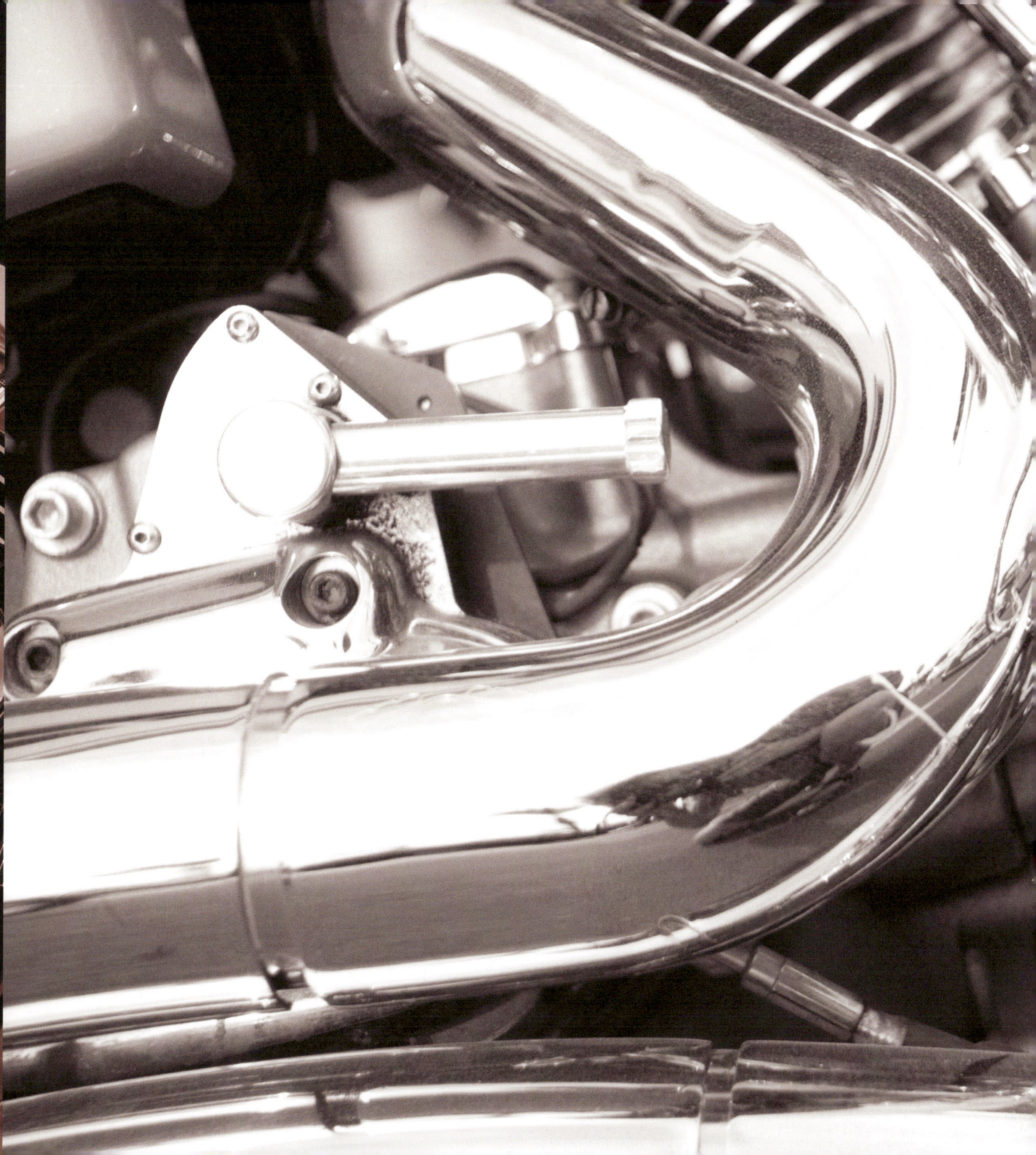

DIE RAHMEN: ON THE ROAD ...

FAHRWERKE UND BREMSEN VON HARLEY-DAVIDSON LEIDEN NOCH IMMER UNTER EINEM SCHLECHTEN RUF, OBWOHL RAHMEN UND GABELN INZWISCHEN STABILER UND DIE BREMSEN DEUTLICH BISSFESTER GEWORDEN SIND.

Dennoch liegt eine Harley weder wie das berühmte Brett in der Kurve, noch lässt sie sich mit dem kleinen Finger schlagartig stoppen. Man kann aber an ihrem Lenker Freude auf geraden Strecken haben und sich mit einigen Modellen sogar auf kleine Nebenstrecken trauen – unter zwei Bedingungen: Sie dürfen nicht als Sportgeräte betrachtet werden, und die eigene Wirbelsäule muss in Ordnung sein.

Trotz enormer Fortschritte sind die Grenzen des H-D-Fahrwerks noch heute sehr präsent: Hohes Gewicht, begrenzte Schräglagenfreiheit und geringe Federwege müssen stets berücksichtigt werden.

SCHULD IST DER MOTOR

Das Gewicht einer Harley – von der 260 kg schweren Sportster bis zur über 400 kg wiegenden Electra Glide – ist vor allem dem Motor geschuldet. Dieser ist auch nicht als tragendes Teil in den Rahmen integriert, um diesen zu erleichtern. Einen weiteren beträchtlichen Einfluss hat die massive Kurbelwelle mit ihren starken Kreiselkräften, die zusammen mit denen der Räder dafür sorgen, dass die Maschine nur widerwillig Richtungswechsel akzeptiert. Schließlich sorgt noch die Größe des Triebwerks – vor allem seine Höhe – dafür, dass es sehr tief im Rahmen hängt und dadurch die Schräglagenfreiheit behindert. Wenn eine Harley in der Kurve Funken sprüht, liegt dies aber auch an den geringen Federwegen am Heck, weil ihre Fahrer es lieben, möglichst tief zu sitzen.

Diese Heck-Geometrie hat einen weiteren wenig bekannten Fehler: Die Hinterachse liegt selbst bei der Sportster höher als die Getriebe-Ausgangswelle. Hierdurch wird das Hinterrad beim Beschleunigen durch den Antriebsriemen nach oben gezogen – und die Massenverschiebung nach hinten weiter verstärkt. Bei nahezu allen anderen Motorrädern ist es genau anders herum: Sobald der Fahrer Gas gibt, zieht die Kette oder der Riemen die Hinterachse nach unten – und damit gegen die Verlagerung der Massen.

Zum »Cruisen« auf geraden Asphaltbändern gibt es nichts besseres als eine Harley. Doch wenn sich die Straße zu schlängeln beginnt, muss man großzügig zu ihr sein ... und nicht zu schnell!

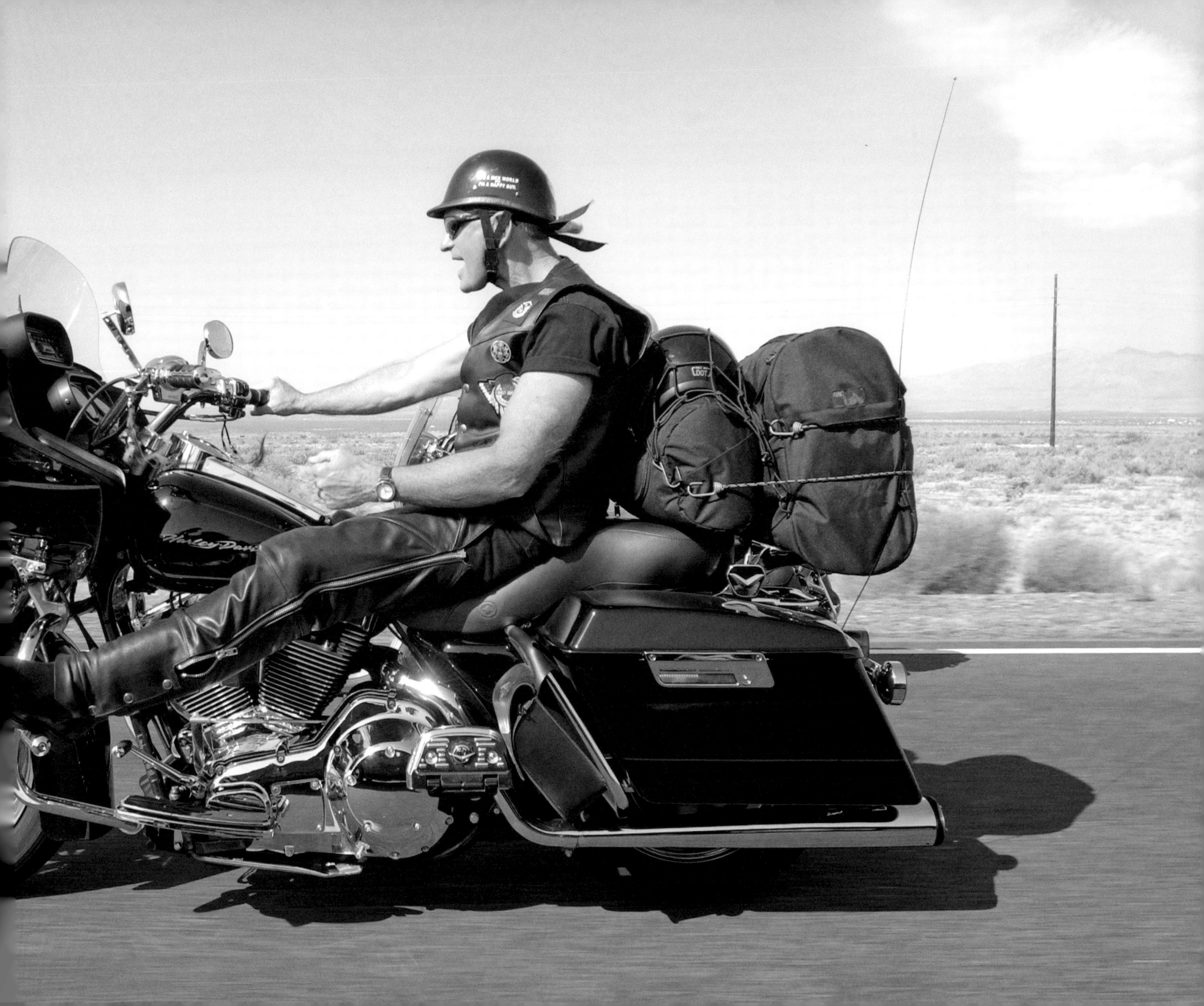

Mit ihrer Springer-Gabel erscheint die Softail Heritage Springer wie eine Reinkarnation der Knucklehead von 1937 – auch wenn die Weißwandreifen eher an die 1950er- und die Satteltaschen mit Fransen an die 1970er-Jahre erinnern.

DIE SPRINGER-GABEL – EINE HARLEY-ERFINDUNG

Wenn es eine große Erfindung gibt, die das Motorrad der Marke aus Milwaukee, sogar Bill Harley selbst, zu verdanken hat, ist es die Vorderradfederung mit geschobener Kurzschwinge. 1907 war die Sager-Cushion-Gabel von Harley überarbeitet und damit die Silent Grey Fellow stabilisiert worden. Dank dieser überragenden Radaufhängung mit voneinander getrennter Federung und Dämpfung hatte man Indian überholt. Die Springer-Gabel blieb bis 1948 im Programm und wurde 40 Jahre später – per Computerberechnung und dank »echtem« Zentral-Stoßdämpfer hinter den Federn auf den neuesten Stand der Technik gebracht – wieder reaktiviert. Und sie bietet gegenüber der Telegabel echte Vorteile. Zuerst federt das Rad nahezu senkrecht und nicht auf der Achse der Gabel, sodass hier dank eines konstanten Radstandes und trotz eines steilen Lenkkopfwinkels für Stabilität gesorgt wird. Weiterhin reagiert die kurze Schwinge besser auf kleine Unebenheiten als die massive Telegabel; bei größeren Schlägen muss man auf die Flexibilität der Holme hoffen. Und schließlich bietet die Springer-Gabel dank ihrer feingliedrigen und luftigen Gestaltung in der Stadt ein angenehmes Gefühl der Leichtigkeit, ohne dass dabei die stabile Straßenlage leidet. Weil die Springer-Gabel nicht die Vibrationen einer ABS-Bremse absorbieren konnte, verschwand sie ab 2012 wieder aus dem Programm.

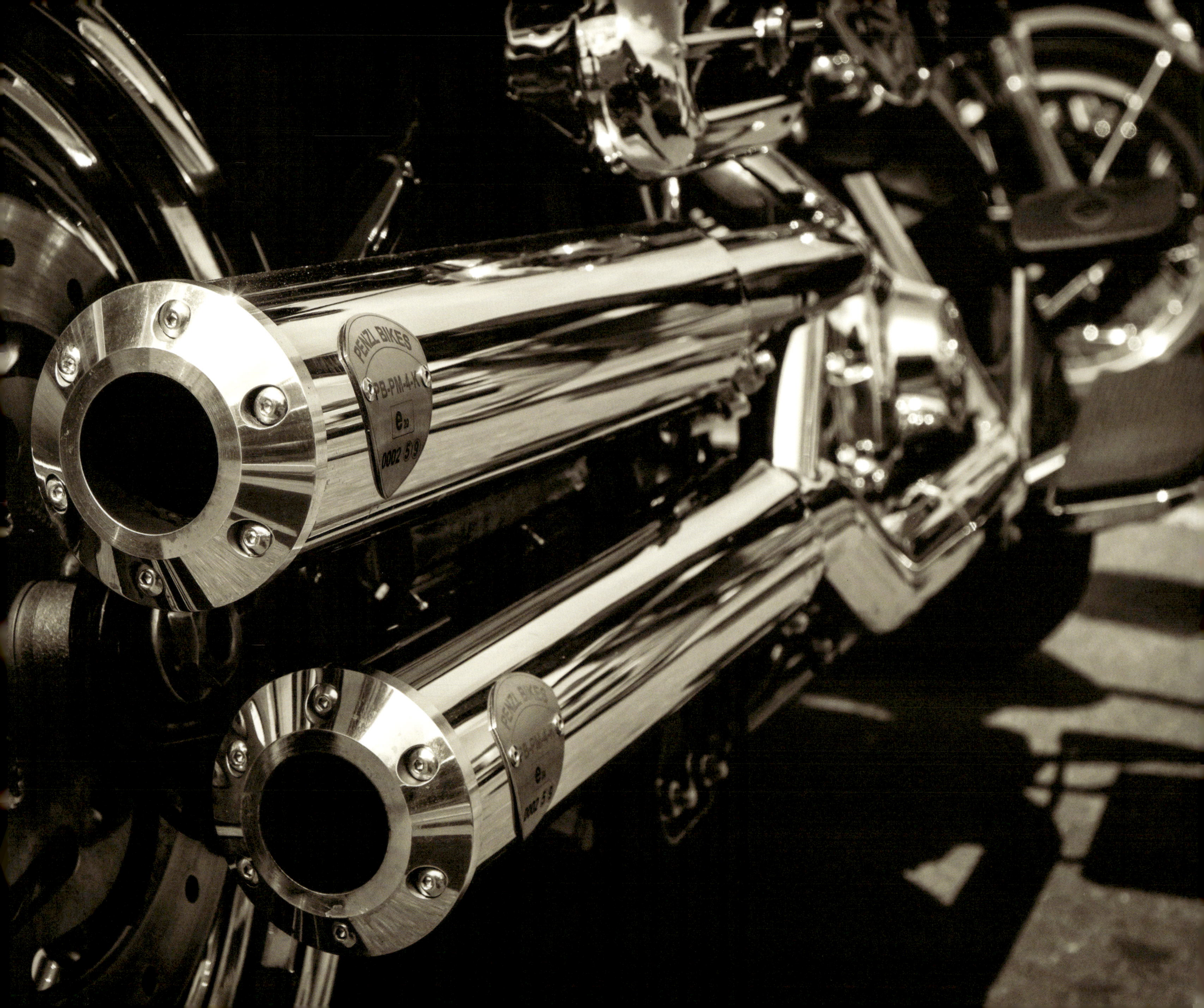
PENZL BIKES
PB-PM-4-K

»WER HARLEY-MOTOREN NICHT MAG, KÖNNTE BEHAUPTEN, SIE WÜRDEN SCHÜTTELN. WER SIE MAG, FINDET IHRE ›GOOD VIBRATIONS‹ ERREGEND ... DIE ENTSCHEIDUNG, DIE OBJEKTIVITÄT UND VOR ALLEM DER SINN WERDEN VON DIESEM EINZIGARTIGEN GEPOLTER IN DEN BANN GESCHLAGEN.«

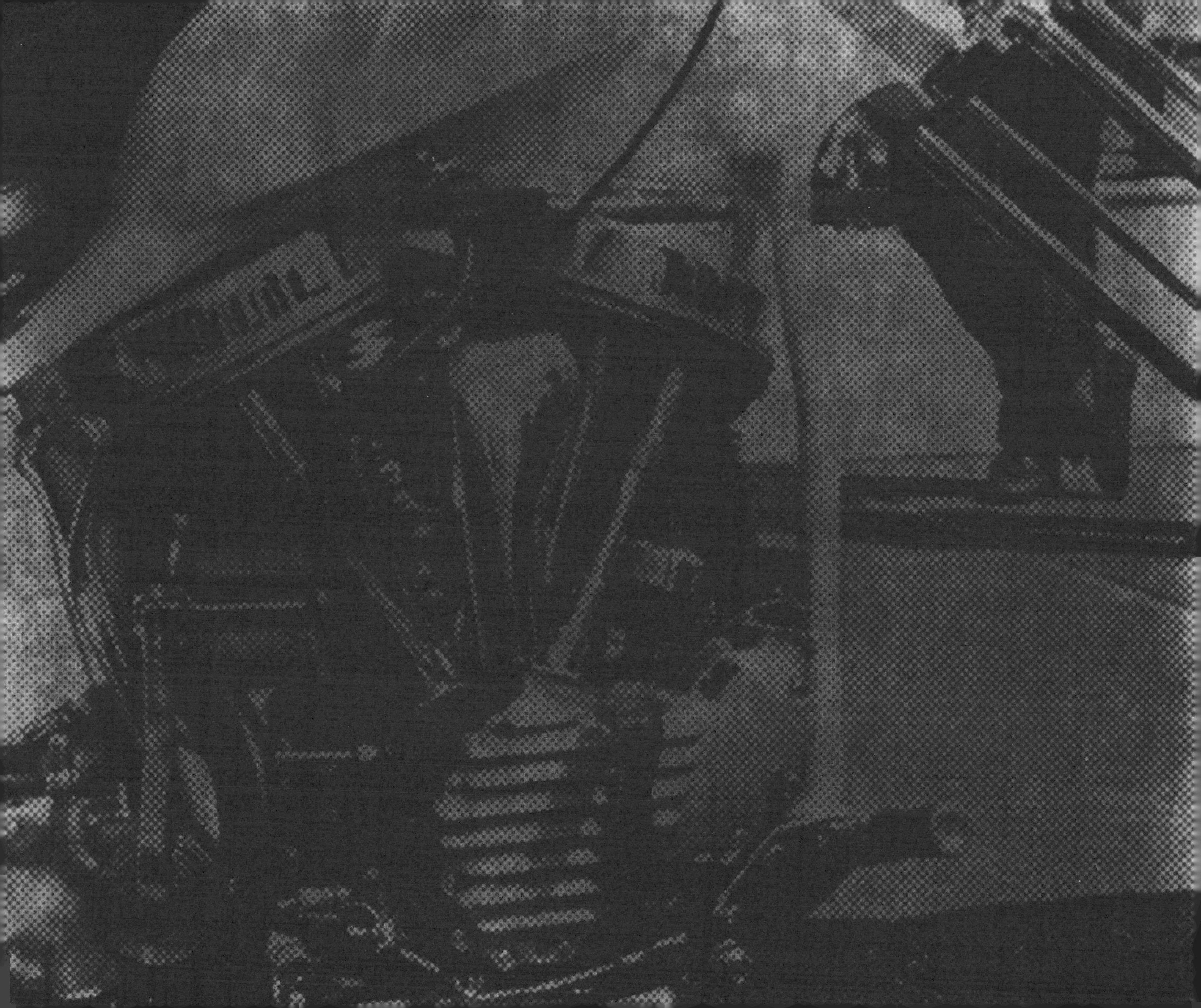

DAS DESIGN 3

CHROM, LEDER
UND LINIEN

DIE WURZELN DES STILS

AM ANFANG DER UNTERNEHMENSGESCHICHTE VON HARLEY-DAVIDSON WAR DAS DESIGN EIN ÄUßERST NEBENSÄCHLICHES ANLIEGEN. HARLEY UND DIE DAVIDSONS KONZENTRIERTEN SICH AUF DIE TECHNIK, DIE FINANZEN UND DAS GESCHÄFT. HEUTE BESTIMMT ALLEIN DAS DESIGN DIE TECHNIK – UND AUCH DIE FINANZEN UND DAS GESCHÄFT.

Ein kurzer Witz über Harley-Davidson: »Wen ruft ein Designer der Motor-Company an, wenn er einen Kaffee oder Burger haben möchte? Einen Motoren- oder Fahrwerks-Ingenieur!«
In den Anfängen der Motor-Company waren es die Motoren- oder Fahrwerks-Ingenieure, die das Motorrad »designten«. Im Englischen ist ein Designer noch heute ein Konstrukteur. Und bei Motorrädern wurde wie bei Autos und anderen technischen Dingen die Form zuallererst von der Funktion bestimmt.
Der V-Twin – diese untrennbar mit dem Harley-Stil verbundene technische Kathedrale – stammt aus dieser Zeit. Einen zweiten Zylinder in der Achse des ersten Zylinders auf ein Motorgehäuse zu pfropfen, erfüllte wirtschaftliche und technische Erfordernisse: Die Leistung konnte erhöht werden, ohne dafür einen komplett neuen Motor und ein neues Fahrgestell entwerfen zu müssen. Darüber hinaus passte ein V2-Motor perfekt zwischen die Unterzüge und das Sattelrohr in den Rahmen. Aber es ging nicht darum, schön auszusehen.
Zu dieser Zeit hatten die Ingenieure aller Motorradhersteller andere Sorgen als Fragen der Ästhe-

Bis in die späten 1930er-Jahre blieben Motorräder frei von künstlichem Design. Ihre Schönheit entstand durch ihre Einfachheit (oben und rechts).

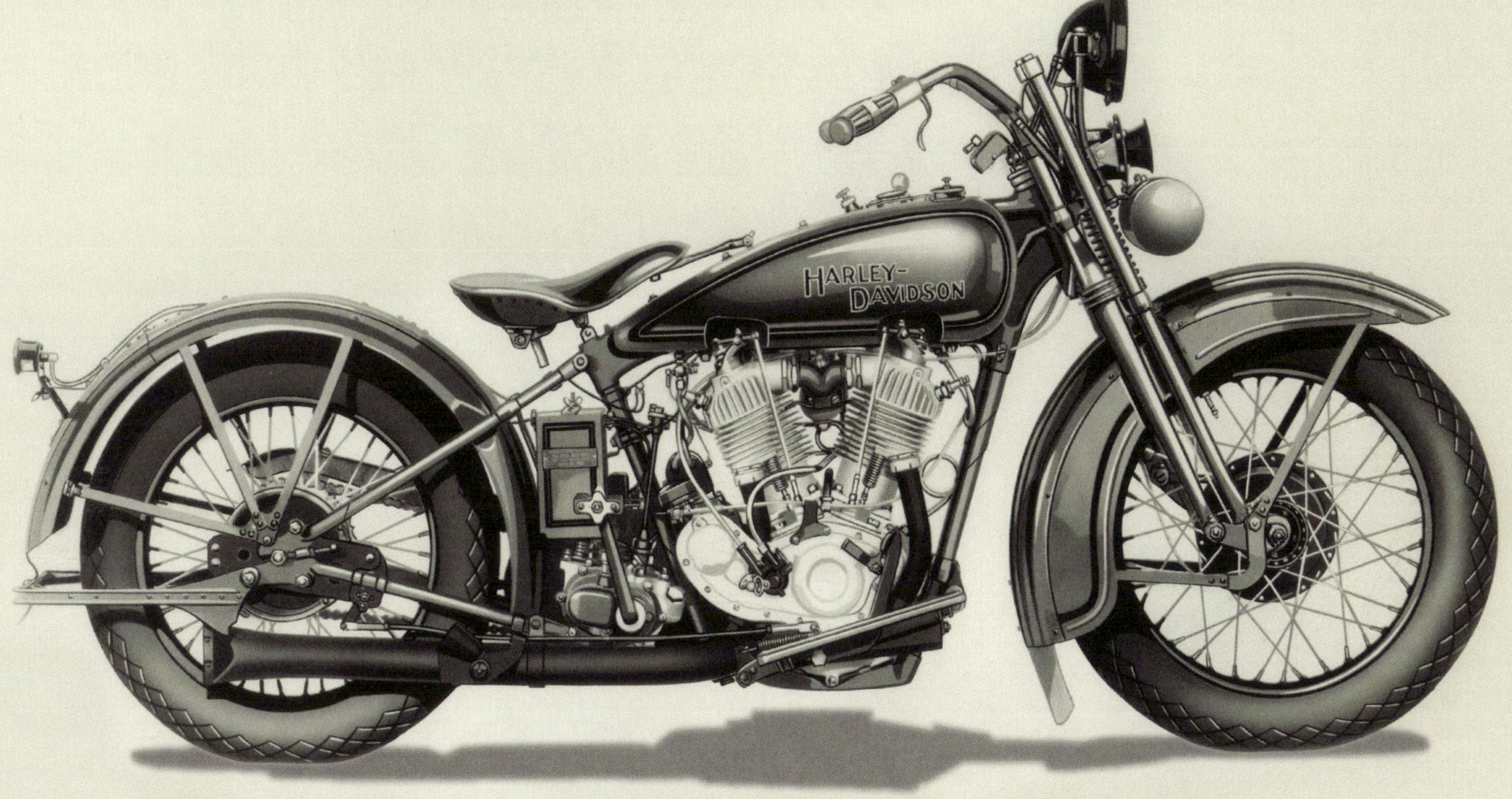
HARLEY-DAVIDSON

> »IN DER KRISE ENTDECKTE DIE MOTOR COMPANY DIE FARBE. SIE SOLLTE DIE TRÜBSINNIGEN UMSTÄNDE ABWEHREN, VOR ALLEM ABER DIE GRÜNLICHEN HARLEYS AUFHELLEN, DIE IM VERGLEICH ZU DEN ROTEN INDIANS REGELRECHT TRAURIG WIRKTEN.«

tik: Die Maschine sollte laufen – und zwar möglichst schnell, zuverlässig, handlich, sicher und komfortabel. Untersucht man eine Harley oder irgendein anderes Motorrad aus den ersten drei Jahrzehnten des zwanzigsten Jahrhunderts, findet man nichts »designtes«, nichts, das der Regel »Die Funktion bestimmt die Form« von Willie G. Davidson widerspricht. Allerdings fügte der Design-Pabst von H-D hinzu: »… die sich in Emotionen verwandelt«. Die Emotionen erschienen erstmals 1936.

Unterdessen bestand die einzige Koketterie der Motorräder in ihrer Farbe, die den Stahl vor Rost schützte und bei dieser Gelegenheit etwas Glanz verbreitete. Wie das T-Modell von Ford »in jeder Farbe erhältlich [war], solange sie schwarz ist«, war auch eine Harley-Davidson zunächst nur in *Renault-Grey* und später in Olivgrün zu bekommen.

Später kam Chrom hinzu. Bis in die 1920er-Jahre trugen Motorräder höchstens etwas Nickel und Messing, und erst in den 1930er- und 1940er-Jahren erschien das glänzende und harte Metall an nur wenigen Stellen, um den Stahl vor Stößen und Korrosion zu schützen. Bis zur Panhead wurden die Motoren aus Grauguss-Stahl gefertigt. Maschinen aus dieser Zeit, die heute in der Sonne glänzen, wurden erst im Nachhinein mit verchromten Teilen ausgerüstet.

Man ist dennoch beim Anblick dieser alten Maschinen ergriffen, weil das Funktionale auch schön ist und manche ungeschickte Gestaltung heute durchaus ihren Charme hat. Es geht andererseits auch nicht um Nostalgie, wenn das Wesentliche des Harley-Designs auf die Erwähnung dieses »Non-Designs« der Vergangenheit beruht – und sich das Auge von den immer ausdrucksstärkeren und aggressiveren Formen moderner Autos und Motorräder erholen kann. Bezeichnenderweise liegt heute ein großes Marktpotenzial bei Neo-Retro-Motorrädern: In Europa waren und sind die Triumph Classic, Ducati Scrambler, BMW Ninety, Guzzi V7 und V9 sowie die Mash 125 und 400 sehr erfolgreich. Harley-Davidson kann behaupten, diesen Stil erfunden zu haben – lange vor der Autoindustrie mit ihrem VW Beetle, Mini oder Fiat 500.

HARLEY BEKENNT FARBE

Das Motorrad-Design wurde wie das Automobil-Design Mitte der 1920er-Jahre geboren, als der GM-Chef Alfred Sloan nicht nur die Produktpalette, sondern darüber hinaus auch ihre regelmäßige Erneuerung einführt.

Bei Harley fand die Premiere mit dem Teardrop-Tank statt, der offiziell 1925 vorgestellt wurde, dessen Form aber schon im Vorjahr auf Harleys und Indians erkennbar war. Das Motorrad begann aus

Es waren Indians, die zuerst mit hellen Farben erschienen – insbesondere in rot. Allerdings verhinderten ihre Blattfeder-Gabeln eine schöne Linienführung (rechts).

Auch die Panhead trug noch einen Tank mit zwei Deckeln – ein Relikt aus der Zeit, als rechts regelmäßig Motoröl für die Verlustschmierung des V-Twins eingefüllt werden musste (folgende Doppelseite).

HOME OF THE WORLD FAMOUS INDIAN MOTORCYCLES

Indian — WORLD'S MOST COMPLETE CYCLE LINE

Once you ride on an Indian you'll never be satisfied with any other motorcycle.

INDIAN MOTOCYCLE COMPANY
SPRINGFIELD, MASSACHUSETTS, U. S. A.

7A-H1181

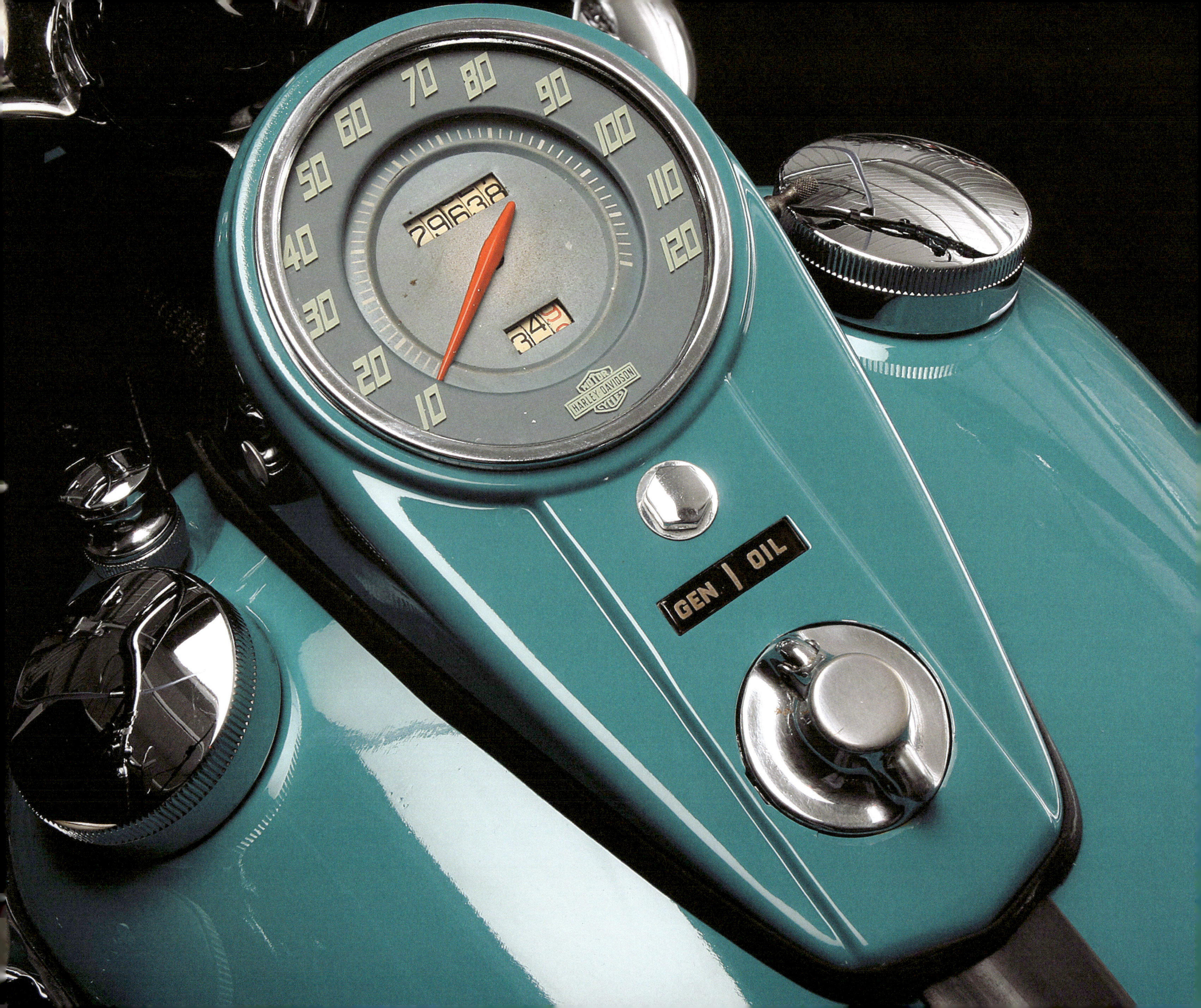

10
20
30
40
50
60
70
80
90
100
110
120
HARLEY DAVIDSON
GEN | OIL

HARLEY-DAVIDSON

der Monochromie und der Monotonie heraus zu kommen. Die Konkurrenz aus Springfield hatte dank seiner Verflechtung mit dem Chemiekonzern DuPont die Führung bei der Lackierung übernommen und bot seinen Kunden ein umfangreiches Farbprogramm an, darunter auch das berühmte und sehr beliebte Zinnoberrot.

Harley musste mitziehen. Zu Beginn der Weltwirtschaftskrise wollte die Motor-Company mit der Dunkelheit brechen und seine grünliche und im Vergleich zu den schillernden Indians recht traurig wirkenden Maschinen aufhellen. Auf H-D-Tanks waren Art-Deco-Motive und auch der Adlerkopf zu erkennen, der später zum Markenzeichen der Company werden sollte. Doch abgesehen vom Lack suchte man auf einer Harley der 1930er-Jahre vergebens nach »Design«.

Erst als 1936 das majestätische (später als »Knucklehead« bezeichnete) Modell EL vorgestellt wurde, schien die Marke aus der Frühgeschichte in die Moderne durchgestartet zu sein. Zu den zahlreichen Details dieses unglaublichen Motorrades gehörte der an die Linie der vom Lenkkopf zur Hinterachse verlaufenden Rahmenrohre angepasste Tank, das durch die Stößelstangen-Hülsen geformte V, welches sich an den Streben des Hinterradschutzblechs wiederholt, an dem wiederum ein scheinbar im Windkanal geformtes Rücklicht thront. Die knöchelförmigen Kipphebelgehäuse waren voller Stolz poliert worden und die große unter dem Scheinwerfer sitzende Hupe trug genauso stolz das Harley-Emblem. Doch obwohl alles deutlich den Einfluss der eleganten Streamline-Mode zeigte, waren in Milwaukee immer noch keine Designer beschäftigt. Nichts war überflüssig und jedes Element der EL hatte eine Funktion – sogar die massive Instrumentenkonsole vorn auf dem Tank, die dafür sorgte, dass möglichst wenig Masse mitgelenkt werden musste.

Nicht nur weil sie selten ist – ihre zwölfjährige Karriere wurden durch vier Jahre Wirtschaftskrise und vier Jahre Krieg deutlich behindert –, gehört die Knucklehead zu den gesuchtesten Harleys. Sie bildete auch die Grundlage des noch heute gültigen H-D-Stils – samt OHV-V2 und Doppelschleifenrahmen. Mit seinen wunderschönen Zylinderkopf-Deckeln gilt der Motor bis heute als Gral aller Custom-Bike-Schmieden – im guten Zustand kann ein solches Triebwerk heute 15- bis 20 000 Dollar kosten; zahlreiche Spezialisten bauen inzwischen fast jedes Teil des Motors nach.

STREAMLINE UND CHROM

Nach dem Zweiten Weltkrieg waren Amerikaner regelrecht Chrom-vernarrt. Die Hydra Glide von 1949 trug das Hartmetall großflächig auf ihrem Motor. Dennoch fand sich 13 Jahre nach der ersten Knucklehead deren mächtige Silhouette in ihr wieder. Zur gleichen Zeit revolutionierte das Automobil seine Grundform durch die Ponton-Karosserie, in der die Kotflügel, die Motorhaube und der Kofferraum integriert war.

Doch wenn man sich das neue Modell FL genauer ansah, hatte sich einiges geändert. Die Schutzbleche waren voluminöser und die gesamte Front aerodynamischer und aufgeräumter geworden – vor allem, weil die neue hydraulische Telegabel die mit offenen Streben, Hebeln und Federn sehr zerklüftet wirkende Springer-Gabel abgelöst hatte. Die Gabelbrücken wurden großzügig mit Abdeckungen verkleidet und der riesige Scheinwerfer thronte einsam darauf; die Hupe war vor den Motor gewandert.

Obwohl europäische Hersteller bereits seit mindestens zehn Jahren auf eine Hinterradfederung setzten, wurde mit dem neuen Namen Duo Glide stolz darauf hingewiesen (linke Seite).

Deutlich erkennbar soll diese Anzeige für die neue Hydra Glide keine »Biker« ansprechen, sondern vielmehr brave Bürger und Polizisten.

DIE OBSOLESZENZ STEHT NICHT AUF DEM PROGRAMM

Die Motor-Company setzte in dieser Zeit nicht auf künstliche Veraltung. Auch nicht davor oder danach. Auch ein halbes Jahrhundert später war das gesamte Harley-Davidson-Paradox noch vorhanden: Die Marke war bekannt für ihr Design und ihr »süchtig machendes« Marketing, aber ihre Produkte wurden nicht wie japanische, italienische oder deutsche Motorräder unmodern. Wie bei Rolls-Royce sorgte ein neues Modell nicht dafür, dass die Vorgängerin zum alten Eisen erklärt, sondern in die Kollektion aufgenommen wird. Eine zehn oder 20 Jahre alte Electra Glide oder Sportster ist niemals aus der Mode, und nach 30 Jahren kann das Fahrzeug direkt einen Platz in eine Oldtimersammlung einnehmen. Harley-Davidson ist für seinen Konservatismus bekannt – um es nicht technischen Stillstand zu nennen –, doch man schaffte es kaum, seine wenigen Kunden durch die mühsamen 1950er- bis 1980er-Jahre zu halten, auch wenn Motoren und Fahrwerke stets weiterentwickelt wurden. Anfang der 1970er-Jahre wurde der Stil der großen Harleys (mit Ausnahme der Sportster) einstimmig als langweilig und unmodern betrachtet. Die Kundschaft alterte, und es kamen keine jüngeren Fahrer nach.
Es war das Custom-Phänomen, das unverhofft von Willie G. Davidson verstanden und umgesetzt wurde, um das Unternehmen wieder auf Spur zu bringen.
Als H-D 1970 die von Willie G. entwickelte Super Glide vorstellte, ging es darum, einen einfach zu produzierenden Ersatz anzubieten, einen Vorreiter für weitere wahnsinnige Motorräder. So wie diejenigen von des jungen Arlen Ness, der sein Atelier ein Jahr zuvor eröffnet hatte und als führender Kopf des »echten« Custom bezeichnet wurde: verrückt, kreativ und provokant.

Diese herrliche Hydra Glide ist genauso alt wie ihr Besitzer. Der Lebenszyklus einer Harley ist einfach: neu, gebraucht, Oldtimer, Sammlerstück.

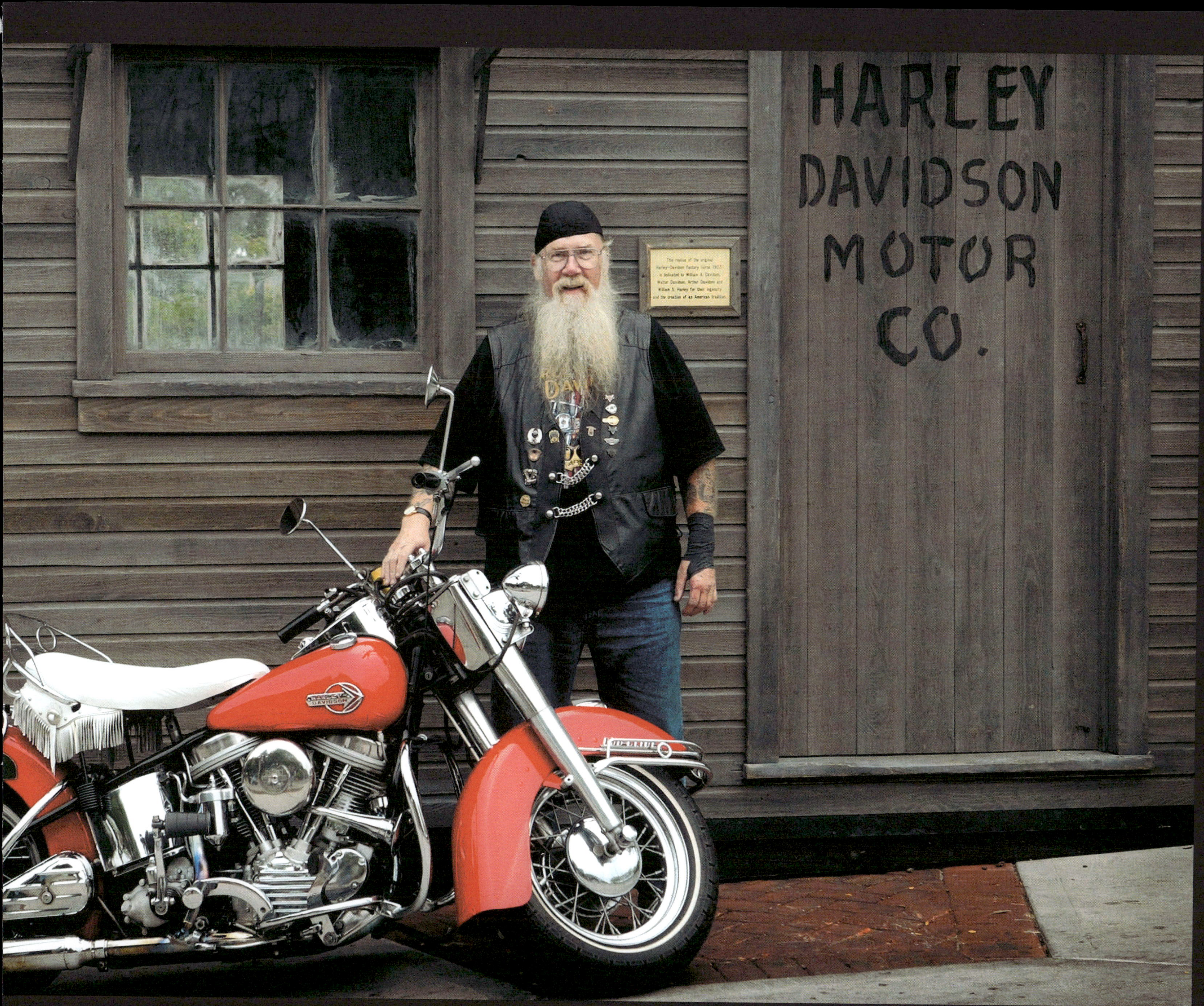
HARLEY
DAVIDSON
MOTOR
CO.

> **»DIE SUPER GLIDE MARKIERT DEN STARTPUNKT DES WERKS-CUSTOMS. HARLEY HATTE ENDLICHE VERSTANDEN, DASS EIN MOTORRAD FÜR WOCHENEND-REBELLEN HER MUSSTE.«**

Für dieses Motorrad hatte Harley-Davidson tatsächlich erstmals in der Firmengeschichte einen anerkannten Designer beschäftigt: den wie seine Arbeitgeber in Milwaukee aufgewachsenen Brooks Stevens. Dieser hatte 1944 zusammen mit Raymond Loewy die *Industrial Designers Society of America* gegründet. An der großen Harley wandte er den von ihm bevorzugten Streamline-Stil an – auch wenn dieser die Aerodynamik der Hydra Glide kaum verbesserte (bei einem unverkleideten Motorrad ist dies kaum möglich). Dennoch gewann die Maschine durch seinen Stil an Modernität und Einfachheit.

Obwohl Brooks Stevens das vom General-Motors-Chef Alfred Sloan eingeführte Konzept der geplanten Obsoleszenz (»Ein Unternehmen erhöht seinen Gewinn, indem es regelmäßig das Design seiner Produkte ändert, sodass Vorgängermodelle alt aussehen und Kunden ermutigt werden, etwas neues zu kaufen, obwohl es noch nicht nötig ist.«) unterstützte, hatten ausgerechnet die von ihm erfundenen Formen an der Hydra Glide-Gabel ein sehr langes Leben, indem sie 1965 an der Electra Glide und 1990 an der Fat Boy wiederholt wurden.

»WERKS-CUSTOM« – EIN WIDERSPRUCH IN SICH

Die aus einer Electra Glide (Rahmen und Motor) und einer Sportster (Front) zusammengesetzte Super Glide sieht heute sehr vernünftig aus, aber mit ihrem ausladenden Kuhhornlenker, ihrem massiven Heck und der gebrechlich wirkenden Front brach sie damals aus der Motorrad-Orthodoxie aus. Auch ihre *Boattail*-Heckverkleidung samt Stufensitzbank überraschte – so sehr, dass die meisten Besitzer umgehend eine konventionelle Sitzbank montierten.

Dieses Motorrad gilt als das erste »Werks-Custom-Bike« der Welt. Und es kam rechtzeitig zum Erfolg von *Easy Rider* – dem Kultfilm der Hippiebewegung. Auch wenn sich die Super Glide nicht allzu gut verkaufte, markierte sie den Beginn einer langen Reihe von Serien-Cruisern. Erst mit der FXS Low Rider von 1977 und der FXWG Wide Glide von 1980 stellte sich Erfolg ein und die bis 2012 von Willie G. geleitete Design-Abteilung erhielt freie Hand für weitere Projekte.

Diese Maschinen ersparten Harley-Davidson auch, in den technologischen Wettbewerb einzutreten: Der V-Twin konnte mit japanischen Multizylindermotoren längst nicht mehr mithalten, das Fahrwerk war veraltet, die Zuverlässigkeit miserabel und der Preis hoch. Viele sahen für Harley-Davidson kaum noch eine Zukunft. Doch dank des neuen Stylings – und der *Good Vibrations* – schaffte die Motor-Company den Aufstieg aus der Sackgasse bis an die Spitze des Motorradbaus. Harley machte ein Klientel glücklich, das ein indifferentes Verhältnis zu Leistung und Nutzen hatte und sich auf Ausdauer und Ausstrahlung konzentrierte. Man hatte eine neue Nische in einem Markt gefunden, der bisher nur die Begriffe Straßensport, Geländesport und Reisen kannte. Der Aufstieg des Werks-Custom erschuf einen starken Wetteifer unter unzähligen Betrieben und Hinterhof-Schraubern, die diese Maschinen überbieten wollten. Jeder wollte sich profilieren, erneuern und erfinden. Genres und Gattungen unterteilten sich immer mehr – bis es bei der berühmten, jährlich stattfindenden Rat's Hole Custom Chopper Show während der Bike Week in Daytona Ende der 1990er-Jahre nicht weniger als 44 (!) Kategorien für Bike-Kunstwerke gab. Inzwischen wurden sie auf 18 reduziert, von denen eine *Most unusual* (Äußerst ungewöhnlich) hieß, und in die alle Maschinen sortiert wurden, die nicht in die anderen 17 Kategorien passten.

Das erste Werks-Custom-Bike: Die FX Super Glide lieferte ihrem »Boat-Tail«-Heck reichlich Gesprächsstoff. Viele Käufer montierten bald eine herkömmliche Sitzbank.

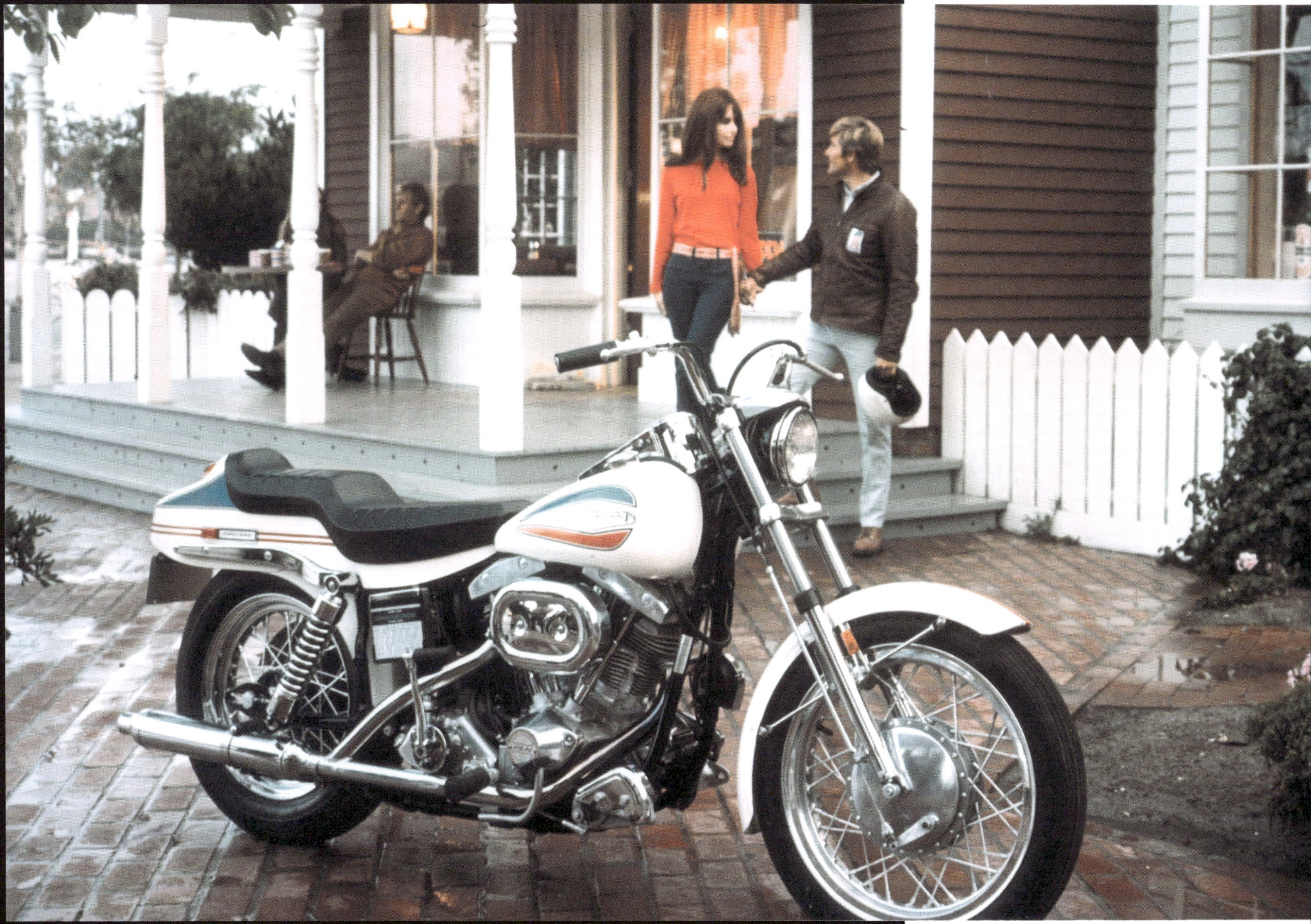

DIE GROSSEN CUSTOM-FAMILIEN

DER BEGRIFF *CUSTOM* UNTERLIEGT EINEM GEWISSEN MISSVERSTÄNDNIS. IN DEN USA BEZIEHT ER SICH AUF DIE PERSONALISIERUNG EINES OBJEKTS (Z. B. EINES MOTORRADES) AUF DEN KUNDEN – DEN *CUSTOMER*. IN EUROPA WERDEN MOTORRÄDER MIT LANGEN GABELN UND HOHEN LENKERN ALS CUSTOM-BIKE BEZEICHNET – DIESE HEISSEN IN AMERIKA HINGEGEN *CRUISER* UND STELLEN NUR EINE VON VIELEN CUSTOM-GATTUNGEN DAR. HIER DIE UNTERSCHIEDE:

DRESSER: DIE KUNST, GUT GEKLEIDET ZU SEIN
Die erste Customisierung ist so alt wie das Motorrad, das von seinen Fahrern mit nützlichem Zubehör ausgestattet wurde: Taschen aus Leder und Stoff oder Gummilappen, mit denen Schutzbleche verlängert wurden. In den 1930er-Jahren konnten dank der Erfindung des Acrylglases die ersten Windschutzscheiben hergestellt werden. Fortschritte bei Lichtmaschinen und Batterien erlaubten die Montage zusätzlicher Lampen. Anfang der 1940er-Jahre trugen mächtige Knuckleheads und Indian Big Chief solches Zubehör, um das Reisen bequemer zu machen. Gleichzeitig erschienen die ersten wasserdichten Koffer aus Kunststoff. Dies war der Beginn des *Dressers*, der historisch das erste Custom-Motorrad darstellte, welches mit nützlichem oder überflüssigem Zubehör sowie einem getunten Motor ausgerüstet wurde, um es »komfortabler« zu machen. Das Phänomen Dresser wurde nach dem Krieg mit der Hydra Glide weitergeführt. Die Listen der Dinge, die man an sein Motorrad schrauben konnte, wurden immer länger, und auch die Motor-Company und andere Hersteller stiegen in den florierenden Markt ein. Sie verkauften Fransensättel, Chromdeckel aller Art, Stoßstangen für das Vorderradschutzblech, Armlehnen, Koffer und Radios. Für die Electra Glide wird einfach alles angeboten – serienmäßig oder optional. Heute ist sie ein sogenannter *Full-Dresser* – mit Digitalradio, Zentralverriegelung für alle Koffer, Tempomat, Navigationsgerät, Bluetooth-Anschluss, Spracherkennungssysteme, Reifendruck-Kontrolle …
Ein Full-Dresser ist in der Regel eine Reisemaschine, seltener ein Cruiser. Bei Cruisern geht es um Fransen, Nieten, Chrom und Zierrat aller Art. Ursprünglich ist ein Dresser ein sehr bürgerliches Motorrad, und für manche Custom-Exegeten war es die Reaktion des reichen Amerikas auf das Bobber-Phänomen. Eine zweifellos sehr psychologische, aber weniger technische Erklärung – auch wenn diese schweren und großen Maschinen gern als »Müllwagen« bezeichnet wurden.

**BOBBER:
SPART GEWICHT UND BRINGT GESCHWINDIGKEIT**
Abgesehen von der Front der Hydra Glide war bei Harley-Davidson in der Nachkriegszeit nur wenig

Um den Full-Dresser-Stil auf die Spitze zu treiben, muss an eine Electra Glide schon reichlich Zubehör geschraubt werden (rechts).

Kein Chopper ohne lange Gabel. Das üblicherweise komplett ungebremste Vorderrad wird hier mit einer Felgenbremse verzögert. Für einen anständigen Pokal hat's gereicht (folgende Doppelseite).

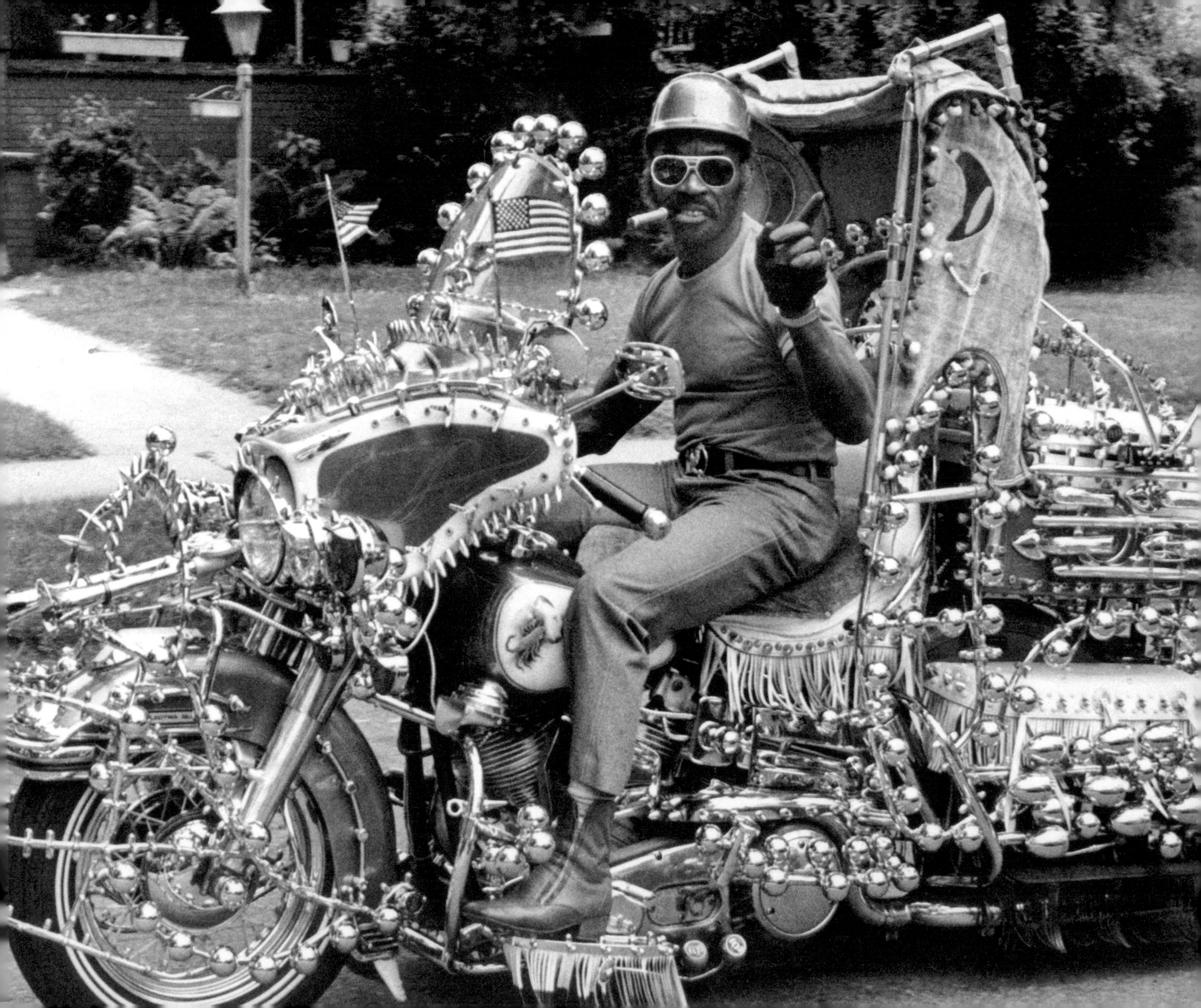

VERN'S
CUSTOM
PARTS & ACCESSORIES
HARLEY DAVIDSON
Specialist
EAST OAKLAND
450 NORTH H ST. FRESNO

»BEI HARLEY IST ES DER
STIL, DER ALLE MITREISST –
UND DIE GOOD VIBRATIONS
ERLEDIGEN DEN REST.«

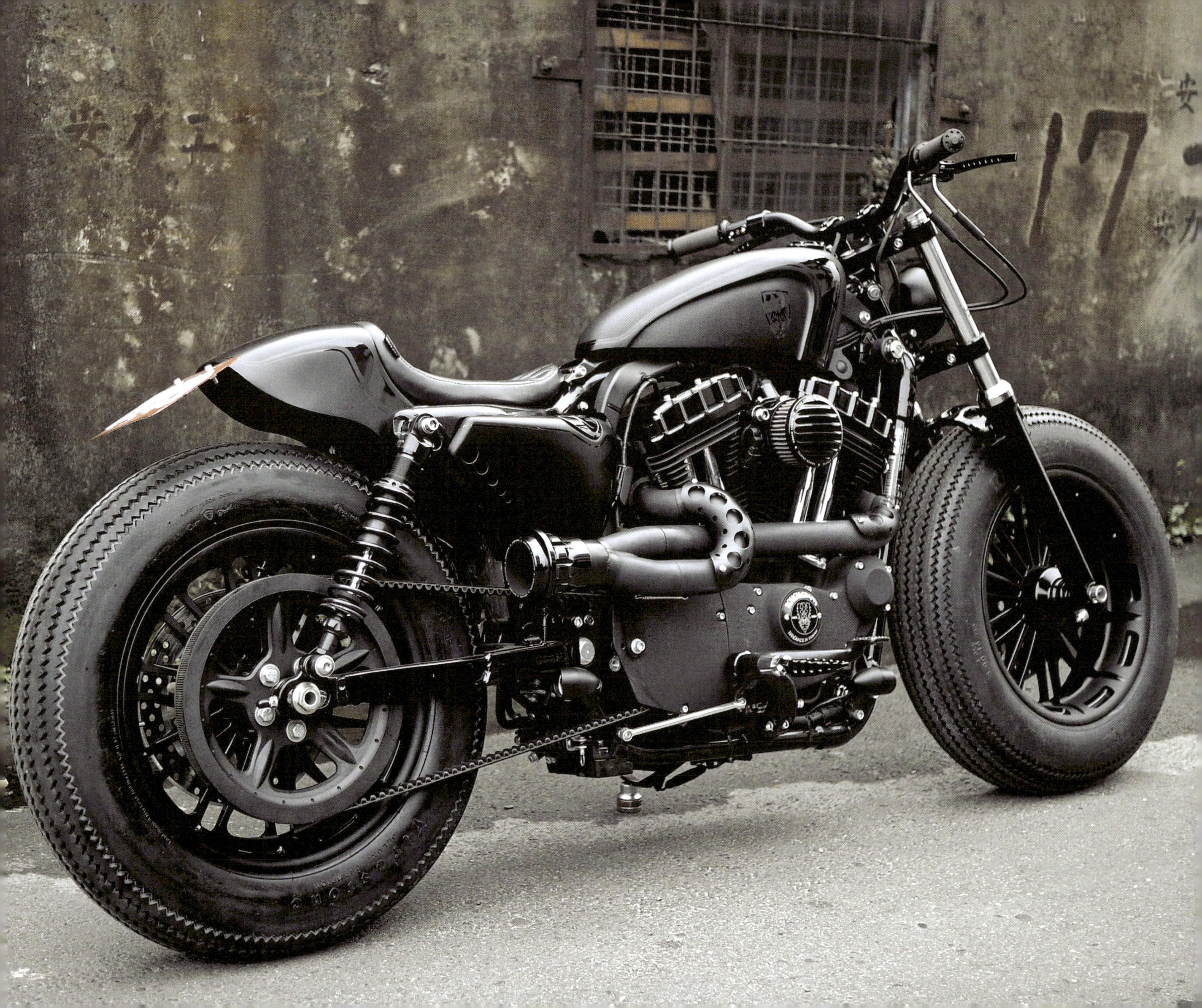
17

stilistischer Fortschritt zu erkennen. Stattdessen konzentrierte sich das Unternehmen auf kleine Hubräume. In diesen Jahren waren die Kunden für Veränderungen im Design zuständig: Die aus Europa zurückkehrenden Soldaten hatten kleine britische Motorräder kennengelernt und wollten diese nun auch in der Heimat fahren. Stattdessen bekamen sie massenweise Vorkriegs- oder Militärmotorräder der Typen WL und WLA. Allein die US-Army bot 15 000 Militärmaschinen zum Stückpreis von 400 Dollar an – hinzu kamen Ersatzteile, aus denen weitere 30 000 Motorräder gebaut werden konnten.

Der 750er Seitenventilmotor galt seit seiner Einführung 1929 als zuverlässiges Triebwerk und erfüllte die Bedürfnisse der Armee. Um jedoch mit einem britischen Einzylinder oder Twin mithalten zu können, musste die Harley extrem abgespeckt werden. Die riesigen Kotflügel waren echte Windbremsen, hinzu kamen die massiven Trittbretter oder der große Tank, der durch einen kleinen Behälter – z. B. von der Zweitakt-Harley – ersetzt wurde.

Genau wie die Harley-Ingenieure aus der Vorkriegszeit kümmerten sich die Custom-Pioniere nicht um den Stil, sondern es ging ihnen ausschließlich um die Funktion. Es ist amüsant, ihre modernen Nachahmer zu sehen, die dicke Vorderreifen auf ihre Neo-Bobber montieren. Wenn nach dem Krieg vorn dicke Reifen aufgezogen wurden, lag dies nur daran, dass sie dadurch mit den Hinterreifen tauschbar waren ...

Nach und nach kamen zu den Sorgen um Effektivität und Leichtigkeit kleine dekorative Anbauteile hinzu, die Spießer schockierten: Skelette, Totenschädel, Pin-Ups, silberfarbene Sterne der US Air Force oder rote Sterne der Roten Armee. Der Chopper war nicht mehr weit entfernt.

Der Bobber ist heute im Mainstream der Custom-Szene angekommen, und es waren die Leute von Harley-Davidson, die das Genre mit der Sportster 48 wiederbelebt hatten – und damit bewiesen, dass sie als Trendsetter der Custom-Bewegung galten.

CRUISER:
GUTES AUSSEHEN AUF KOSTEN DER GESCHWINDIGKEIT

In der amerikanischen Motorradpresse wird noch heute genauso lebhaft über die exakte Definition eines Cruisers diskutiert wie woanders über das Geschlecht von Engeln. Seine Wurzeln sind in der Knucklehead von 1936 zu finden, sein Urahn ist die von Peter Fonda in *Easy Rider* gefahrene »Captain America« – noch heute für viele der Chopper schlechthin. Was ist ein Chopper? Ein radikaler Cruiser? Die Grenzen zwischen den beiden Gattungen ist schwer zu definieren. Ein Cruiser betont eine extravagante Straßenlage; im Film ist es das »Billy Bike« von Denis Hopper. Ein Chopper stellt dagegen die Show in den Mittelpunkt – wie die Maschine von Peter Fonda. Eine andere Definition: Ein Cruiser wird gebaut – ein Chopper wird kreiert. To chop bedeutet »abschneiden«, aber auch das ist nur Theorie.

Eines ist sicher: Beide sind Bobber. Rückblick in die 1940er-Jahre: Außer durch Gewichtsersparnis konnte man die Leistungsfähigkeit dadurch erhöhen, dass man den Fahrer auf einem möglichst niedrigen Sitz zwischen Motor und Hinterrad platzierte, um den Schwerpunkt abzusenken und den Luftwiderstand zu verringern. Doch plötzlich behinderte nicht nur der Scheinwerfer den Blick nach vorn, sondern auch die Füße mussten neu platziert werden, um die Knie nicht zu sehr zu beugen. Hier beginnt der Low-Rider-Stil – eine möglichst niedrige Sitzposition, die zur amerikanischen Motorradpositur schlechthin wurde. Hier endet der Bobber, dessen Rahmen, Räder und Federelemente im Gegensatz zum getunten Motor original blieben.

Dieser schwarze Bobber respektiert das Prinzip des Genres: keine Schalldämpfer und keine Schutzbleche sowie austauschbare Räder. Firestone liefert sogar die passenden Reifen.

Bei den ersten Cruisern und vor allem Choppern wurde der Rahmen am Heck abgesenkt und verbreitert, um das Hinterrad aufnehmen zu können, das möglichst breit sein sollte und daher anfangs mit Autoreifen bestückt wurde. Um den freien Blick auf den V-Twin möglichst wenig zu stören, wurde auf viele Dinge verzichtet oder diese möglichst klein und unsichtbar gehalten; vor allem der Tank durfte nicht viel Schatten auf das majestätische Triebwerk werfen.

Der Ursprung der in den 1960er-Jahren auftauchenden langen und gereckten Gabeln ist unbekannt. Ging es einfach nur um »Big is beautiful«? Oder sollte das Motorrad stabiler werden. Der lange Radstand und Nachlauf bietet zusammen mit den Kreiselkräften des großen Vorderrades eine stabile Straßenlage – solange es wie auf amerikanischen Highways vorwiegend geradeaus geht. Im Gegensatz zu einem relativ ausgewogenen europäischen Motorrad ist ein Cruiser sehr hecklastig, sodass das Hinterrad sowohl beim Beschleunigen wie auch beim Bremsen viel Traktion auf den Asphalt bringt. Peter Fondas Maschine besaß – typisch für einen Chopper – gar keine Vorderradbremse, wogegen das Billy-Bike vorn immerhin über eine kleine Trommelbremse verfügte (erst 40 Jahre zuvor wurden Motorräder von Harley-Davidson überhaupt mit einer Vorderradbremse ausgerüstet). Darüber hinaus waren flache und lange Telegabeln nicht wirklich stabil, um Bremskräfte aufzunehmen.

Eine Hommage an die Board-Tracker, jene Rennmaschinen, die auf hölzernen Ovalen eingesetzt wurden. Diese komplett neu gebaute Maschine aus Schweden erinnert an die Achtventil-Rennmaschinen der frühen 1920er-Jahre.

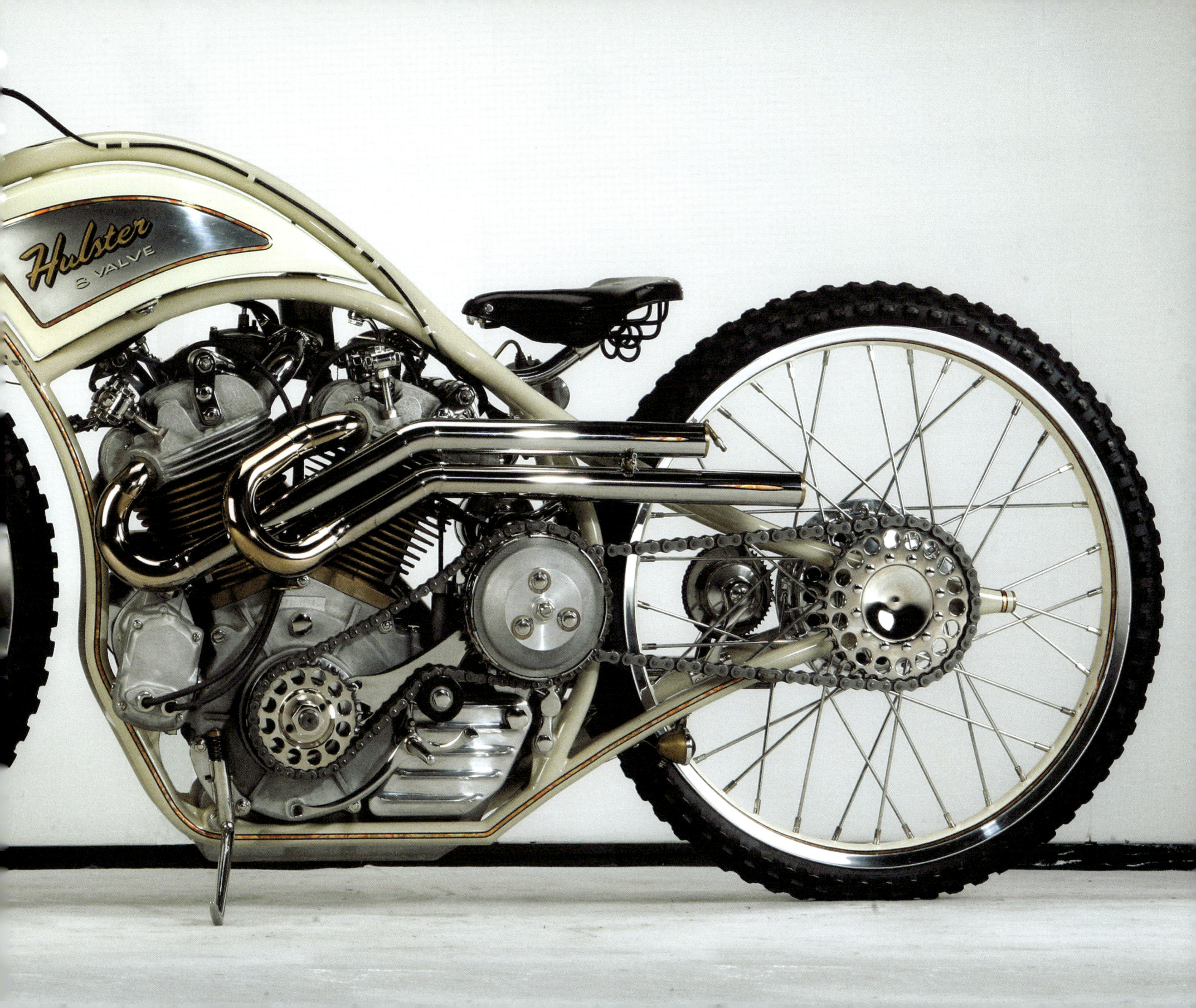
Hulster
8 VALVE

Zu den anderen Problemen bei Choppern gehörten die weit vorn platzierten Füße, die sowohl das Abfedern des Oberkörpers gegen Stöße als auch dessen Abstützung bei hohem Tempo gegen den Fahrtwind verhinderten; der hohe Lenker beeinträchtigte das Sichtfeld, und der niedrige Schwerpunkt erforderte in Kurven extreme Schräglagen, die jedoch durch aufsetzende Fußrasten oder Auspuffrohre unmöglich waren.

Diese Maschinen waren aber natürlich auch nicht in erster Linie erdacht, um durch perfekte Straßenlage möglichst schnell fahren zu können; stattdessen sollten sie Aufmerksamkeit erregen – und dafür eignete sich möglichst geringes Tempo deutlich besser.

RAT-BIKE: DIE SCHMUTZIGE PROVOKATION

Das Rat-Bike wurde erfunden, indem Fahrer alles mögliche an ihren Bobbern befestigten, was sie auf der Straße fanden – von der toten Ratte bis zur rostigen Radkappe. Ein Rat-Bike hatte ästhetisch möglichst vergammelt, rostig, verbeult und schmutzig zu sein. Es durfte auch vollständig mit Müll verziert sein. Doch das Rat-Bike versteckt sich nicht unter dem Abfall, es setzt sich vielmehr als übles, unverschämtes Vieh in Szene. Sein Ziel ist, den Betrachter zu provozieren – und möglichst auch einen Polizisten, der vergeblich nach Dingen sucht, die nicht legal sind.

LOW RIDER: MÖGLICHST NAH AM ASPHALT.

Wenn ein Cruiser oder Chopper schon sehr niedrig gebaut ist, kann der *Low Rider* noch flacher und länger. Hinzu kommt ein möglichst breites Hinterrad und ein möglichst schmales Vorderrad. Heute finden sich endlos lange Gabeln und Lenkkopfwinkel über 45° eher selten. *Apehanger*-Lenker mit bis zu zwei Meter hohen und damit über Kopfhöhe des Fahrers liegenden Griffen machen Kurven zu echter Schwerstarbeit. Ein echter Low Rider hat keine Hinterradfederung und schlägt schon bei geringer Neigung Funken, weil Fußrasten oder der Auspuff aufsetzen.

STREAMLINER: LUFT ZERSCHNEIDEN, GESCHWINDIGKEIT VORTÄUSCHEN

Ursprünglich waren Motorräder stromlinienförmige verkleidet, um Geschwindigkeitsrekorde aufzustellen. Die ultimative aerodynamische Form war die Zigarre mit zwei Rädern, mit der auf dem Salzsee von Bonneville Highspeed-Legenden geschaffen wurden. Im Custom-Universum stellt ein Streamliner keine Rekord-Ansprüche, sondern frönt den stilistischen Prinzipien von Raymond Loewy. Es ist ein Motorrad, bei dem jedes Element unabhängig von den anderen Teilen geformt ist, aber ohne eine echte Verkleidung oder echte aerodynamische Wirkung. Es geht ausschließlich um Ästhetik und den Eindruck, als hätte der Wind die Maschine geformt – auch wenn der Fahrer überhaupt nicht in die Maschine integriert und entsprechend ungeschützt ist.

Mit riesigen Vorderrädern, einem fast auf dem Boden schleifenden Rahmen und einem stark abfallenden Heck samt Koffern (ganz wichtig!) beeindruckt der Bagger sein Publikum (unten und rechts).

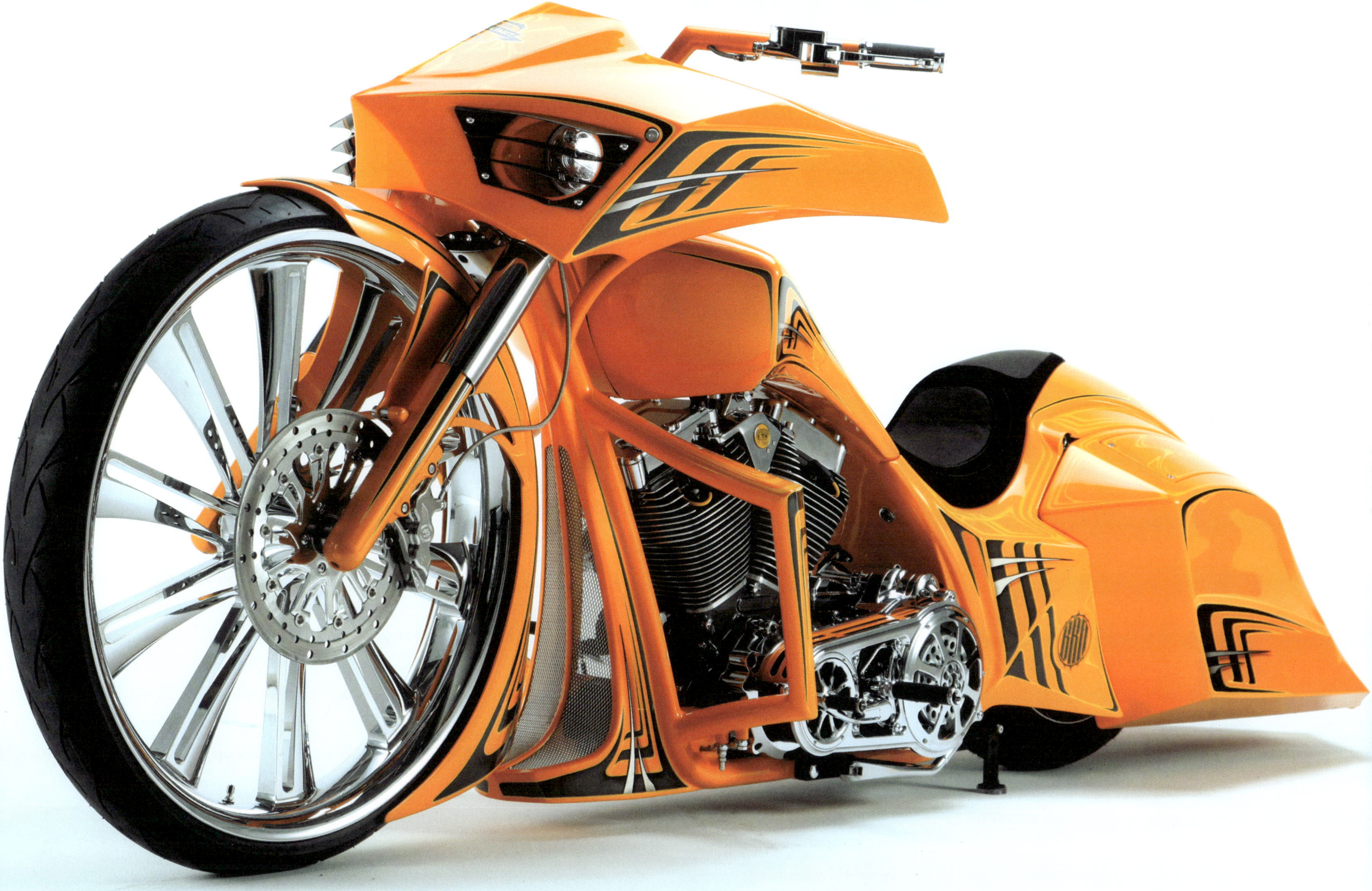

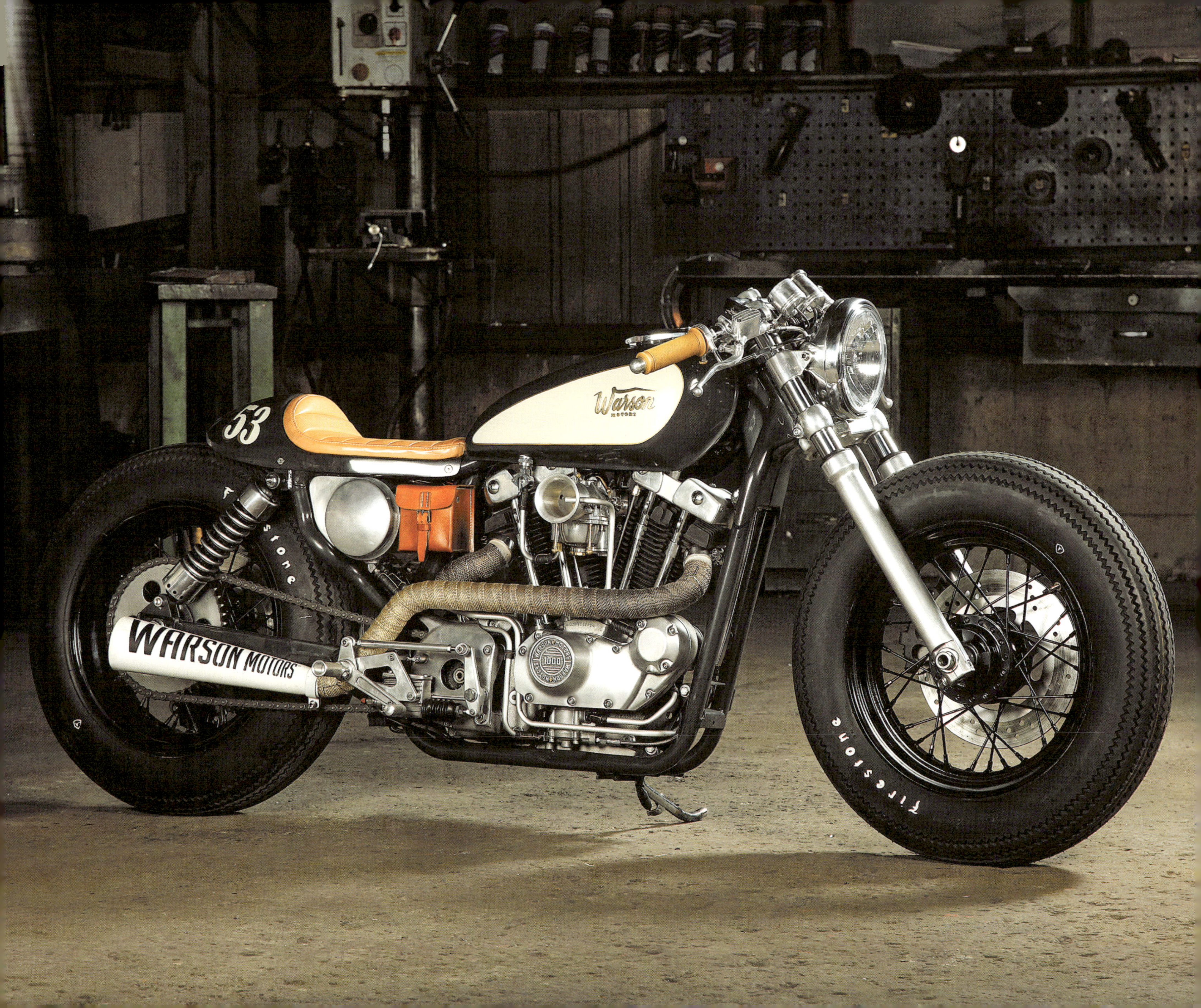
Warson
MOTORS
53
WARSON MOTORS
Firestone

CAFÉ RACER: MEHR CUSTOM TROTZ ANTI-CUSTOM

In Europa wird dieses wieder in Mode gekommene Motorrad britischer Herkunft seit seinem ersten Erscheinen als Inbegriff des Anti-Custom betrachtet. Historisch ist es das genaue Gegenteil, seit es in den 1960er-Jahren Londoner Straßen unsicher machte. Es geht um die Umwandlung einer radikalen Rennmaschine in einen Straßensportler – ohne irgendwelchen Komfort, aber mit Stummellenkern, zurückversetzten Fußrasten und viel Schräglagenfreiheit. Der Motor musste getunt sein und das Fahrwerk mit guten Federelementen und Bremsen ausgerüstet sein, die im Rennsport einen Namen hatten (und möglichst aus Italien stammten): Grimeca, Brembo, Marzocchi. Der ultimative Café Racer ist aus Teilen verschiedener Hersteller zusammengesetzt – oft auch Motoren und Rahmen. In den USA wurden Café Racer oft auf Sportster-Basis gebaut.

**BOARDTRACKER:
RENNMASCHINEN FÜR DAS HOLZ-OVAL**

In der Gattung »Sportlicher Custom« bevorzugten Amerikaner bis zu den heute gefahrenen britische Café-Racer eher eine Bauart, die näher an ihrer Kultur liegt: den Boardtracker. Diese Maschinen erinnern an die in den 1910er- und 1920er-Jahren auf hölzernen Radsport-Ovalen eingesetzten Rennmaschinen. Erst viel später kamen an Pferderennbahnen erinnernde Dirt- oder Flat-Track-Bahnen in Mode. Ein »echter« moderner Boardtracker ist mehr ein Showbike als eine Fahrmaschine, extrem spartanisch, ohne Vorderradbremse und ohne jegliche Schalldämpfung ausgestattet. In jüngerer Zeit werden immer mehr straßentaugliche Boardtracker gebaut.

WARBIRD: WIE EIN FLUGZEUG OHNE FLÜGEL

Ob futuristisch oder nostalgisch – diese Maschinen sollen mit ihrer Form und Dekoration an Kampfflugzeuge erinnern. Das Genre ist sehr vielseitig und nimmt Doppeldecker des Ersten Weltkriegs genauso auf wie moderne Kampfjets. Meistens wird der Stil amerikanischer Jagdflieger des Zweiten Weltkriegs aufgenommen. Die Sitzposition ist in der Regel sportlich und der V-Motor natürlich ausgiebig frisiert.

BAGGER: DER HORRORFILM-CUSTOM

In der traditionellen Version und als Serienmaschine ist der Bagger ein großes Reisemotorrad mit einer dank gekappter Windschutzscheibe und fehlendem Topcase flachen Silhouette. In der individuellen Version ist es ein sehr langes Motorrad mit gewaltigen knapp über dem Boden hängenden Satteltaschen, einem riesigen Vorderrad, einem Solosattel und einer generell in schwarz oder anderen dunklen Tönen gehaltenen Silhouette, die an eine Gottesanbeterin, einen Vampir-Horrorfilm oder den Kerl mit der Kapuze und der Sense erinnert. Serienmäßige Bagger gibt es auf Basis der Harley E-Glide, der Honda Gold Wing und der Guzzi California.

Gebaut für eine Sportbekleidungs-Marke zeigt dieser Bobber auf Basis einer Iron-Sportster den sportlichen Charakter seines getunten Motor mit bandagierten Krümmern. Nutzlos, aber chic (links und unten).

DOSSIER
NEUE CUSTOM-TENDENZEN

Antik:
Eine schwere Vergangenheit

Es geht nicht darum, zu den Formen der Vergangenheit zurückzufinden, sondern ihren Esprit, ihr Material und ihre Ungehobeltheit anhand von alten oder stark verschlissenen zeitgenössischen Maschinen zu übertragen. Wenn die innere Technik neu gemacht wurde, zeigt man es nicht: Metall und Lack sind künstlich (oder natürlich) gealtert und Bedienelemente sowie Anbauteile basieren auf recycelten Altteilen oder wurden neu von Hand angefertigt. Gelegentlich wurden Kunststoff und Chrom durch Bakelit, Holz, Elfenbein, Messing oder Leder ersetzt. Nichts ist wie bei einem alten Motorrad, aber es scheint aus der Vergangenheit zu kommen – manchmal sogar aus einer schweren Vergangenheit.

Verdrehte Geschichte:
Der Chopper der 1940er-Jahre

Die Motorräder leuchten mit ihrem vielen Chrom und schillernden Farben, doch die Cruiser und Chopper scheinen mit ihren Federsätteln, Starrrahmen und Springer-Gabeln aus den 1940er-Jahren zu stammen. Nur ihre Motoren sind modern und stammen von H-D oder S&S. Teilweise als Bobber bezeichnet, handelt es sich in der Tat eher um Chopper und Cruiser, die von frühen Bikern geschaffen worden wären, wenn sie die Inspiration dazu gehabt hätten – eine komplett alternative Geschichte.

Punk:
Ein Bulldozer mit V-Twin

Die Formen sind extrem, Gabeln, Räder und Lenker haben Übergröße, aber der Umbau ist absolut karg. Wenig Chrom, stattdessen poliertes Aluminium, kaum Farbe, nur schwarz matt oder mit Klarlack überzogener Rost. Maschinen dieser Machart sind wenig empfindlich, aber massiv und männlich. Manche Cruiser sind durch Baustellen- oder Militärmaterial inspiriert worden. Kopf dieses Trends ist der in Kalifornien lebende Brite und Gründer von Exile Cycles, Russel Mitchell.

Der Antik-Stil besteht in einer künstlichen Alterung des Motorrades durch gekonnte Oxydation und die Montage überflüssiger technischer Details wie der beiden Schläuche am Tank.

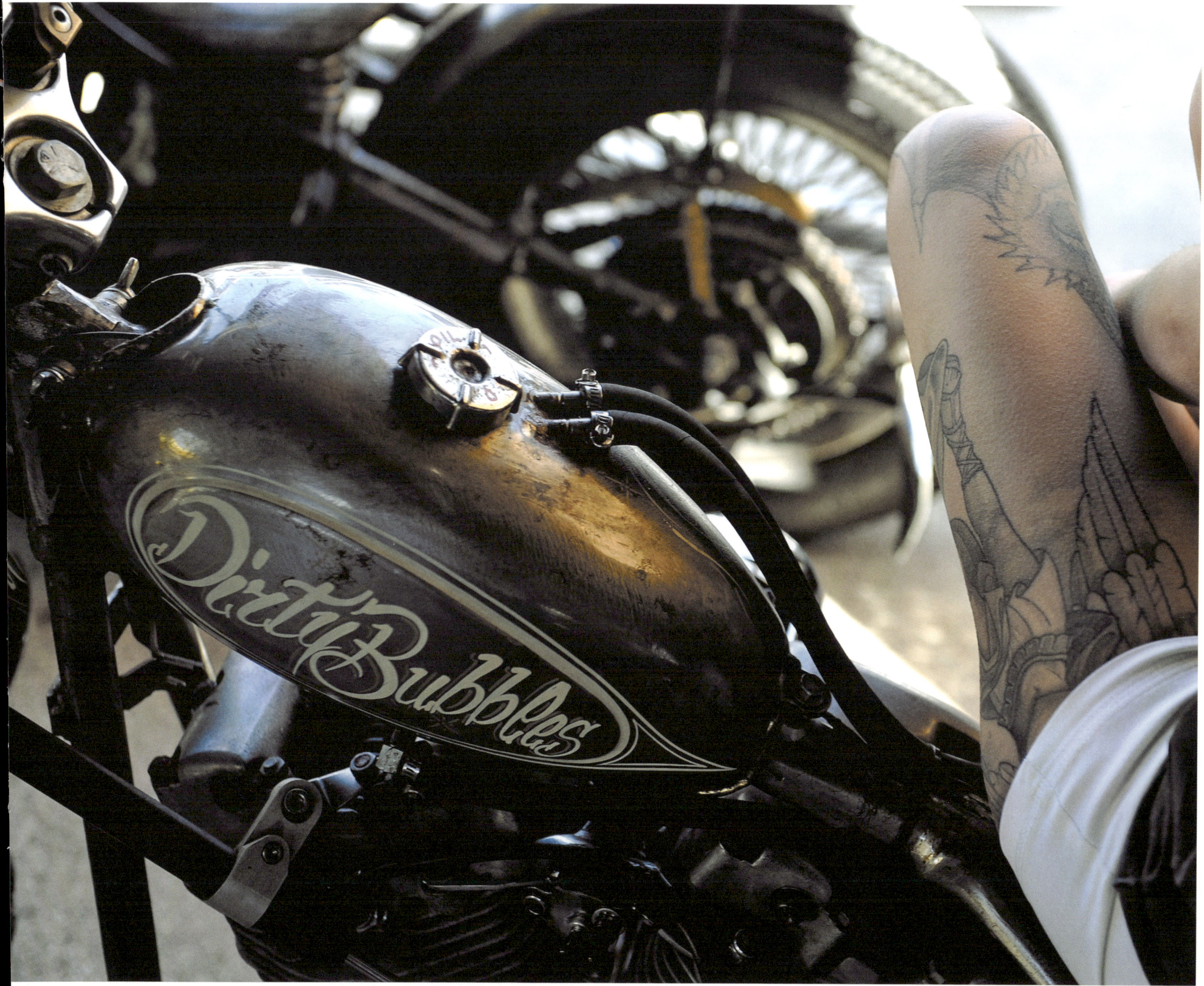
Dirty Bubbles

Sportiv: Schickt Ausrüstung!

Versuche, eine Straßenmaschine in einen Sportler zu verwandeln, gibt es seit der Erfindung des Motorrades. Manchmal handelt es sich auch um eine rein ästhetische Übung, deren Ergebnis nicht wirklich leistungsstark sein muss. Wenn aus einer Serien-Harley ein echtes Sportmotorrad entstehen soll, muss ihr Erbauer ins Volle greifen. Die Teile aus dem Screamin'-Eagle-Performance-Programm von Harley-Davidson reichen meistens nicht, sondern es werden Komponenten der High-End-Anbieter benötigt: Bremsen von Brembo, die Gabel von Marzocchi, die Stoßdämpfer von Öhlins und ein Turbolader von Garett. Seit langem wird das Genre vom Straßenrennsport oder auch Dragsterrennen inspiriert, oder man orientiert sich auf den Dirt-Track mit seinen Flat-Trackern.

Scrambler: Schönheit im Schlamm

Die ursprünglich auf – vorwiegend britischen – Straßenmaschinen basierenden Scrambler gelten als Vorfahren der Enduros und sind mit Stollenreifen, einem hoch gelegten Auspuff und mehr Federweg an Fahrten im Gelände angepasst. Das Genre ist durch neue Modelle von Triumph, Ducati und BMW wieder in Mode gekommen – und im Custom-Universum angekommen. Weil sich die schwere Sportster nicht gut für den Geländeeinsatz eignet, hat die kleine Harley-Davidson 750 Street hier ihre angemessene Rolle gefunden. Zahlreiche Umbauer – oft von H-D unterstützte Händler – wandeln dieses eher langweilige Stadt-Motorrad in ein sympathisches Ackergerät um.

Mechanisch-poetisch: Die feine Kunst der Geschwindigkeit

Ist es eine Kunst, Zen oder Mechanik? Das von Shiniya Kimura begründete Genre basiert darauf, mithilfe der wesentlichen Bestandteile eines Motorrades und Schlichtheit zu einem wirklich schnellen Motorrad zurückzukehren. Das Prinzip seines 1992 gegründeten Ateliers »Zero Engineering« war mit »null Design« zum Wesentlichen zu kommen. Dieses Prinzip wiederholte er in seiner neuen Werkstatt namens »Chabott Engineering« in Kalifornien, wo er allein und nach dem Wabi-Sabi-Konzept, einer »sittenstrenge Verfeinerung« arbeitet – und eine gewisse Poesie nicht ausschließt, indem er neue stilistische oder sogar neue mechanische Details hinzufügt. Die Motorräder scheinen eher aus der Welt von Jules Vernes als von Custom-Yankees zu stammen.

Bei der Vorbereitung eines Motors geht es manchmal mehr um Kunst als um Technik. An dieser Sportster wurde die Ritzel-Abdeckung so gestaltet, dass der Umbau auf Kettenantrieb besser zur Geltung kommt (rechts).

Der Umbau einer Harley in eine echte Sportmaschine ist keine einfache Aufgabe. Das Ergebnis ist aber oft die Mühe wert – optisch zumindest (folgende Doppelseite).

78

Speed & Custom

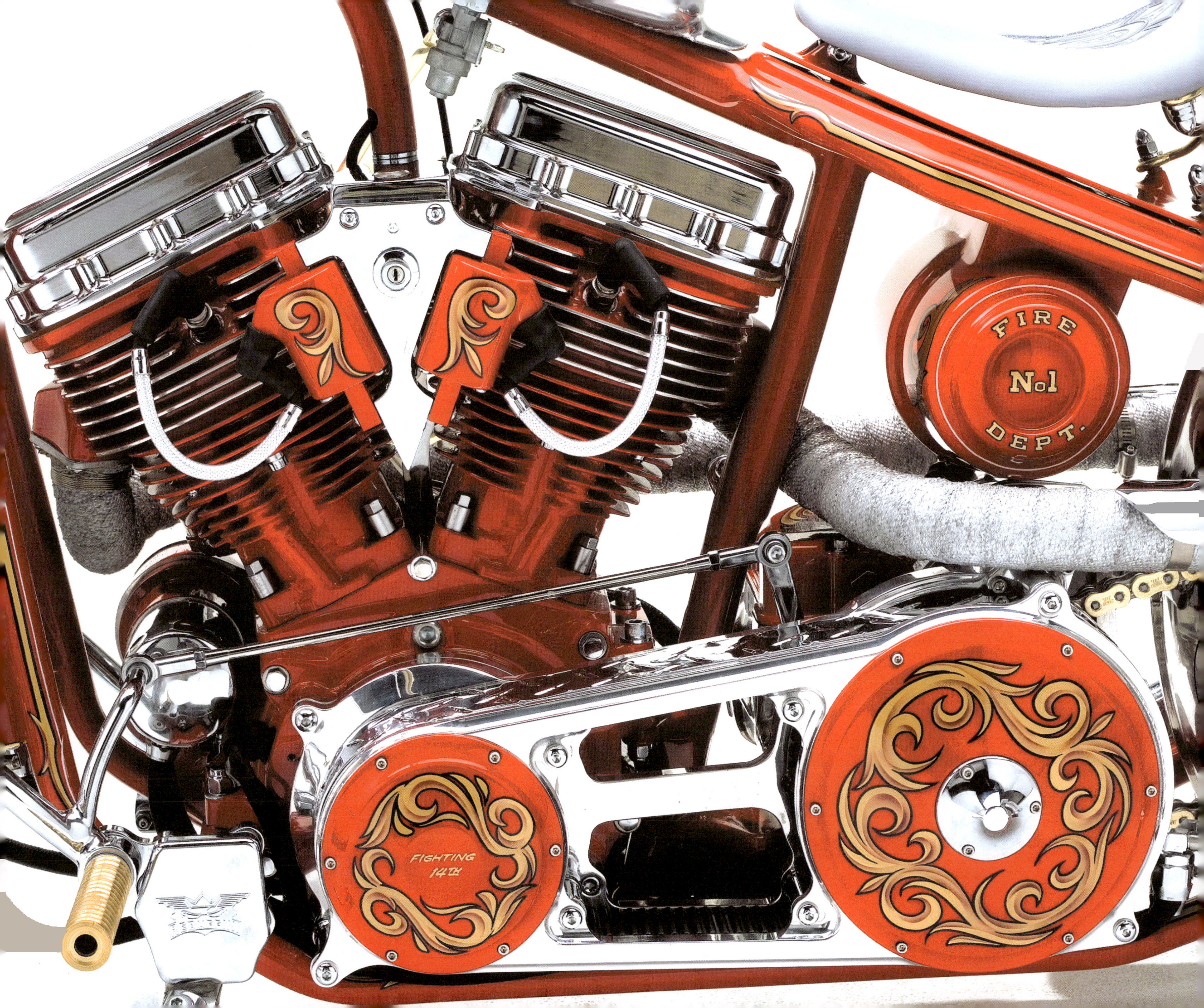
FIRE
No1
DEPT.
FIGHTING
14TH

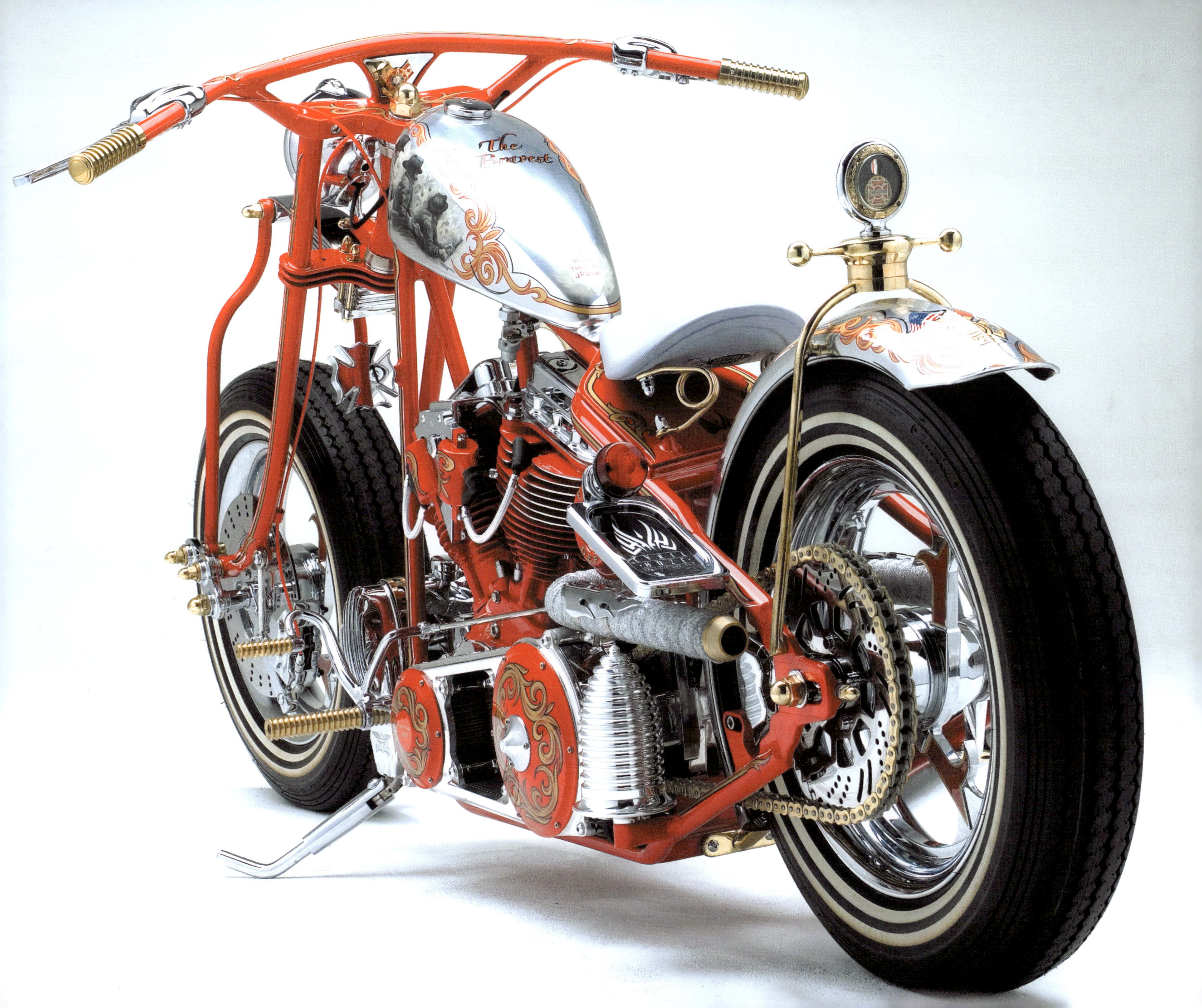
The Bravest

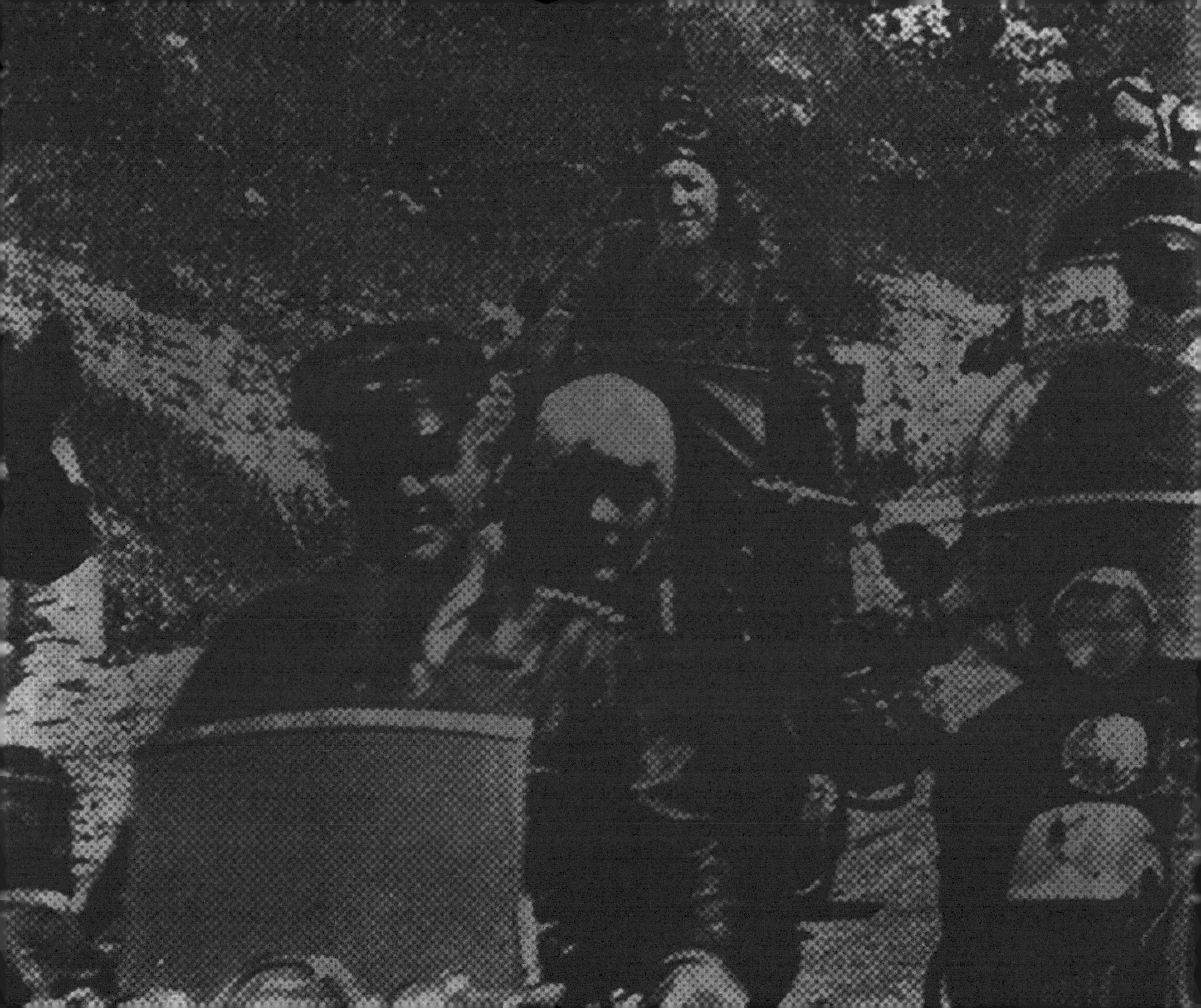

EINE WILDE MEUTE

DER LEBENSSTIL 4

HARLEY-DAVIDSON – EINE AMERIKANISCHE RELIGION

»DAS EVANGELIUM DER MOTOR-COMPANY BEGINNT ERST IM MANNESALTER MIT DEM ERSTEN WUNDER, AUF DAS ALLE ANDEREN AUFBAUEN.«

Jede Religion hat ihre Gründungsmythen. Wie der in der Krippe liegende Jesus wurde auch die erste Harley-Davidson – das Begründungs-Motorrad – in einer Art Stall geboren. Es war von zwei Freunden entwickelt worden, deren Brüder die Rolle der Apostel spielen durften.

Im Gegensatz zum »Sohn« des Zimmermanns war die Kindheit der neuen Marke weder anonym noch unglücklich. Es dauerte nicht einmal drei Jahre, bis ein Onkel des Davidson-Stamms zur Rettung kam und eine erste »feste« Werkstatt in der Juneau Avenue finanzierte. Nach weiteren drei Jahren gewann Walter Davidson sein erstes Rennen. Auch wenn diese Episoden nicht gerade legendenhaft sind, machten sich die Getreuen nichts daraus.

Genau wie die Kirche verfügt das Unternehmen über die Wickeltücher des königlichen Jungen. Doch im Museum von Milwaukee – dem Tempel der Marke – halten sich die Besucher nicht lange mit den heiligen Reliquien der ersten Trophäen und Einzylindermodelle auf. Auch er ursprüngliche V-Twin erregt nicht viel mehr als eine vage Neugier.

Das Evangelium der Motor-Company beginnt erst im Mannesalter mit dem ersten Wunder, auf das alle anderen aufbauen. Dieses Wunder war für Harley kaum von Vorteil, aber trieb andere voran und machte Geschichte – aller Anfang ist schließlich schwer.

Es fand am 4. und 5. Juli des Jahres 1947 in einer kleinen Stadt im San Benito County im südlichen Kalifornien statt. Ihr Name: Hollister.

An diesem Wochenende des Unabhängigkeitstages empfing die 4500 Einwohner zählende Gemeinde erstmals seit Kriegsende die jährlich stattfindende *Gala Motorcycle Gypsy-Tour* – eines von zahlreichen Treffen der hochoffiziellen American Motorcycle Association (AMA). Auf dem Programm standen unter anderem Flat-Track-Rennen und Hill-Climbing. Hollister sollte eine der üblichen Etappen dieser großen Motorrad-Party sein, doch was dann in diesen zwei Tagen geschah, hatte man bis dahin (und auch danach) noch nicht erlebt.

Die Leidenschaft für HAD ist zumeist gleichbedeutend mit Patriotismus – auch wenn das Sternenbanner oft durch die Südstaaten-Flagge ersetzt wird.

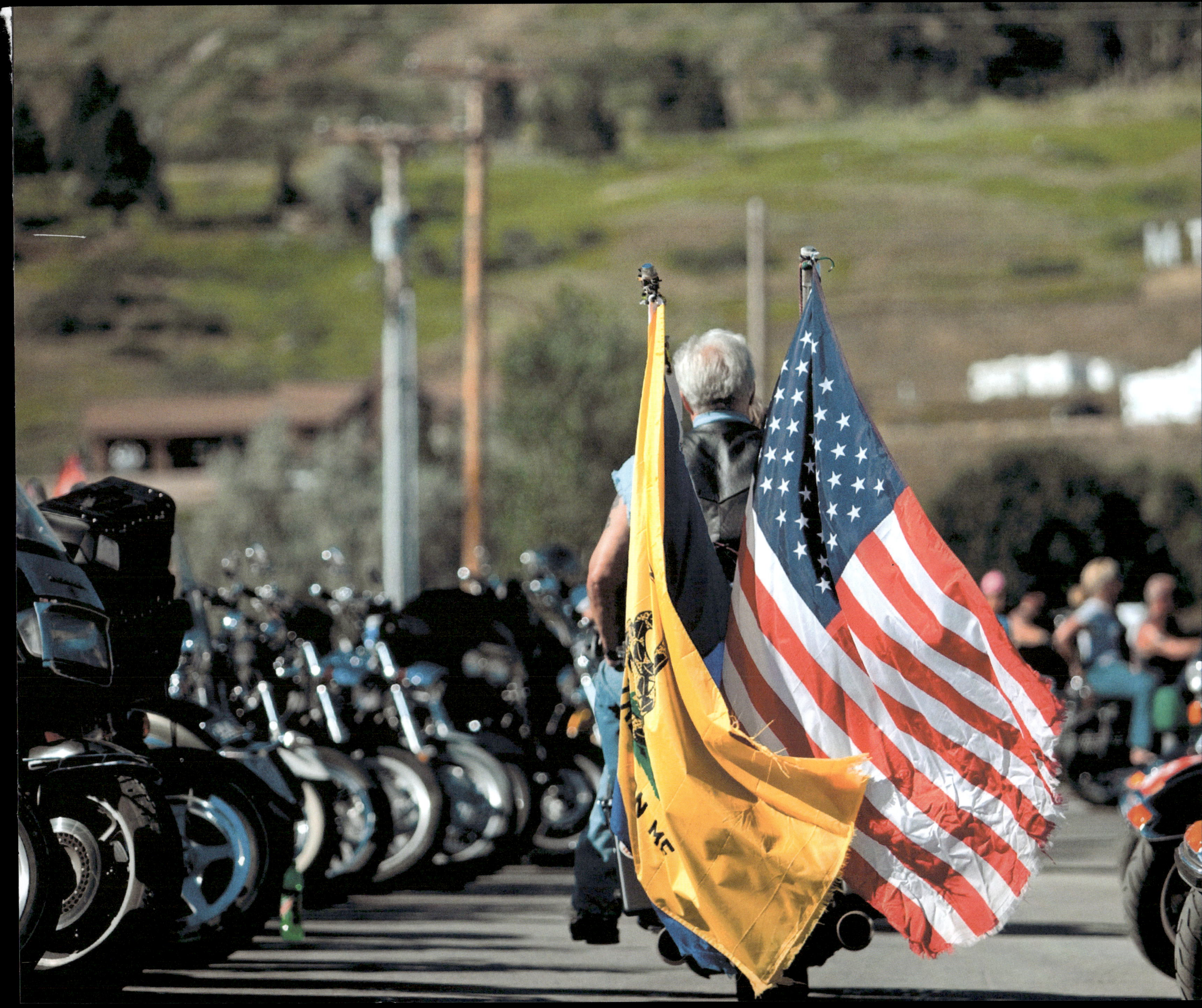

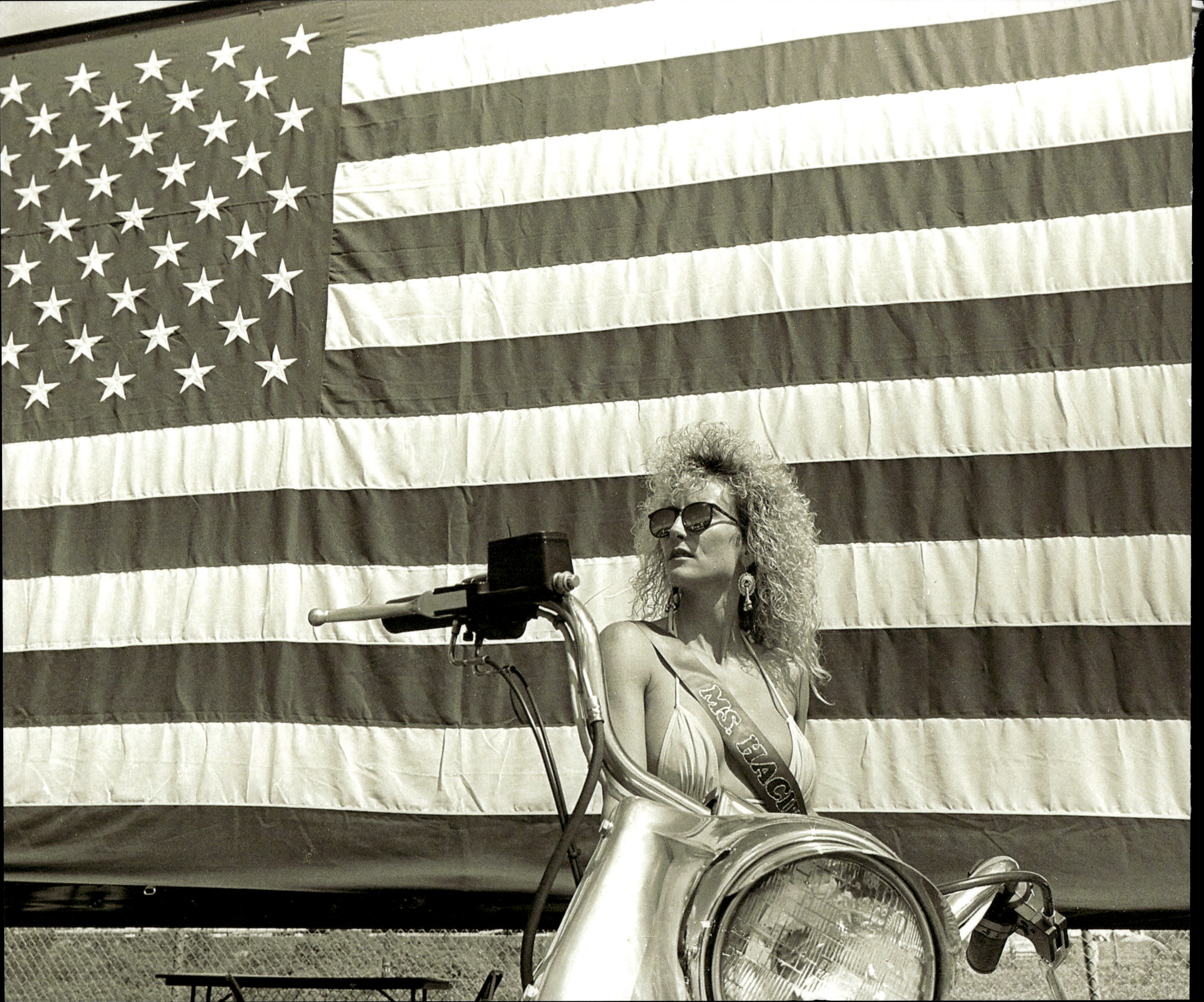
MS.

Forty eight

DAS WUNDER VON HOLLISTER

AM FREITAG, DEM 3. JULI TRAFEN IN HOLLISTER MOTORRAD-FAHRER-GRUPPEN EIN, DIE VOR DEM KRIEG UNBEKANNT WAREN. SIE NANNTEN SICH SELBST »FREUNDE DER STRASSE«. WER WAREN SIE?

Im Wesentlichen handelte es sich um ehemalige Soldaten, die aus Europa und dem Pazifikraum zurückgekehrt waren. Die Legende besagt, es habe sich um Flieger, Kampfpiloten und Maschinengewehr-Schützen aus Bombern gehandelt. Tatsächlich waren vor allem aber Marines und GIs dabei. Sie alle suchten Kameradschaft, Aufregung und Alkohol. Sie hatten Probleme, ins zivile Leben zurückzukehren und waren oft traumatisiert von ihren Kriegserlebnissen. Sie passten nicht in ein Amerika, das rasch den Krieg vergessen wollte. Unfähig, ihre Erfahrungen teilen zu können, und abgelehnt von denen, die ihnen nicht zuhören wollten, mussten sie unter sich bleiben. Den Begriff »posttraumatische Belastungsstörung« kannte noch niemand, er wurde erst in der ersten Szene des Films *Rambo* gut illustriert, als John Rambo aus Vietnam zurückkehrt – einem weiteren Krieg, der eine neue Biker-Generation hervorbringen sollte.

Hiermit konnten sie sich auch treffen, um einem Amerika zu entkommen, das sie nur verheizte und das sie nicht mehr wiedererkannten. Sie wollten nicht wie der Durchschnitts-Amerikaner werden, der hart arbeitete, um sich einen Chevrolet, Plymouth oder Lincoln mit sanftem V8-Motor, weicher Federung und zarten Farben leisten zu können. Sie malten stattdessen ihre Motorräder schwarz an …

Offensichtlich passten sie auch nicht in bestehende Motorradclubs, die bereits zu Beginn des Jahrhunderts gegründet wurden und in der ehrwürdigen AMA zusammengeschlossen waren – und deren Mitglieder gern mit Golfkleidung, Reitstiefeln und Fliege bekleidet auf glänzenden Harleys und Indians saßen. Schon vor dem Krieg waren die sehr bürgerlichen und steifen Motorradclubs von einigen jungen Leuten abgelehnt worden, die dies dadurch zeigten, dass sie die AMA-Aufnäher verkehrt herum auf ihre Jacken befestigten.

Für die 1946 gerade aus dem Krieg zurückgekehrten jungen Männer stellten diese alten Institutionen alles dar, was sie ablehnten.

In diesem Jahr entstanden in Kalifornien die ersten nicht mit der AMA verbundenen Motorradclubs. Die Leute trafen sich in Bars wie dem *All-American Cafe* in Los Angeles oder im *Shanghai Red* in San Pedro. Die Bewegung war anfangs sehr informell, auch wenn die Clubs rasch militärisch inspirierte Hierarchien annahmen und sich kriegerische Namen von B17-Crews und Marines-Commandos gaben – darunter Boozefighters,

Dieses berühmte Foto wurde nach Aussage des im Hintergrund stehenden Mannes von Journalisten nachgestellt. Der Biker auf dem Motorrad war echt: Es handelte sich um Eddie Davenport, Mitglied des Tulare Riders MC. Die ersten Biker trugen oft noch ihre alte Militärkleidung.

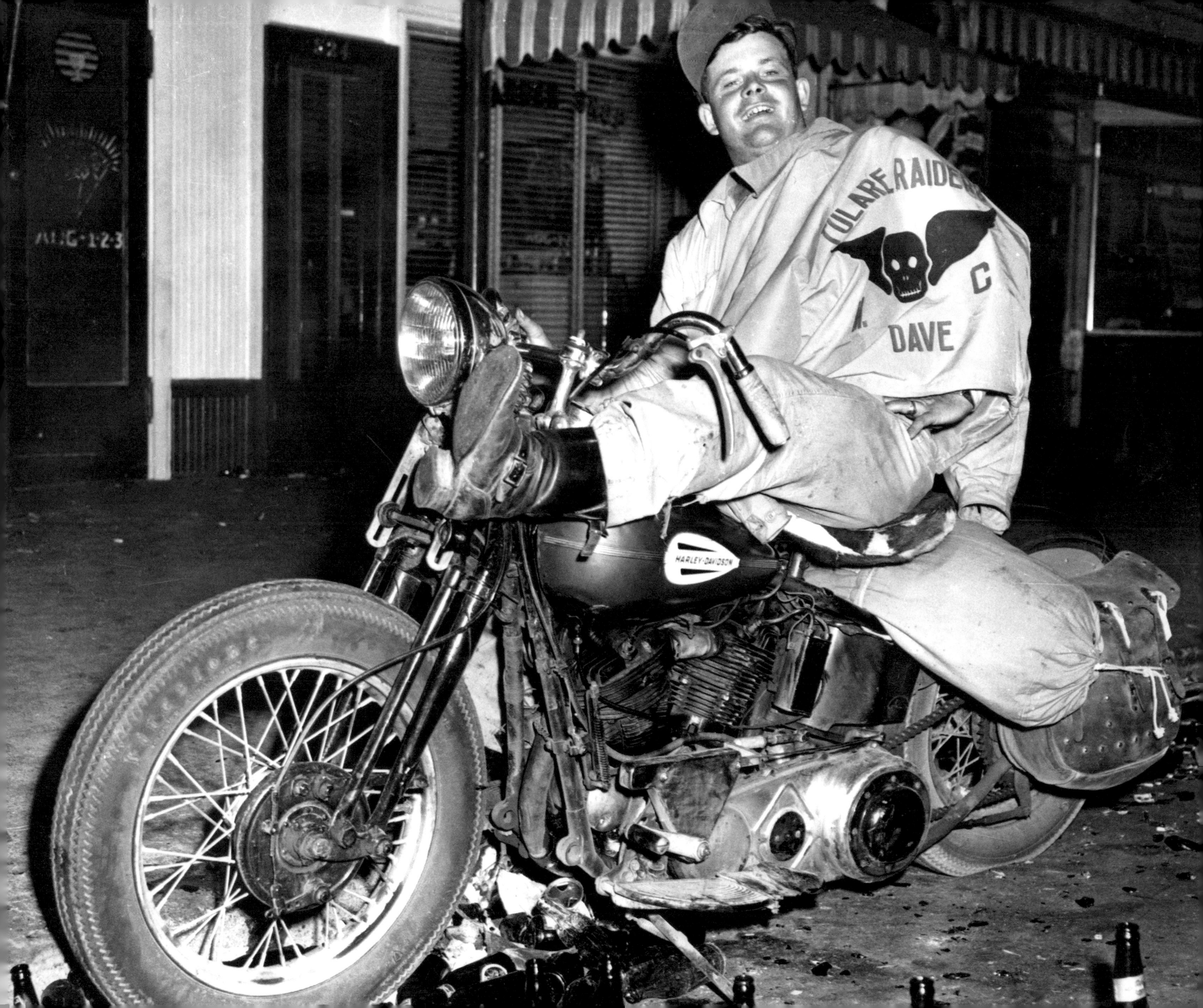
AUG-1-2-3
ULARE RAIDER
C
DAVE
HARLEY-DAVIDSON

Pissed Off Bastards of Bloomington, 13 Rebels, Market Street Commandos, Satan's Sinners …

DER KULTURSCHOCK

Sie kamen am Abend des 3. Juli in kleinen Gruppen in Hollister an. Ihre Schlafsäcke hatten sie hinter die Sitze ihrer Motorräder gebunden, die ganz anders aussahen als die der anderen Teilnehmer.

Während der AMA-Fahrer eine Maschine mit Windschutzscheibe, Beinschilden und breiten Schutzblechen fuhr, hatte der »Biker« sämtliche Komfort-Elemente abgeschraubt, um sein Motorrad möglichst leicht zu machen. Dieses Phänomen nannte sich »Bobber« (to bob: stutzen) und betraf vorwiegend amerikanische Motorräder. Viele ehemalige Soldaten hatten während ihrer Dienstzeit in Europa britische Maschinen von BSA, Matchless oder Triumph gefahren, doch im Sommer 1947 waren englische Motorräder in den USA noch selten. Deutlich billiger kam man an eine von vielen tausend Militärmotorräder von Indian oder H-D, die von der US-Army nach Kriegsende verschleudert wurden. Britische Maschinen waren wegen ihrer hochentwickelten Motoren auch komplizierter zu warten und zu reparieren und ihre Schrauben hatten andere Maße als US-Fahrzeuge. Nur wenige Mechaniker trauten sich überhaupt an europäisches Material heran. Eine Harley oder Indian galt als solide und haltbar, war leicht zu reparieren und umzubauen. Und selbst wenn ein ehemaliger Soldat mit seinem Staat gebrochen hatte, fuhr er dennoch lieber ein amerikanisches Motorrad.

Es waren sicher auch ein paar britische Maschinen in Hollister, aber die Brit-Bike-Flut, die später über Harley hereinbrechen sollte, wurde nicht von echten Bikern gefahren; hier war es eher die Jugend, wie sie in *American Graffiti* oder *Happy Days* dargestellt wurde, die in Bars essen ging, dann zum Tanzen oder Bowling und sich nachts zu wilden Rennen am Rande der Stadt traf. Ihre Nachfahren sollten auf japanischen Maschinen erfolgreich werden.

Zurück nach Hollister: Unsere Archeo-Biker hatten nicht die gleichen Motorräder, die gleiche Mode und schon gar nicht den gleichen Lebensstil. AMA-Fahrer transportierten ihre Zelte in den Satteltaschen, manche kamen mit Autos, um sich ein komfortables und gut organisiertes Camping zu gönnen. Wie schon der Name andeutet, waren die Teilnehmer der Gypsy-Tour (Gipsy = Zigeuner) stolze Reisende – und sehr ungewöhnliche Zigeuner. Die Biker schliefen hingegen unter dem Sternenzelt und ließen sich überall nieder, wo sie Holz für ihr Feuer fanden – und eine Bar in der Nähe. Am folgenden Tag sollte die Kirmes richtig losgehen.

»VIELE EHEMALIGE SOLDATEN FANDEN IM MOTORRAD EIN MITTEL, ADRENALIN FÜR DEN KAMPF ZU SAMMELN.«

DIE ÜBERTREIBUNG DER PRESSE

Der Ausgangspunkt, der sich zu einem Ereignis von nationaler und sogar weltweiter Auswirkung entwickelte, ist nicht verbürgt: Die AMA hatte einigen Bikern die Anmeldung zu einem Rennen verweigert, weil sie keine Mitglieder waren, oder weil ihre Motorräder nicht sachgemäß ausgerüstet waren. Doch dies hätte auch nichts geändert, denn sie waren gar nicht wegen des Sports gekommen. Was folgte, kann mit wenigen Worten erklärt werden: Eine riesige Menge aus drei- bis viertausend betrunkenen Bikern begann in Bars und auf den

Im Film *The Wild One* von 1953 tragen die Biker »Western Bob« genannte Uniformen: umgeschlagene Jeans, weißes T-Shirt, schwarze Lederjacke und die unvermeidliche Fliegermütze.

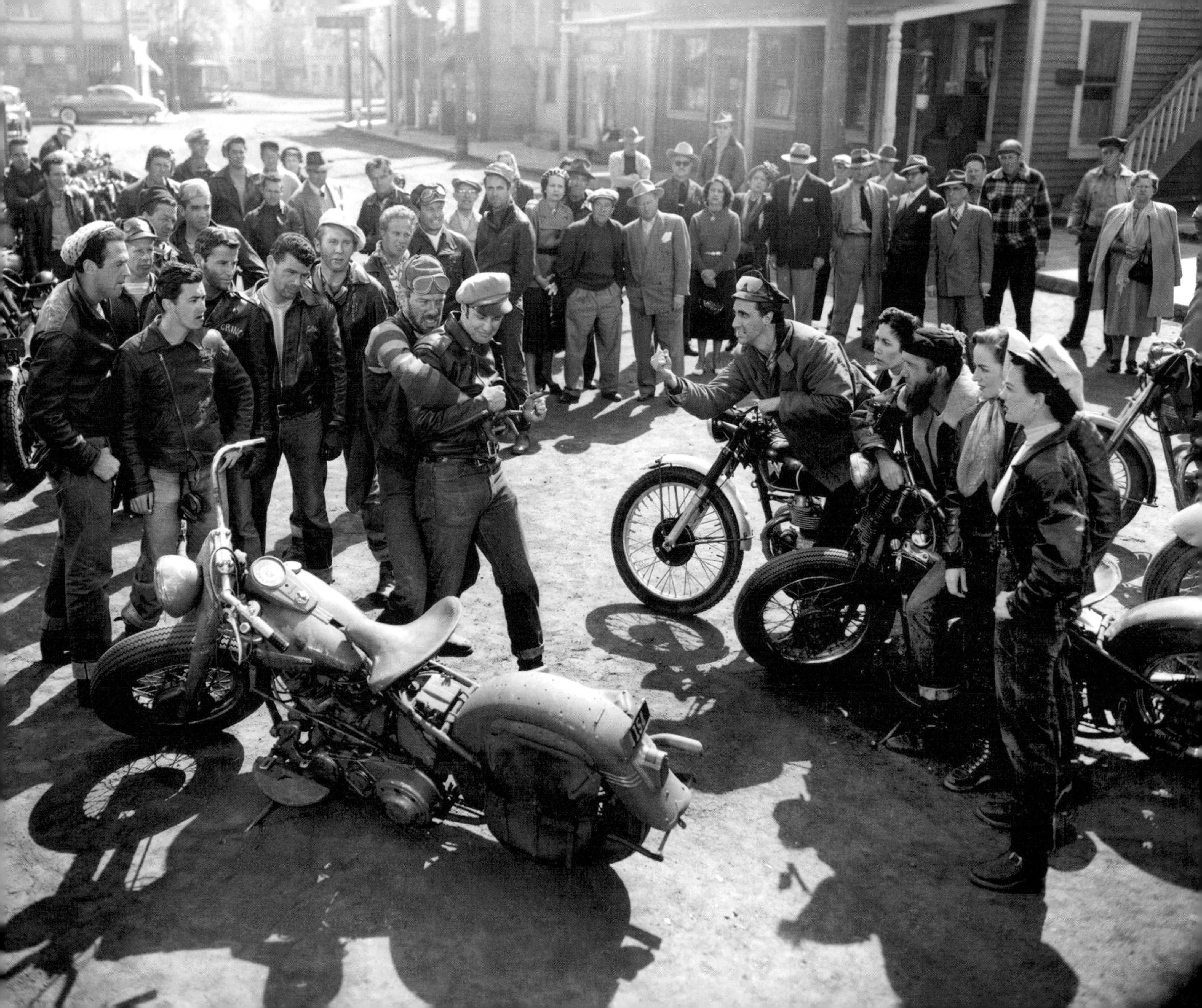

Schwere Krawalle, zerbrochene Fenster, viele Zuschauer; aber die Polizei behält die Sache im Griff. Das Amerika der 1940er-Jahre hat Angst vor seinen Bikern.

Um die betrunkenen Motorradfahrer überwältigen zu können, hat die Polizei von Hollister Verstärkung aus benachbarten Counties angefordert. Die Gefängniszellen waren zum Bersten gefüllt.

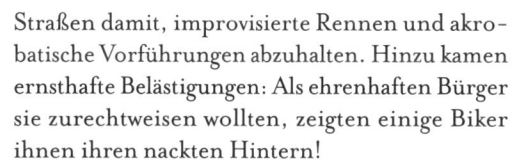

Straßen damit, improvisierte Rennen und akrobatische Vorführungen abzuhalten. Hinzu kamen ernsthafte Belästigungen: Als ehrenhaften Bürger sie zurechtweisen wollten, zeigten einige Biker ihnen ihren nackten Hintern!

Der Klamauk hatte zwar einige verletzte alkoholisierte Motorradfahrer und mit Glasscherben übersäte Straßen zur Folge, aber es war nichts geschehen, was man einen Aufstand nennen konnte. Doch dann nahm sich die Presse der Sache an. Vor allem der *San Francisco Chronicle* schilderte in seiner Ausgabe vom 6. Juli einen Ausbruch von Gewalt, darunter Plünderungen von Bars und Wohnungen, Errichtungen von Barrikaden, infernalische Rennen inmitten von Einheimischen und außer Kontrolle geratenen Motorradfahrer, die Bewohner der Stadt bedrohten. Alldem folgten noch in der Nacht Schnellgerichtsverfahren, um die Delinquenten zu bestrafen. Am folgenden Tag schwelgte am anderen Ende des Landes die *New York Times* von den letzten Eskapaden des Wilden Westens.

Es war das weltweit vertriebene und einflussreiche Wochenmagazin *Life*, das am 21. Juli mit der Schlagzeile »Der Aufstand tausender Motorradfahrer« einige Tatsachen durcheinanderbrachte: Motorräder durchschlugen Fenster, Einwohner wurden angegriffen und terrorisiert. Die überforderte Polizei (es gab sieben Polizisten) musste Verstärkung (15 Mann) aus anderen Counties anfordern. Zur Illustrierung des Artikels hatte man ein vom *Chronicle* gekauftes Foto ganzseitig abgebildet. Darauf ist ein offensichtlich betrunkener Biker auf seiner zwischen zerstörten Bierflaschen geparkten Knucklehead zu sehen, der eine Flasche Bier in der Hand hält. Später sollte sich herausstellen, dass das Bild inszeniert war. Gus Deserpa, der auf einem anderen Foto lächelnd im Hintergrund steht und sehr unerschrocken wirkt, erzählt: »Wir sahen zwei Männer, die auf der Straße leere Bierflaschen sammelten, um sie scheinbar in die Bar zu bringen. Dann stellten sie ein Motorrad in die Mitte und baten einen Betrunkenen, sich darauf zu setzen und fotografieren zu lassen. Tatsächlich waren die Biker gar nicht schlimm. Sie fuhren mit ihren Maschinen die Straße auf und ab und schauten etwas bösartig – kein Grund zur Sorge.«

»DIE STADT IST ROT VON BLUT«

Rasch wurde der journalistische Schwindel zu einer Legende, die um die Welt ging: Die Vereinigten Staaten werden durchstreift von Horden wild

> »EINE RIESIGE MENGE AUS DREI- BIS VIERTAUSEND BETRUNKENEN BIKERN BEGANN IN BARS UND AUF DEN STRASSEN DAMIT, IMPROVISIERTE RENNEN UND AKROBATISCHE VORFÜHRUNGEN ABZUHALTEN.«

gewordener Motorradfahrer, die eine Spur aus Plünderungen und Zerstörungen hinterlassen. Im September des gleichen Jahres fanden ähnliche Ausbrüche bei einem anderen AMA-Treffen in Riverside statt. Ein neues Fressen für die Presse, eine neue öffentliche Aufregung.

Ständig vor Angst zitternd, entdeckte Amerika überall neue Outlaws. Es wurde gefragt, was mit der schönen Jugend geschehe. Aber niemand fragte nach, welche Auswirkungen es auf die Psyche hat, 18-Jährige Jungen dazu zu bringen, aus 3000 Metern Höhe ganze Städte einzuebnen oder auf abgelegenen Pazifikinseln japanische Bunker mit dem Flammenwerfer zu »säubern«.

Der Begriff *Outlaw* wurde erstmals im August 1948 von Journalisten der renommierten Zeitschrift *Motorcyclist* im Zusammenhang mit den Vorkommnissen in Riverside ein Jahr zuvor verwendet: »Die Outlaw-Motorradfahrer sind mit dem Ziel in die Stadt gekommen, sie mit Blut zu bemalen.« Wenn weiter nichts war ... Ein sprachlicher Missbrauch, denn zu dieser Zeit rühmten sich die Outlaw-Motorradclubs (noch) nicht, Bundesgesetze nicht einzuhalten, sondern weigerten sich lediglich, sich den Vorschriften und Verhaltenskodexen der AMA unterzuordnen. Eine der Säulen – wenn nicht DIE Säule der AMA ist Harley-Davidson. Die ehrwürdige Motor-Company verurteilte offensichtlich diese Handlungen, die ein schlechtes Bild auf das Motorrad werfen, doch ab 1948 gab es auch beim Harley-Händler kurze schwarze Lederjacken zu kaufen, die denen der neuen Biker extrem ähnlich sahen.

EINE KONTRAPRODUKTIVE UND WILDE ESKAPADE
Beim Riverside-Meeting 1948 tauchte zum ersten Mal der Begriff »1 %« auf, den einige Biker später für sich beanspruchten. In einer Erklärung, die unter anderem die Schwere der Störungen des Vorjahres relativieren sollte, appellierte der Sheriff des Ortes für »eine Verhaltensänderung

Im Film *The Wild One* fährt der Held Marlon Brando eine Triumph Thunderbird – diese lässt die großen Harleys seiner Rivalen wirklich alt aussehen.

von einem Prozent unverantwortlicher, ausgelassener und oft unhöflicher Biker, die sich hinter 99 Prozent absolut anständiger Motorradfahrer verstecken«.

Erst zu Beginn der 1960er-Jahre begannen Biker damit, den berühmten »1-%-Patch« mit der gelben Raute der AMA zu tragen. Es war die Reaktion auf die an gute Fahrer abgegebenen Medaillen nach der berühmten Kommunikationskampagne 1961. Darauf stand: »Präsentieren Sie sich im besten Licht, schauen Sie freundlich, fahren Sie vorsichtig.« Immerhin waren die AMA und Harley-Davidson über die negative Publicity besorgt, die diese zotteligen Biker verursachten, um anständige Bürger zu erschrecken.

Natürlich sprang auch die Filmindustrie auf das Thema auf und verbreitete Furcht vor Bikern. Ein B-Movie von 1953 erzählte die Geschichte durch eine banale Handlung: In *The Wild One* (*Der Wilde*) tummeln sich der Gute (Marlon Brando) und der Schurke (Lee Marvin) in einer düsteren Romanze. Der unter der Regie von László Benedek sich dahin quälende Streifen spielt mit den Ängsten Amerikas und hat weltweiten Einfluss. Auch in Europa und sogar Japan fanden sich durch den Erfolg des Films Freunde schwarzer Lederjacken zusammen. Die Filmstudios waren nicht mehr zu halten und produzierten in den kommenden zehn Jahren einen Film über Motorrad-Gangs nach dem anderen: *The Wild Angels, Hell's Angels on Wheels, Angels Hard as They Come, Born Losers* … Aber der Eltern verschreckende und Jugendliche bezaubernde Film *The Wild One* verdient einen besonderen Platz, da er als Geburt des omnipotenten jungen Rebellen betrachtet werden kann und James Dean und vielen anderen den Weg auf die Leinwand ebnete.

Auch wenn dieser Film viele Menschen für Motorräder begeisterte, tat er dem Motorrad selbst nicht gut. Die Verkäufe gingen zugunsten des »netten«

Motorrollers zurück und auch das Automobil wurde immer beliebter.

Harley ging es noch schlimmer. Der enorme Erfolg des Films war werbemäßig eine Katastrophe: Marlon Brando und seine Bande, die neuen Helden der Jugend, fuhren herrliche Triumphs, die frisch aus der Kiste zu kommen schienen. Und die Schurken tuckerten auf alten Harleys herum, die vorher ausgiebig mit der Metallsäge bearbeitet worden waren. In Hollister war es 1947 noch nicht so gewesen, aber als der Film sechs Jahre später gedreht wurde, spiegelte er exakt die Wirklichkeit wider: Die Jugend fuhr Triumph. Die Motor-Company hatte die Welle der britischen Invasion nicht gesehen und drohte darin zu ertrinken.

DAS MOTORRAD – EINE UNGESUNDE MAROTTE?

Hinter dem Klischee des brutalen und großen Motorrades stand für amerikanische Biker der 1940er- und 1950er-Jahre vor allem die motorisierte Version des Beatnick-Schriftstellers Jack Kerouac – eher libertär als revolutionär, lieber Vagabund als Hühnerdieb, gewalttätig vor allem gegen sich selbst als gegen andere und letztendlich eher harmlos.

Natürlich gab es schon gewalttätige Motorrad-Gangs wie die Bandidos und die Hell's Angels, die mehr oder weniger kriminell waren und manchmal auch raubten und hehlten. Aber vor den 1970er-Jahren waren sie nicht der Rede wert.

Die Biker der *Wild One*-Zeit waren eher Opfer als Täter. Doch die Gesellschaft hatte Angst und betrachtete sie als Parasiten, unheimliche Nomaden, üble Außenseiter und Faulenzer, deren Existenz vollständig im Widerspruch die den heiligen Werten Arbeit, Familie, Eigentum, Geld, Hygiene und Automobil stand. Allein die Tatsache, dass sie zum Reisen ein Motorrad verwendeten, war eine Provokation, eine ungesunde Marotte. Seit den 1920er-Jahren war das Motorrad nicht einfach nur ein Fahrzeug. Es war immer ein Hobby, im besten Falle eine Sportgerät, aber auf keinen Fall ein anständiges Fortbewegungsmittel. Und im Amerika der 1950er- und 1960er-Jahre war »anständig« ein ernstzunehmender Begriff. 1969 – 15 Jahre nach *The Wild One* – zeigte ein seltsamer Roadmovie wunderbar diesen Zivilisationskonflikt: In *Easy Rider* wollten zwei unbekümmerte und berauschte junge Männer auf extrem umgebauten Motorrädern die USA durchqueren. Allein ihre Anwesenheit provoziert »gute Bürger« dazu, sie am Ende zu lynchen. Der von Dennis Hopper gedrehte Film war eine romantische und soziologische Erweiterung des Streifens von László Benedek, hatte aber ein völlig andere Wirkung.

DIE GLAUBENSSPALTUNG IM MOTORRADFAHRER-MILIEU

Wie so oft verursachte der sprunghafte Erfolg einer Religion dessen Aufteilung in zwei voneinander abweichende Strömungen.

Auf der einen Seite standen die neuen Gläubigen, die weder besonders eifrig konvertiert noch überzeugt, sondern oft nur Gelegenheits-Anhänger waren. Auf der anderen Seite befand sich die Handvoll früher Apostel: jene Vorreiter, die ehemalige Ungläubige mit einem bösen Blick betrachteten, weil sie die Requisiten der Anbetung zur Schau stellten und dafür sorgten, dass eine mystische Randerscheinung zu einer neuen angepassten Religion geworden ist.

> »ALLEIN DIE TATSACHE, DASS SIE ZUM REISEN EIN MOTORRAD VERWENDETEN, WAR EINE PROVOKATION, EINE UNGESUNDE MAROTTE.«

Der neue Rebell James Dean fährt wie fast alle jungen Amerikaner eine Triumph.

FÜR HARLEY-DAVIDSON GAB ES DIE ZEIT VOR *EASY RIDER* UND DIE ZEIT DANACH.

Der mit einem Minimalbudget und unter Einflüssen des italienischen Neorealismus und der französischen Nouvelle Vague produzierte Streifen wurde zu einem riesigen Erfolg und zum Kultfilm einer ganzen Generation. Zum ersten mal wurde in *Easy Rider* die – seit langem bestehende – Fusion zwischen Bikern und der Hippie-Bewegung gezeigt. Während *The Wild One* und seine Ableger das Motorrad fast mit Gewalt umgebracht hatten, wurde es in *Easy Rider* mit Flower Power sowie Peace and Love erfolgreich wiederbelebt – und diesmal hatten sogar die Panhead-Motoren im Doppelschleifenrahmen eine tragende Funktion.

Für Harley-Davidson gab es die Zeit vor *Easy Rider* und die Zeit danach.

Vor dem Film galt die Motor-Company genauso wie Triumph, BSA oder Norton als Unternehmen ohne neue Ideen, mit anachronistischer Technik, überholtem Design und veraltetem Marketing. Die Marke selbst war unbezwingbar und weltberühmt, aber ihre Umsätze schmolzen wie Schnee in der Sonne – während japanische Hersteller immer größer wurden.

Nach *Easy Rider* strahlte für Harley-Davidson eine leuchtende Aura. Das Unternehmen stand für die Motorisierung der neuen Westernhelden – keine furchtlosen Kämpfer oder Männer mit großen Herzen, sondern Rebellen. Dieser Rebell, so zivilisiert und domestiziert er auch immer war, war ein freies Wesen, das mit den Füßen voran und weit angehobenen Händen aus der Großstadt aufs Land floh und in Richtung seiner Bestimmung rollte.

Am überraschendsten war, dass dieser Protestfilm, der dem konservativen Amerika direkt ins Gesicht spuckte, schließlich zum cineastischen Archetypus des *American Dream* wurde. Der Motorradfahrer hat wie der Zuschauer vor allem die sagenhafte Weite, unglaubliche Motorräder, schöne und freie Menschen mit langen Haaren im Wind und den Rock and Roll im Hintergrund in Erinnerung.

Von nun an konnte keine Marke mehr mit Harley-Davidson auf diesem riesigen Markt konkurrieren, um den man weder gebeten, geschweige denn jemals davon geträumt hatte.

Eine Anekdote fasst zusammen, unter welchen Umständen dieser Film entstanden ist: Für die vier für den Dreh benötigten Motorräder kauften Dennis Hopper und Peter Fonda ausgediente Hydra Glide-Polizeimaschinen und ließen sie zu den funkelnden Choppern umbauen, die über die Leinwand rollten. Niemals hätte die puritanische und konservative Motor-Company diesen beiden Anarcho-Linken für ihren üblen und unpatriotischen Streifen auch nur eine Schraube geschenkt. Und natürlich hätten die beiden Künstler an den Türen des Hoflieferanten für die Polizei, die Armee und des Bürgertums auch niemals geklingelt.

Die Jahre nach der Veröffentlichung des Films waren für die Motor-Company nicht verloren. Die erste Person, die in Milwaukee den Geschmack der neue Ära erahnte, war Willie G. Davidson. Er brachte die erste Custom-Harley zur Serienreife: die Super Glide. Sicher war sie als hastig zusammengesetzter Zwitter aus E-Glide und Sportster nur ein blasser Ersatz für die von Fonda gefahrene Captain America, aber sie sprach neue Biker an, die nach *Easy Rider* auf den Geschmack gekommen waren. Sie war das erste wirklich neue Motorrad seit der 1957 vorgestellten Sportster. Sie wurde kein großer Erfolg, aber sie hatte eine neue Gattung in Bewegung gesetzt, deren Nachfolger sich besser verkauften. Die 1970er-Jahre sollten die großartige Rückkehr des Motorrades einläuten, allerdings wurde dies weniger durch den Vorstand der Motor-Company initiiert als durch ein neues Jahrhundert-Motorrad: die Honda CB 750 Four.

Peter Fonda und Dennis Hopper durchqueren in *Easy Rider* mit ihren Panheads (»Captain America« und »Billy Bike«) die Wüste (rechts).

Die Serie *Sons of Anarchy* belebte auf opportunistische Art das Klischee der Harley und der bösen Buben wieder. Ohne diesen Beigeschmack wäre Harley aber auch nicht Harley geworden (folgende Doppelseite) ...

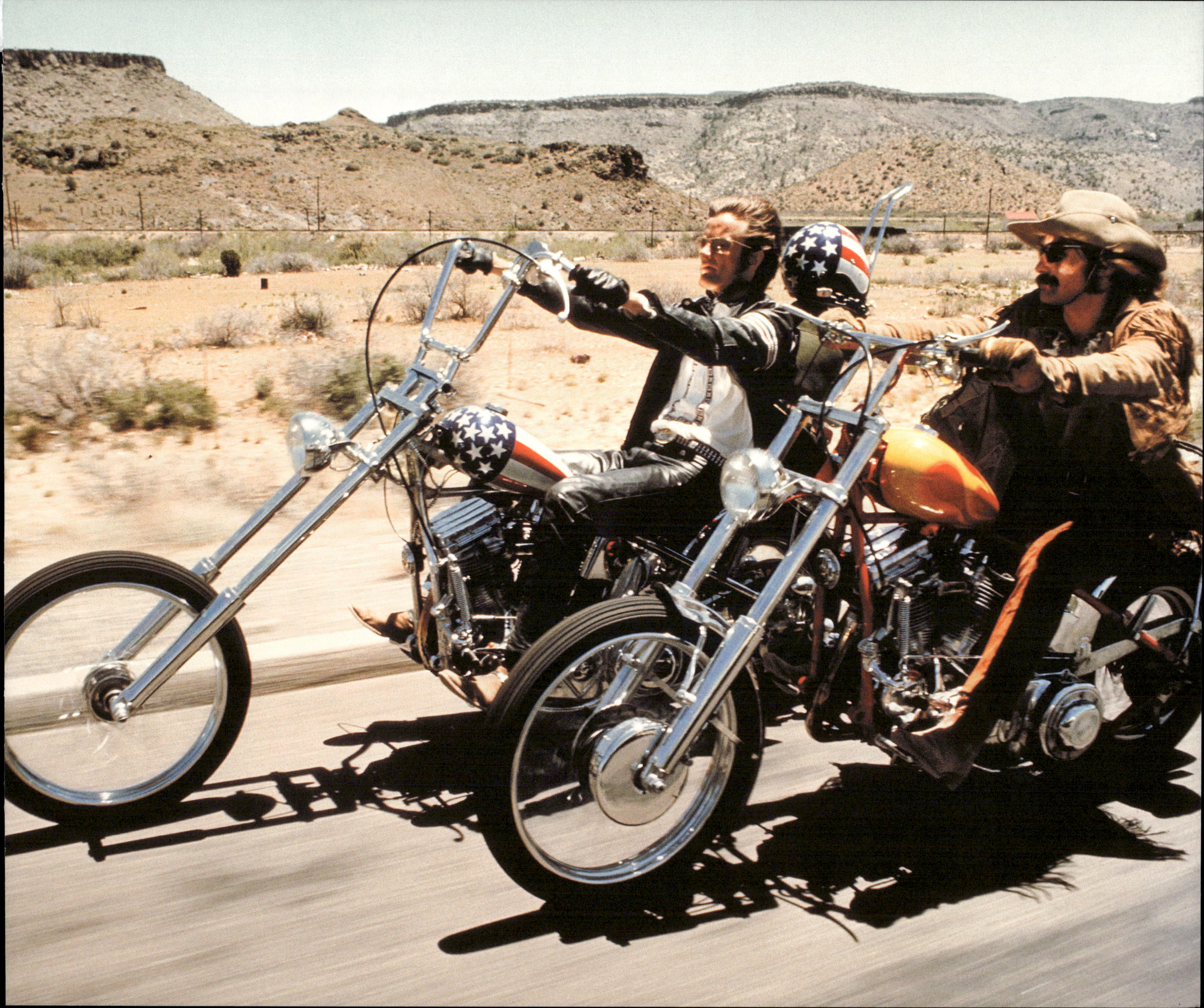

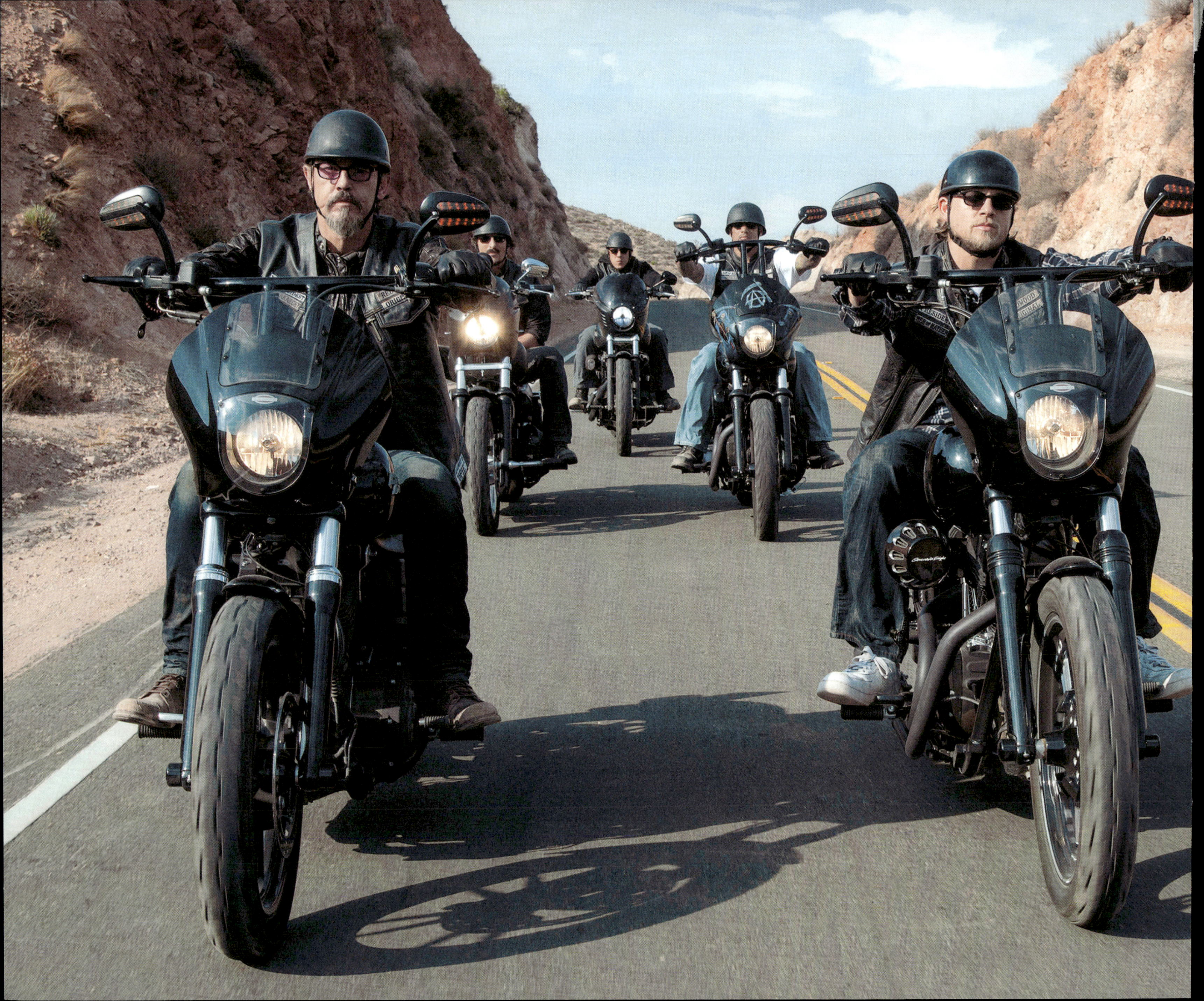

SONS OF ANARCHY

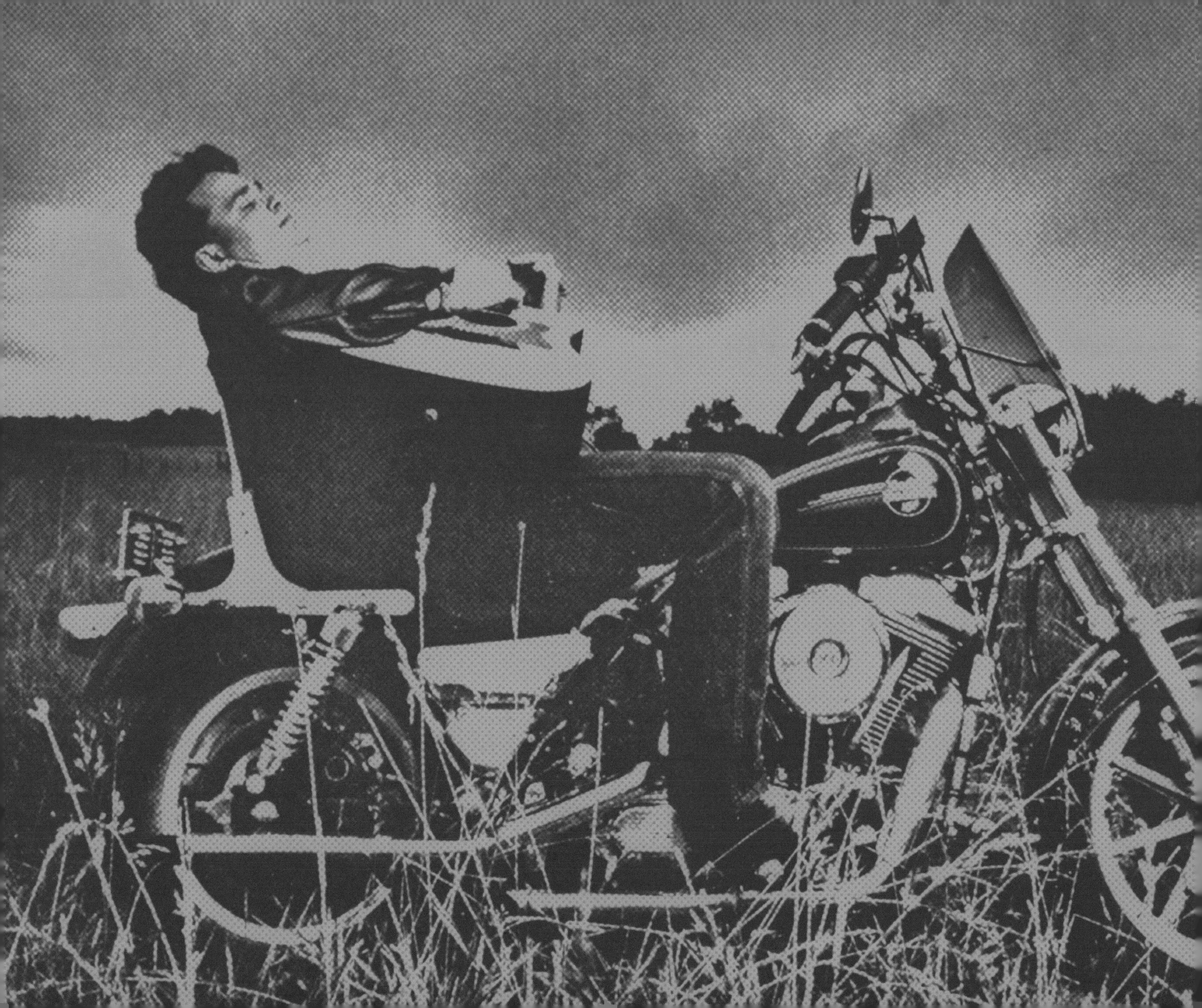

»AMERIKANISCHE BIKER DER 1940ER- UND 1950ER-JAHRE WAREN DIE MOTORISIERTE VERSION DES BEATNICK-SCHRIFTSTELLERS JACK KEROUAC – EHER LIBERTÄR ALS REVOLUTIONÄR, LIEBER VAGABUND ALS HÜHNERDIEB.«

In diesem Sinne läuteten *Easy Rider* und die große Wiederbelebung des Motorrades das Ende der Biker-Bewegung ein, die gerade erst ihren Boom erlebt hatte. In den 1970er-Jahren sah man sie in zwei unversöhnliche Gruppen aufgeteilt.

Die echten Biker, die »reinen« und manchmal auch harten Motorradfahrer, lebten für das Motorrad und mit dem Motorrad mehr oder weniger am Rande der Gesellschaft, sie trafen sich in ihren mit Bars und Werkstätten ausgerüsteten Clubhäusern. Sie fuhren alte Harleys oder gestohlene Triumphs, die sie auf ihre Art umgebaut und frisiert und auf möglichst provokante Art und Weise ausgerüstet und dekoriert hatten. Hier wurde unter anderem die Rat-Bike-Bewegung begründet.

»Falsche« Biker haben eine Harley auf dem Parkplatz vor ihrer Wohnung stehen, weil dies in Mode ist. Es handelt sich um eine mit originalem Harley-Zubehör ausgerüstete Serienmaschine, deren Motor vielleicht vom Händler etwas getunt wurde. Während der Woche führen sie ein ganz normales Leben, doch sobald das Wochenende eingeläutet wird, greifen sie zum Arsenal des Bösen Bikers – manchmal einschließlich künstlichem Zopf und Abziehbild-Tattoos – um sich im Sattel ihrer auf Hochglanz polierten Maschine zu zeigen.

Die unlösbaren Divergenzen lassen sich heute zusammenfassen, indem man die bekanntesten Motorradclubs der Welt vergleicht, die unterschiedlicher nicht sein können: Die Harley Owners Group (HOG) und den Hell's Angels Motorcycle Club (HAMC).

DIE ECHTEN BIKER: DIE AUSSTEIGER

Gewiss, diese beiden extremen Karikaturen geben nicht den gesamten Planeten Harley wieder; es gibt überall auf der Welt zahllose Harley-Davidson-Clubs, die unabhängig von der Marke, seinen Händlern und sogar von nationalen Verbänden sind, ohne gleich illegalen Aktivitäten nachzugehen. In den USA sind sie vorwiegend für ihre karitativen Tätigkeiten bekannt. Libertär, aber gut organisiert und manchmal auch offen für Fahrer anderer Marken, versammeln sie sich allein wegen der Freude am Fahren, am Schrauben und am Zusammensein. Diese Biker werfen auch einen kritischen Blick auf die HOG, die sie mit einem Rotarier-Club für Motorradfahrer gleichsetzen und als einen Mafia-MC bezeichnen, der ihrer Meinung nach ihre Sache in Misskredit bring.

Diese authentischen Biker haben dreckige Fingernägel und sind mit barbarischen Waffen tätowiert und tragen Totenkopf-Ringe, aber sie tun niemandem etwas zuleide – solange man nicht ihr Motorrad berührt.

Immerhin sind sie nicht so viele wie die von der Motor-Company weltweit gezählten eine Millionen HOG-Mitglieder.

Heute ist der erkennbare Harleyist derjenige, den man auf der Straße trifft oder der am Samstag Abend durch die Stadt rollt; der regelmäßig zur Arbeit fährt und sich um seine Familie kümmert – ein HOG-Mitglied.

Die Harley Owners Group ist zweifellos ein großer Motorrad-Club mit sympathischen Mitgliedern, aber sie ist auch die perfekte Negation des Biker-Esprits – ein Äquivalent zur AMA der späten 1940er-Jahre.

DER UNVERZICHTBARE SCHLECHTE RUF

Als Folge dieser unglaublichen Ausgeglichenheit haben Harley und seine HOG ein vitales Bedürfnis

Die Zerstörung alter japanischer Motorräder (gegen Bezahlung!) gehört zu jeder Bike Week in Daytona dazu. Man darf sie mit dem Vorschlaghammer bearbeiten, aber auch anzünden oder den Motor bis zur Selbstzerstörung in den roten Bereich drehen.

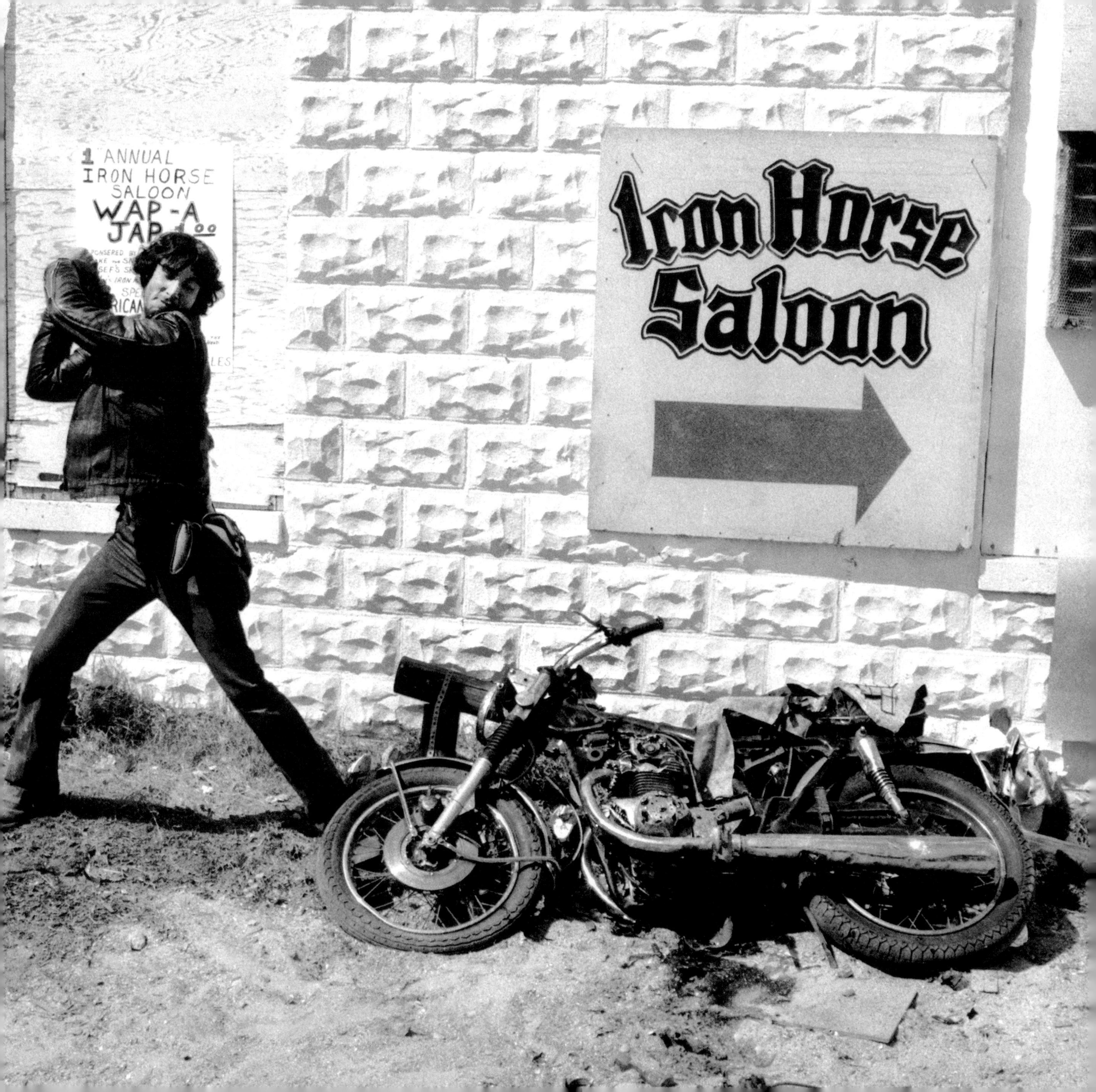
1 ANNUAL
IRON HORSE
SALOON
WAP-A
JAP
Iron Horse
Saloon

DOSSIER
HELL'S ANGELS – DIE HÖLLE AUF ERDEN

Der 1948 gegründete und heute aus 230 Chapters bestehende Hell's Angels Motorcycle Club ist einer der ältesten und radikalsten Motorradclubs. Angeklagt wegen schlimmer Verbrechen – Waffen-, Drogen- und Frauenhandel, Erpressung, organisierte Kriminalität, rassistische Angriffe und zahlreiche Morde – haben die Hell's Angels eine hochexplosive Ausstrahlung. Es ist schwierig, die Funktionsweise und den Zweck dieser Organisation zu verstehen, die oft als kriminell bezeichnet wird, aber in 27 Ländern gut mit lokalen Behörden zusammenarbeitet, im Internet auftritt und einen Ebay-Shop betreibt. Polizei, Justiz und Fiskus beobachten alle Aktivitäten genau, aber es kommt nur selten zu Prozessen.

Nur in Kanada wurden alle bunkermäßig verbarrikadierten Chapters durch Sicherheitskräfte gestürmt und viele »Brothers« hinter Gitter gebracht – hierfür wurde sogar eine Spezialeinheit der kanadischen Polizei geschaffen. Doch ansonsten müssen sich Hell's Angels nur wenig oder gar keine Sorgen machen und können in friedlicher Gemeinschaft leben – auch wenn wir nicht wissen, welche Verbrechen zwischen ihnen stattfinden.

Alles was wir von dieser undurchsichtigen und hermetisch abgeriegelten Organisation wissen, riecht nach Mafia-Klischee: strenge Hierarchien, harte Aufnahmeriten, Verzweigungen ins kriminelle Milieu und zu noch diskreteren Motorradclubs, heftige Kämpfe – manchmal mit Toten – mit rivalisierenden Motorradclubs: Pagans, Bandidos, Outlaws, Mongols ...

Hinzugefügt werden sollte, dass Angels nicht an das Paradies glauben, sondern – naheliegenderweise – an die Hölle; und diese befindet sich ihrer Meinung nach auf der Erde und ist nicht ohne Drogen und ein vernünftiges Motorrad zu ertragen – natürlich nur mit einer Harley-Davidson.

Über die Verbindungen zwischen den Hell's Angels und der Motor-Company gab es stets widersprüchliche Gerüchte: Es soll Motorräder gegen Dienstleistungen gegeben haben – aber auch Schutzgelderpressungen gegen Händler ...

Fest steht lediglich, dass die Hell's Angels den Sicherheitsdienst bei HOG-Treffen in Europa übernehmen, aber ist das illegal?

Diese Treffen gehören auch zu den seltenen Gelegenheiten, wo sich beide Biker-Typen über den Weg laufen.

In den 1950er-Jahren waren die Hell's Angels ein Motorradclub wie jeder andere und hielten sich weitgehend an die Gesetze. Erst in den 1970er-Jahren drifteten sie in die Illegalität ab.

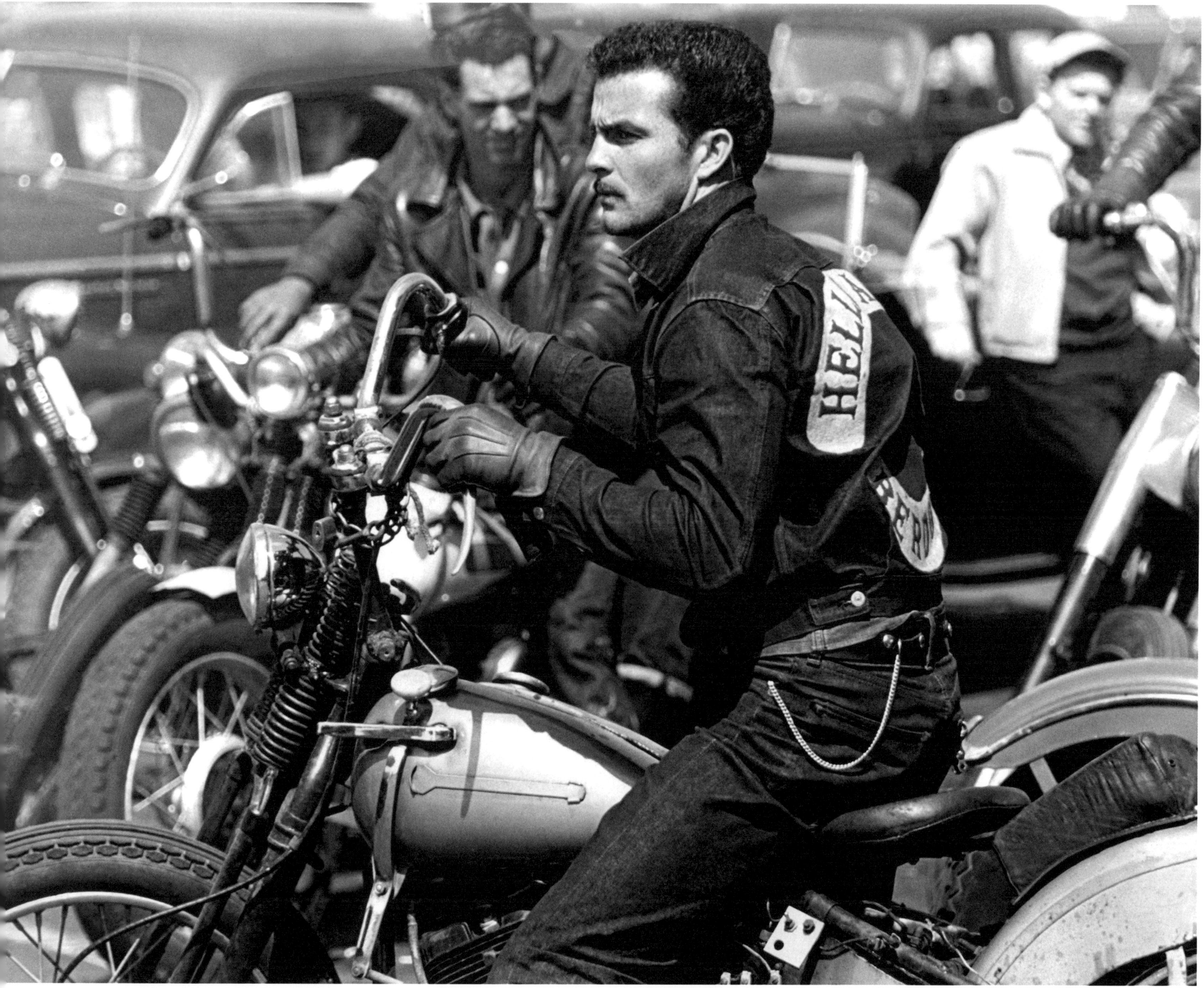

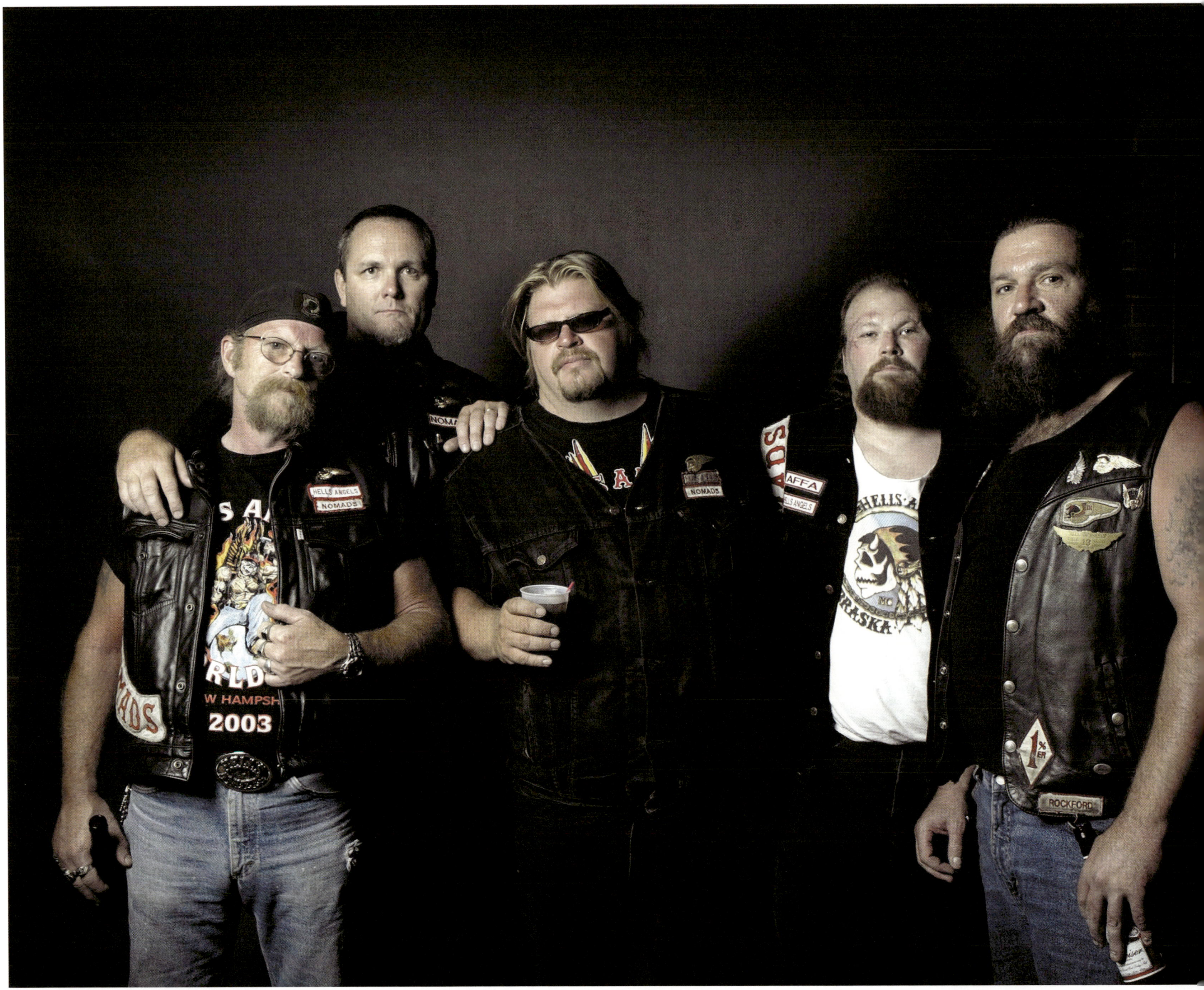
HELLS ANGELS
NOMADS
2003
NOMADS
ROCKFORD

Hells Angels-Mitglieder halten stets zusammen – egal, ob aus wahrer Hilfe oder auch bei illegalen Aktionen. Diese unerbittliche Solidarität ist die Regel Nummer eins des MC (links).

Wer das berühmte Totenkopf-Symbol trägt, ohne Mitglied eines Hells Angels MC zu sein, kann in große Schwierigkeiten geraten. Wer würde sich schon gern mit diesen sympathischen jungen Herren anlegen (rechts)?

on 15
Gun Initiative
HARLEY
HELLS ANGELS
FOREVER
Musical Performances by
KODIAK
The Only Bear You'll Ever Pinch.
BEAR'S DEN
HARLEY-DAVIDSON CYCLES
U.S. ARMY
SPECIAL FORCES
VIETNAM VETERANS MEMORIAL
Enforcer
Bear
CHRIST'S SONS
LIVE OR DIE
TORCO
FLANDERS

VIETNAM
SERVICE
HARLEY-DAVIDSON
USA
H-D
HARLEY-DAVIDSON
MOTORCYCLES

DOSSIER
DIE HOG – SEHR RUHIGE BIKER

Die Harley Owners Group wurde von der Motor-Company 1983 in den USA gegründet und Anfang der 1990er-Jahre nach Europa exportiert. Eine geniale Erfindung, die Kunden halten und durch Angebote binden sollte – und im ersten Jahr kostenlos ist: Ein Chapter, das jeden Händler erfreut. Wie bei den Hell's Angels haben auch die HOG-Chapters einen Vereinsstatus und sind stark hierarchisch aufgebaut; damit endet aber auch die Gemeinsamkeit. Hier finden stets Aktivitäten statt, auch im Winter, bei wöchentlichen Essen, Geburtstagsfeiern oder Modellvorstellungen. Im Sommer werden Gruppenausflüge organisiert. Eine großartige Idee der HOG: die Mitglieder dazu bewegen, ihre Motorräder zu nutzen! Ohne den freundlichen Druck seiner Brothers und des Directors wäre der Harley-Owner vielleicht auch zufrieden, wenn er mit einer Tasse Kaffee auf der Terrasse sitzt, aber das wäre nicht gut für den Umsatz. Ein HOG-Chapter muss natürlich auch Ausfahrten machen, damit alle sehen, dass diese Motorradfahrer keine Gefahr für die Gesellschaft darstellen. Dann fahren alle mit vorgeschriebener Geschwindigkeit in geordneter Doppelreihen, ohne sich jemals zu überholen – das ist verboten! Während einer solchen Etappe sehen sie aus wie eine makellos und adrette Motorradparade. Später werden sie sich brav an den Tisch setzen und höflich ein Getränk bestellen. Vielleicht auch zwei, aber niemals drei. Neben diesen extrem zivilisierten Bikern sieht eine Gruppe BMW-Fahrer wie eine Horde Hooligans aus.

Diese Gemeinsamkeit – das Durchschnittsalter liegt laut Harley bei 47 Jahren – erinnert eher an den Jahresausflug eines Bowlingclubs – nur mit Motorrädern und Helmen statt Reisebussen. Wer immer in den 1970er- oder 1980er-Jahren eine Bande echter, lauter, ungepflegter und streitlustiger Biker durch sein Kaff hat donnern sehen, wird durch diesen Kontrast erschlagen sein. Wie doch die Zeit vergeht ...

Die HOG ist streng hierarchisch organisiert – und männlich. Frauen dürfen auch beitreten, aber nur als »Ladies of Harley«. Jedes Mitglied muss das Wappen seines Chapters tragen.

LADIES OF HARLEY
HARLEY OWNERS GROUP

HARLEY-DAVIDSON
BLACKTOWN CHAPTER
HARLEY OWNERS GROUP
REG

nach Hell's Angels, Bandidos und anderen Outlaws – und zwar nicht nur als Ordnungskräfte bei ihren großen Treffen.

Wo wäre der Harley-Mythos ohne Rebellen, Flegel und harte Jungs? Was wäre Harley-Davidson ohne den Duft von Verbrechen und Abenteuer? Ohne das bisschen Angst, die man beim Kontakt mit diesen tätowierten und wortkargen Muskelprotze spürt, deren Blick Männer erschreckt, Frauen beruhigt und Kinder das Weinen vergessen lässt?

Auch die Kommunikation von Harley-Davidson erfolgt unter großem Einsatz von Bikern. 1987 war in einer amerikanischen Werbeanzeige eine Gruppe finsterer Biker abgebildet. Der Slogan dazu lautet: »Würden Sie diesen Jungs ein unzuverlässiges Motorrad verkaufen?«

Was wäre Harley-Davidson ohne diese »echten« bösen und widerlichen Biker? Eine bemühte Motorradmarke für Silberhaar-Senioren mit mangelnder männlicher Kameradschaft oder für sesshaft gewordene Jugendliche, die sich um eine Art Freiheit bemühen. Denn genau das ist es, auf was der lächerliche Harleyisten-Kader aus Anwälten und verkappten Werbemenschen spart: als unrasierter Schuft auf einer Harley für etwa 25 000 Euro zu sitzen. Dabei ist man nie ganz sicher, ob es sich nicht doch um einen echten und gefährlichen *Badass* handelt.

Wer würde ohne diesen schlechten Ruf eine nicht wirklich komfortable Maschine mit über 300 kg Leergewicht und zum doppelten Preis eines japanischen Motorrades fahren wollen? Würde allein die unnachahmliche Mechanik, die makellose Herstellungsqualität, der amerikanische Traum von Highways, Kakteen und blendender Sonne im Hintergrund ausreichen, um sich die Maschine seiner Träume zu kaufen? Vielleicht …

Wir haben hier einen einzigartigen Fall eines kapitalistischen und globalisierten Unternehmens, das sein Überleben einer anarchistischen und libertären Bewegung verdankt.

Harley-Davidson mag sein schlechtes Image bedauern und erpicht seine Seriosität zeigen, doch man weiß in Milwaukee gut, dass man diesen schrecklichen Bikern sehr viel verdankt – wenn nicht gar mehr, als den Gründern Bill Harley und den Davidson-Brüdern.

»WIR HABEN HIER EINEN EINZIGARTIGEN FALL EINES KAPITALISTISCHEN UND GLOBALISIERTEN UNTERNEHMENS, DAS SEIN ÜBERLEBEN EINER ANARCHISTISCHEN UND LIBERTÄREN BEWEGUNG VERDANKT.«

Nachdem es ein Lebensstil geworden war, entwickelte sich der Biker zum Kostümierten und konnte ohne großes Risiko einen schlechten Ruf genießen.

DIE PILGERSTÄTTEN

Keine andere Motorradmarke ist so gut in der Lage, Zehn- oder Hunderttausende Fans an einem Ort zu versammeln wie Harley-Davidson. Abgesehen von den Geburtstagsfeiern in Milwaukee sind die zwei größten Treffpunkte in den USA die *Bike-Week* in Daytona im Frühjahr und die *Black Hills Rallye* in Sturgis im August. Die erste ist relativ eklektisch – man sieht nichts als Harleys – stehend; eine endlose Parade von Motorrädern, die nur zu einem Zweck in den Straßen stehen: um gesehen zu werden. Die Highlights: Die Custom-Show und insbesondere die unausweichliche Rat's Hole Custom Bike Show, wo die weltweite Customschmied-Elite miteinander konkurriert.

In Sturgis ist es ganz anders: In das 6000 Einwohner zählende Städtchen fallen jährlich eine halbe Millionen Motorradfahrer ein. Man kann viel in den wilden Berglandschaften herumfahren und in der freien Natur campen – Posen wird dagegen schwieriger.

In Europa gelten das *Euro-Festival* in Saint-Tropez (Ende April, Anfang Mai) und die *European Bike Week* am Faaker See in Österreich (September) als die beiden wichtigsten Harley-Treffen. Die Ende Juni stattfindenden *Hamburg Harley-Days* gelten als größtes Treffen Deutschlands.

Das ganze Paradox des Bikers: Der einsame Rebell trifft sich in großen Massen, reist gern in Gruppen, mischt sich unter Seinesgleichen und zeigt stolz seine glänzende Maschine.

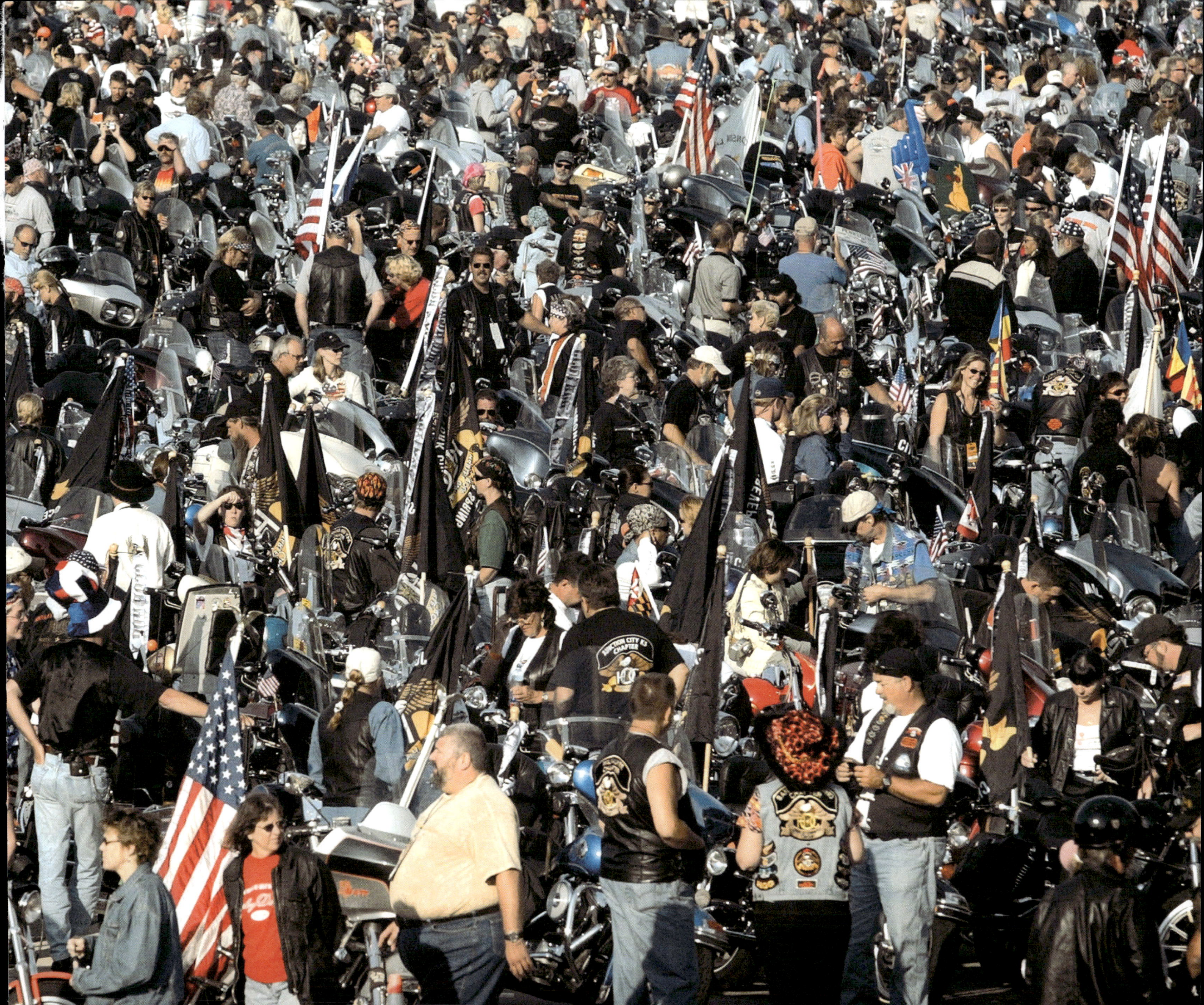

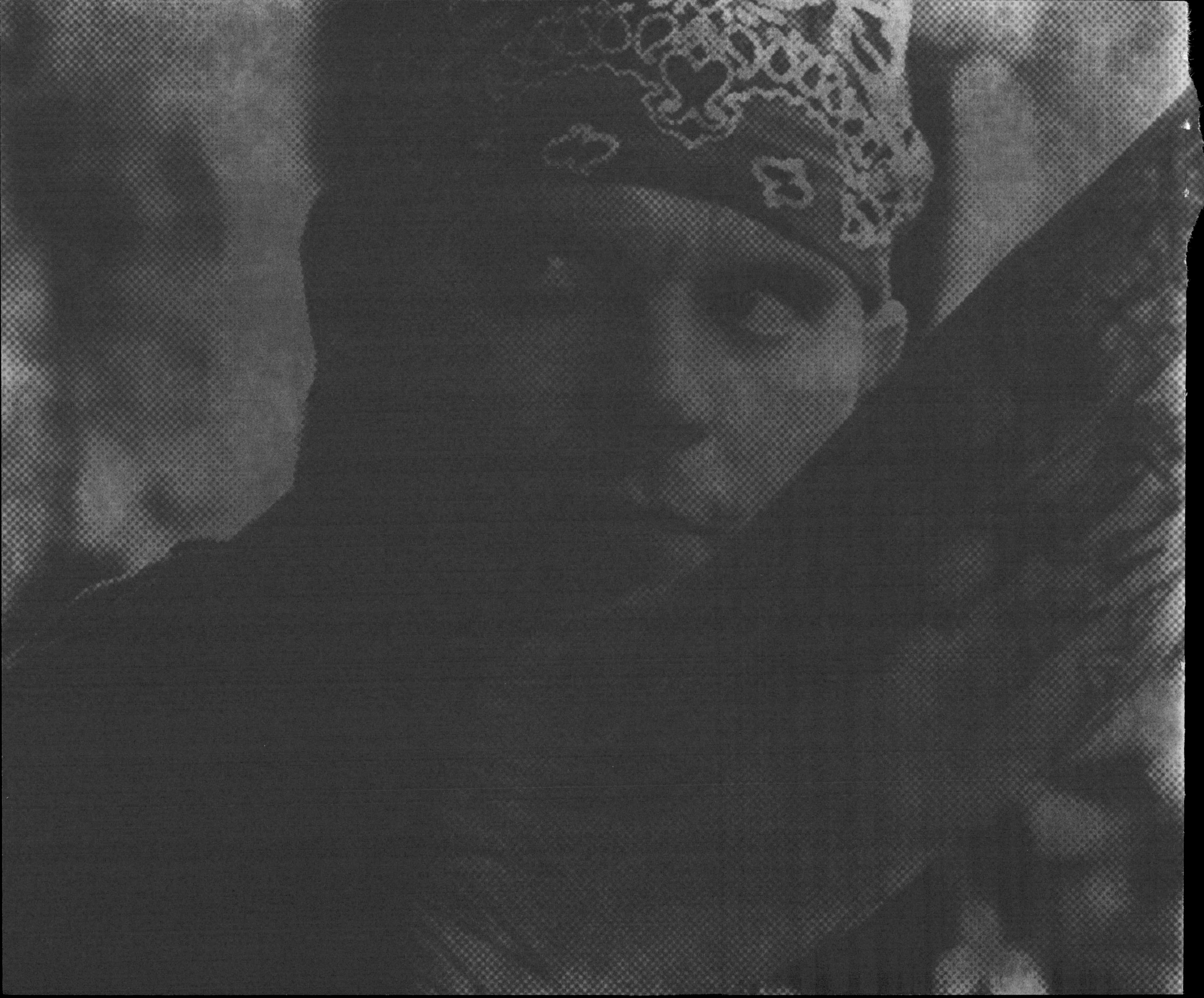

DIE BEDIENUNGS-ANLEITUNG

DER BIKER 5

WERDE AUCH EIN BIKER ...

HARLEY VERKAUFT VON JAHR ZU JAHR MEHR MOTORRÄDER UND SCHEINT ALLEN MARKTSCHWANKUNGEN ZU TROTZEN. DIE TECHNISCH WEITGEHEND ÜBERHOLTEN PRODUKTE DER MOTOR COMPANY LAUFEN VÖLLIG AUSSER KONKURRENZ. WIE KANN EIN UNTERNEHMEN DAMIT SO ERFOLGREICH SEIN?

Welcher Motorradfahrer hatte sich nicht schon mal gewünscht, sein japanisches, deutsches oder italienisches Motorrad zu verkaufen, um sich eine Harley zu leisten? Nur wenige würden es zugeben, aber viele denken darüber nach ...
Und wie viele Männer und Frauen im reifen Alter machen ihren Führerschein nur, um sich einen Kindheitstraum zu erfüllen – das einzig wahre Motorrad zu fahren, die schöne, schwere und dröhnende Amerikanerin aus Milwaukee.
Ein Traum, der zu schön und unerreichbar ist. Ist eine Harley-Davidson zu teuer? Ja und nein – vor allem: Nein.
Gewiss sind sie nicht billig. Neu sind sie – mit Ausnahme der Street und der 883 – deutlich teurer als ihre Konkurrenten; Rabatte gibt es beim Harley-Händler fast nie. Man findet eine zwei oder drei Jahre alte Softail, Dyna oder Road King zu Preisen, die kaum unter dem Neupreis liegen, weil sie nur wenig gelaufen sind und in *Stage 1* geführt werden – was wichtig für den Wiederverkaufswert ist.
Aus diesem Grund entsteht ein Paradox: Es gibt kein wirtschaftlicheres Motorrad als eine Harley, denn man kann sie ohne großen Wertverlust jederzeit wieder verkaufen. Japanische oder italienische Maschinen werden dagegen nach drei Jahren bereits zum halben Neupreis verkauft. Selbst eine BMW oder Triumph ist bei weitem nicht so beliebt. Es ist zunächst also schwer, den ersten Schritt zu machen, aber nach dem Kauf muss ein Harley-Besitzer nur noch vorsichtig mit seinem Vermögen umgehen, um es zu erhalten. Regel Nummer 1: Es dürfen keine irreversiblen Umbauten vorgenommen werden. Keine Änderungen am Fahrwerk, keine Speziallackierung und keine unzulässigen technischen Umbauten. Massenhaft Zubehör ist erlaubt, doch vor dem Weiterverkauf sollte alles, was die Ästhetik beeinflusst, wieder demontiert und durch die sorgfältig aufbewahrten Originalteile ersetzt werden, um dem Käufer die Möglichkeit zu geben, sein »jungfräuliches« Motorrad selbst umzubauen. Die Zubehörteile können später im Internet verkauft werden.
Ein weiterer wichtiger Punkt: Eine Harley hat geringe Wartungskosten. Ersatzteile – außer Zubehör- oder Tuningteile – sind die billigsten auf dem Markt, und die einfache Technik erfordert nur wenig Arbeit. Eine Harley hat nicht viel Leistung und ist daher auch in der Versicherung nicht allzu teuer. Das größte Risiko ist nicht der Unfall sondern der Diebstahl. Geld ist also nicht das Problem, aber es stellen sich noch andere Fragen. Nicht jeder ist in der Lage, eine Harley zu fahren. Es gibt keine Aufnahmeprüfung, doch man sollte einige Kenntnisse und Fähigkeiten mitbringen – zunächst einmal für die richtige Wahl.
Es ist nicht nur eine Frage des Geschmacks, der Farbe und des Budgets, sonder auch des Einsatzzwecks, des Charakters und der eigenen körperlichen Verfassung.

Den Harley-Virus kann man sich sehr früh einfangaen. Heute scheint es so, dass die Quarantäne sehr lange andauert.

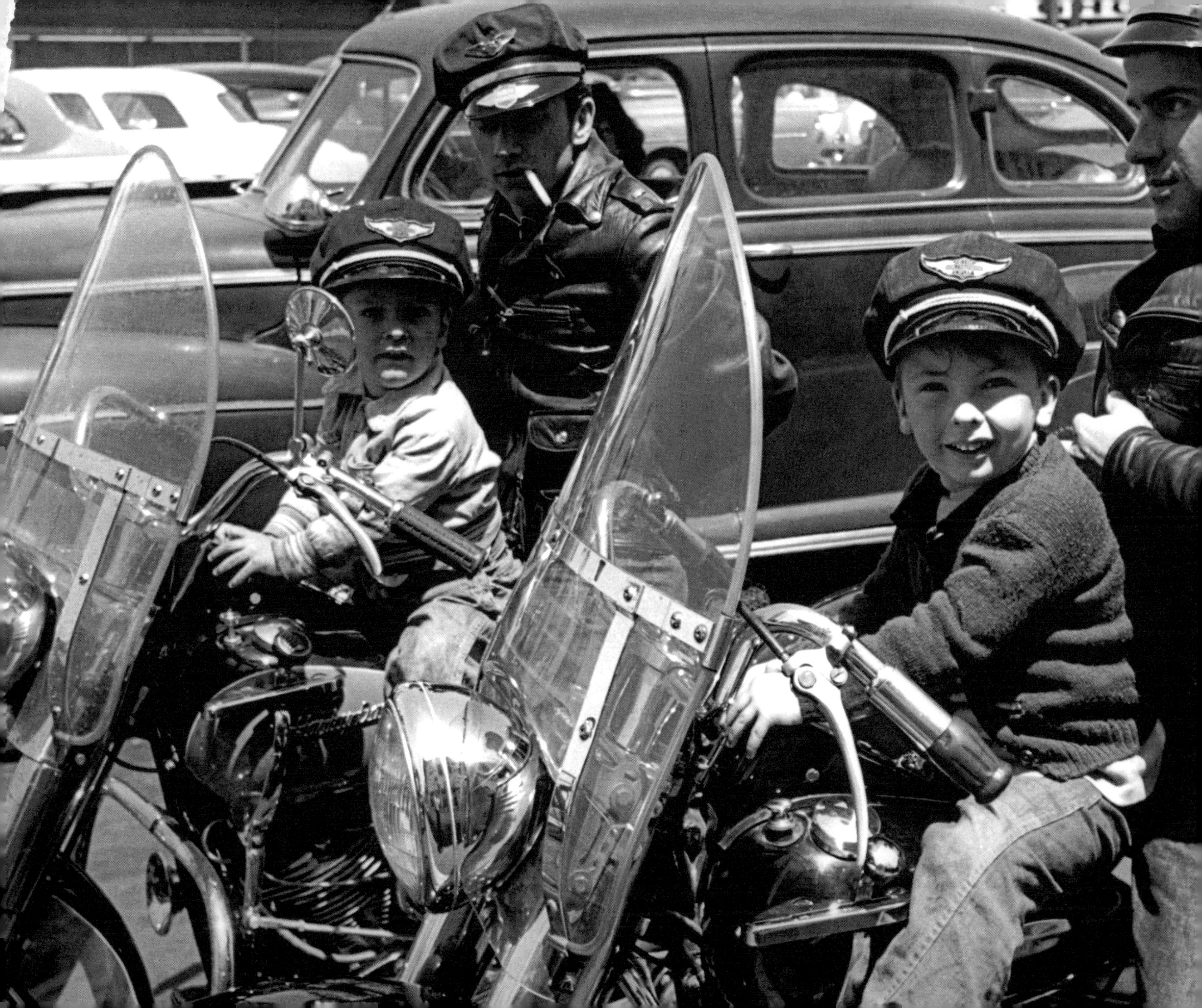

DAS TATTOO – EINE MOTORRAD-KUNST

Auch wenn es Tätowierungen schon seit der Antike gibt und sie in Ozeanien eine lange Tradition haben, sind sie erst in Amerika wieder richtig in Mode gekommen. 1891 erfand Samuel O'Reilly die elektrische Nadel, um damit endgültige Erklärungen zu verzieren. Lyle Tuttle eröffnete 1954 in San Francisco das erste Studio für Tattoo-Künste, in dem sich rasch Menschen aus Hollywood sowie der Biker-Szene drängelten. Die Haut-Kunst verbreitete sich mit unterschiedlichen Motiven: von biblisch bis satanisch, von Pflanzen bis zu Tieren, von idyllisch bis kriegerisch, von mechanisch bis organisch. Einige hätten es verdient, eingerahmt und ausgestellt zu werden. Galeristen und Käufer denken darüber nach, doch Biker gelten als hartnäckig …

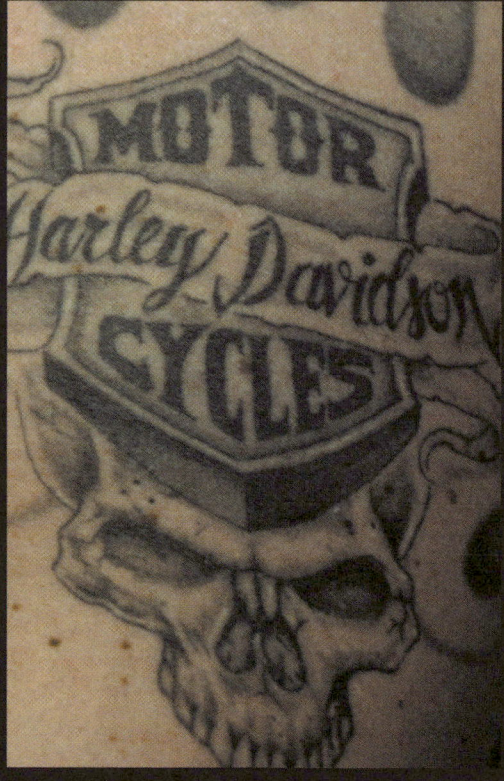

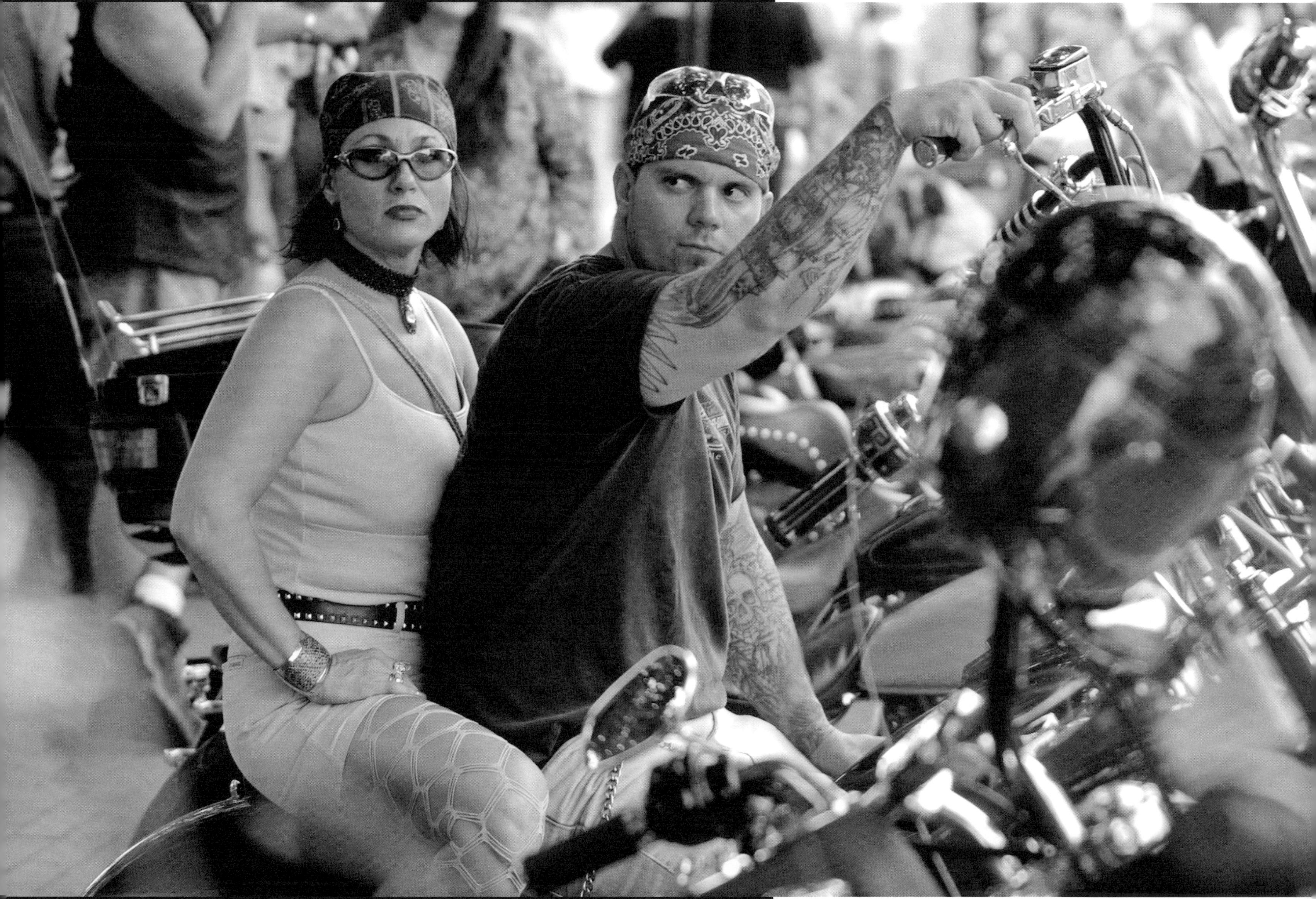

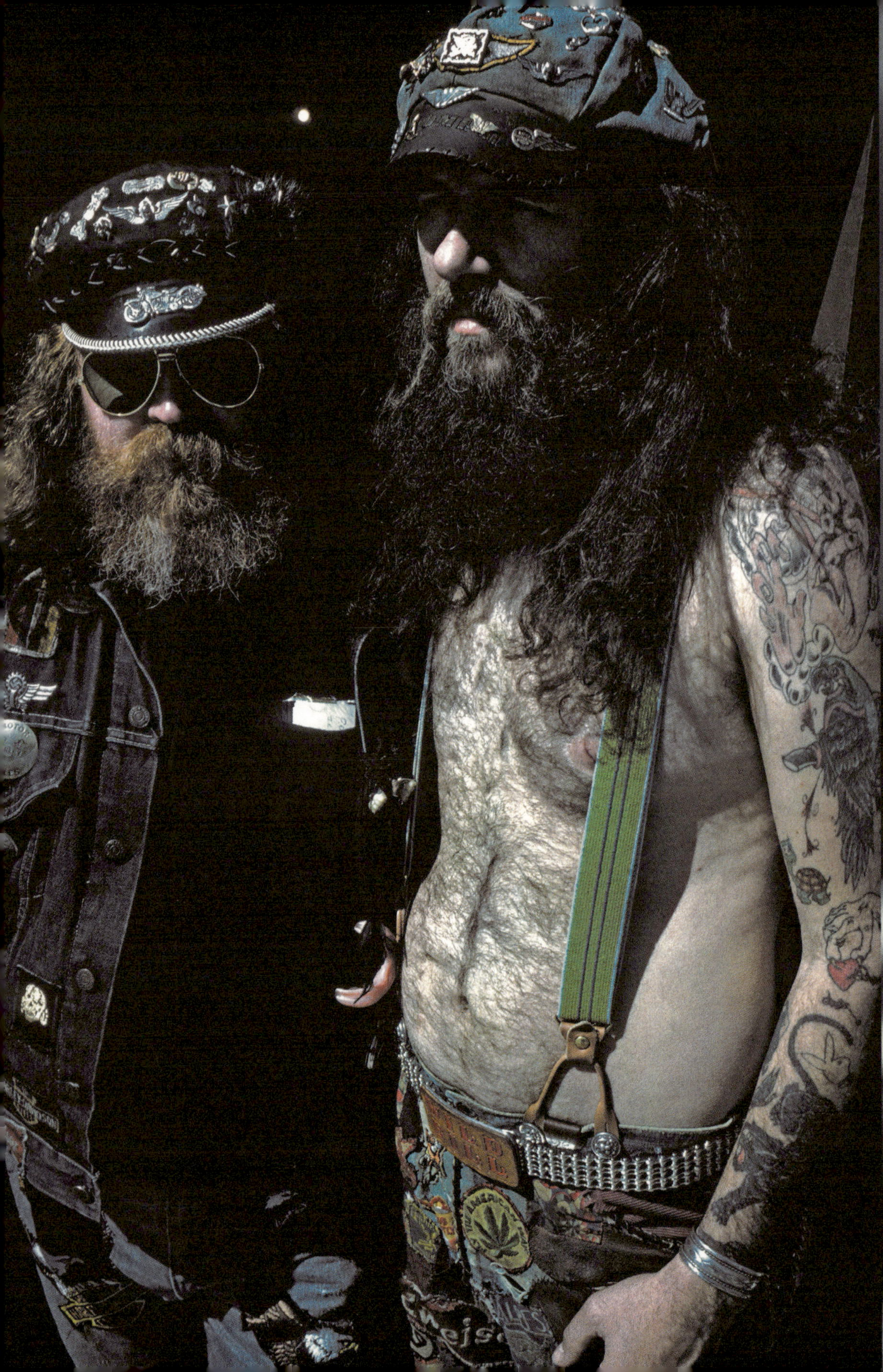

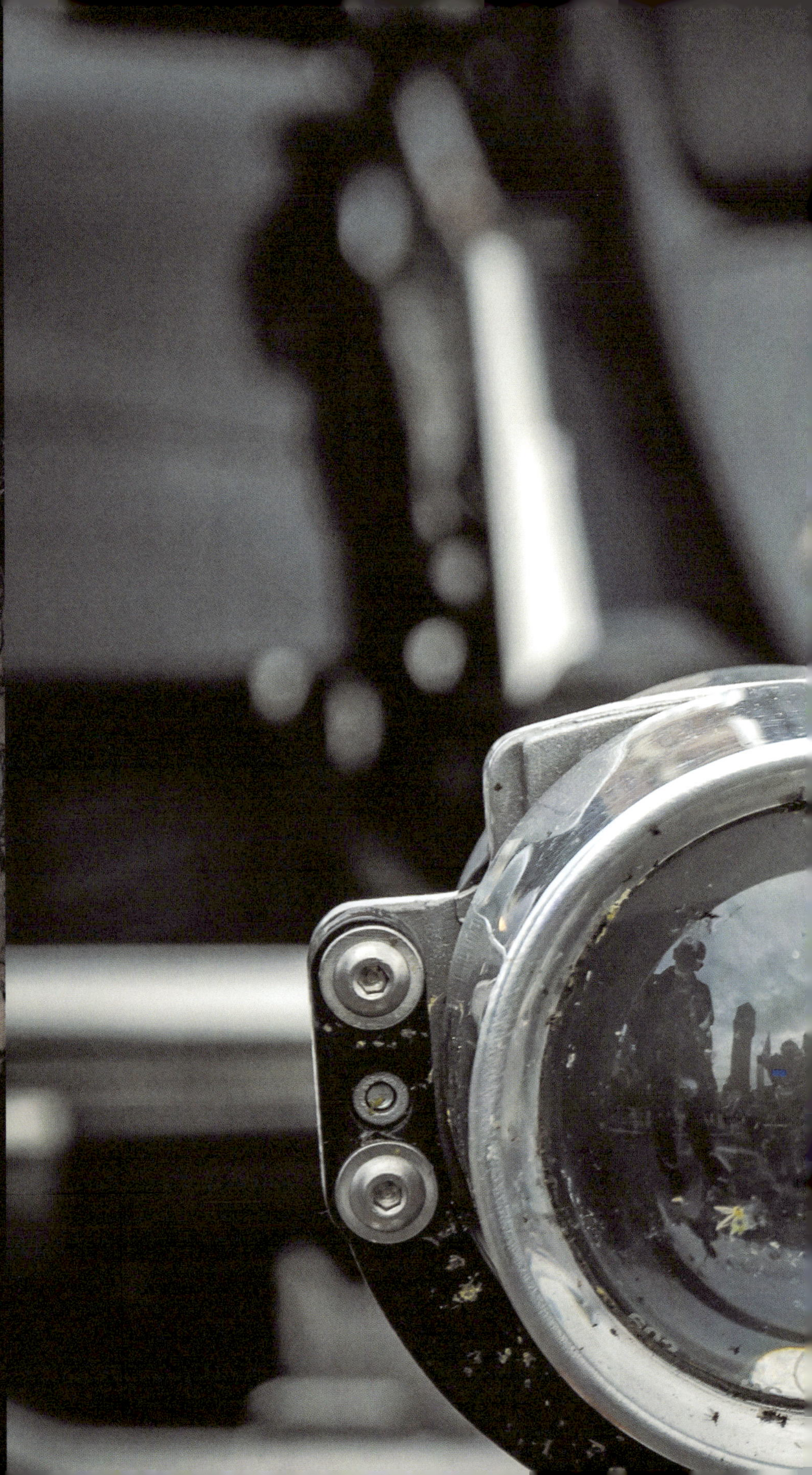

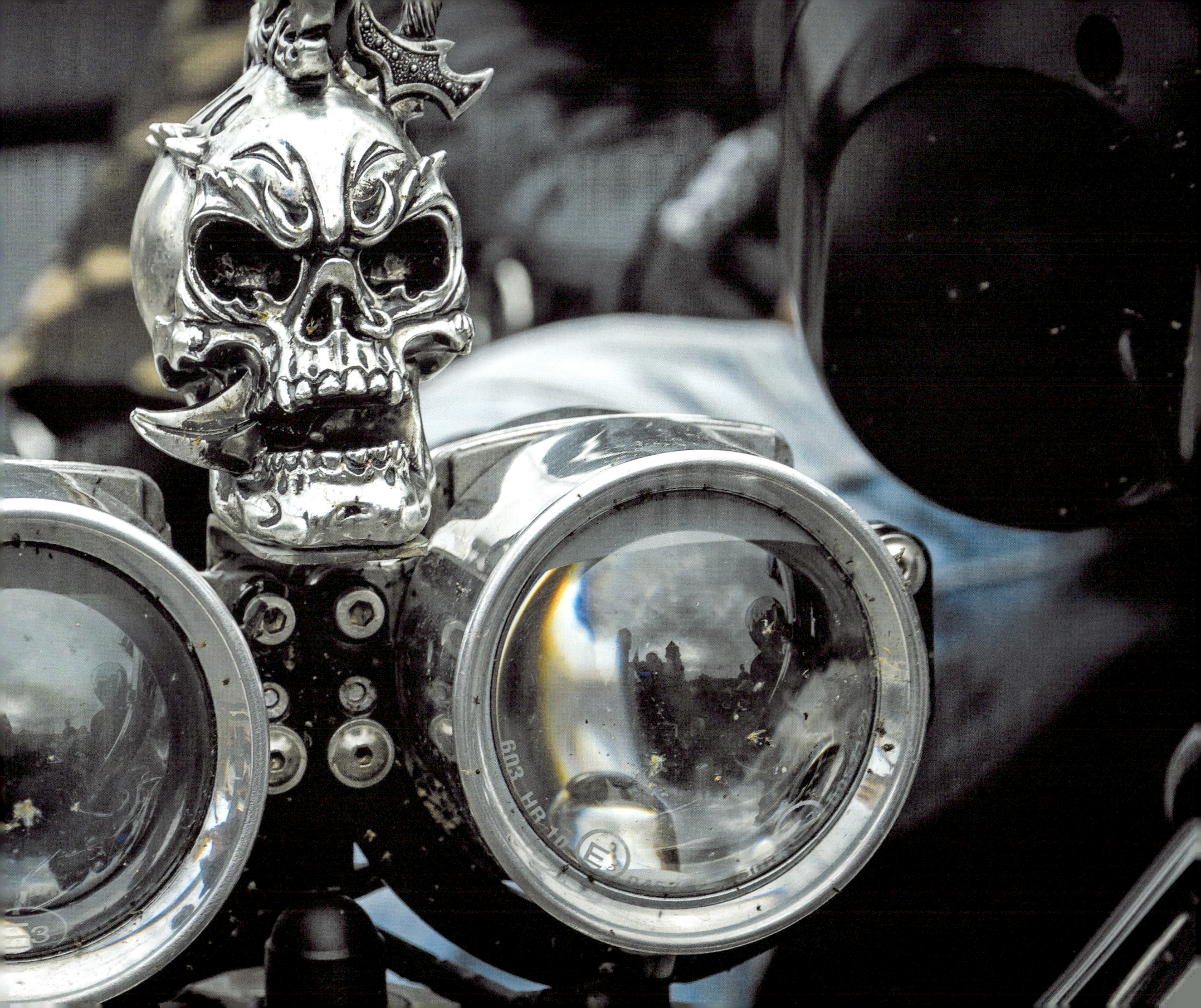
603 HR-10

WELCHE HARLEY SOLL MAN NEHMEN?

»ZWEI WICHTIGE DATEN GIBT HARLEY-DAVIDSON IN SEINEN LANGEN DATENBLÄTTERN NÄMLICH NICHT PREIS: DIE FEDERWEGE UND DIE MOTORLEISTUNG.«

Wie soll man im ständig aktualisierten Harley-Programm das richtige Motorrad finden, in dem es grundsätzlich sechs Familien – und eine Variante – gibt, die sich vier Motoren teilen, von denen zwei mit unterschiedlichen Hubräumen und die beiden anderen exklusiv in ihren Modellen verbaut werden?

Vor allem dank der Popularität von Crossover-Modellen ist eine Zuordnung der unterschiedlichen Modelle auf ihre Bestimmung und ihre Kundschaft nicht mehr möglich. Heute kreuzt das Harley-Angebot sämtliche Genres und verwischt seine Spuren.

Man fühlt sich etwas verloren. Vor allem ist es manchmal schwierig, Modelle miteinander zu vergleichen. Zwei wichtige Daten gibt Harley-Davidson in seinen langen Datenblättern nämlich nicht preis: die Federwege und die Motorleistung. Was sich in Motorradzeitschriften und Webseiten findet, weicht oft voneinander ab und wurde manchmal auf einem eigenen Leistungsprüfstand ermittelt oder auch nur grob geschätzt.

Alan Jackson, sein Hund und seine Harley Road King. Ein Country-Sänger ohne Harley wäre wie ein Rapper ohne Goldkette.

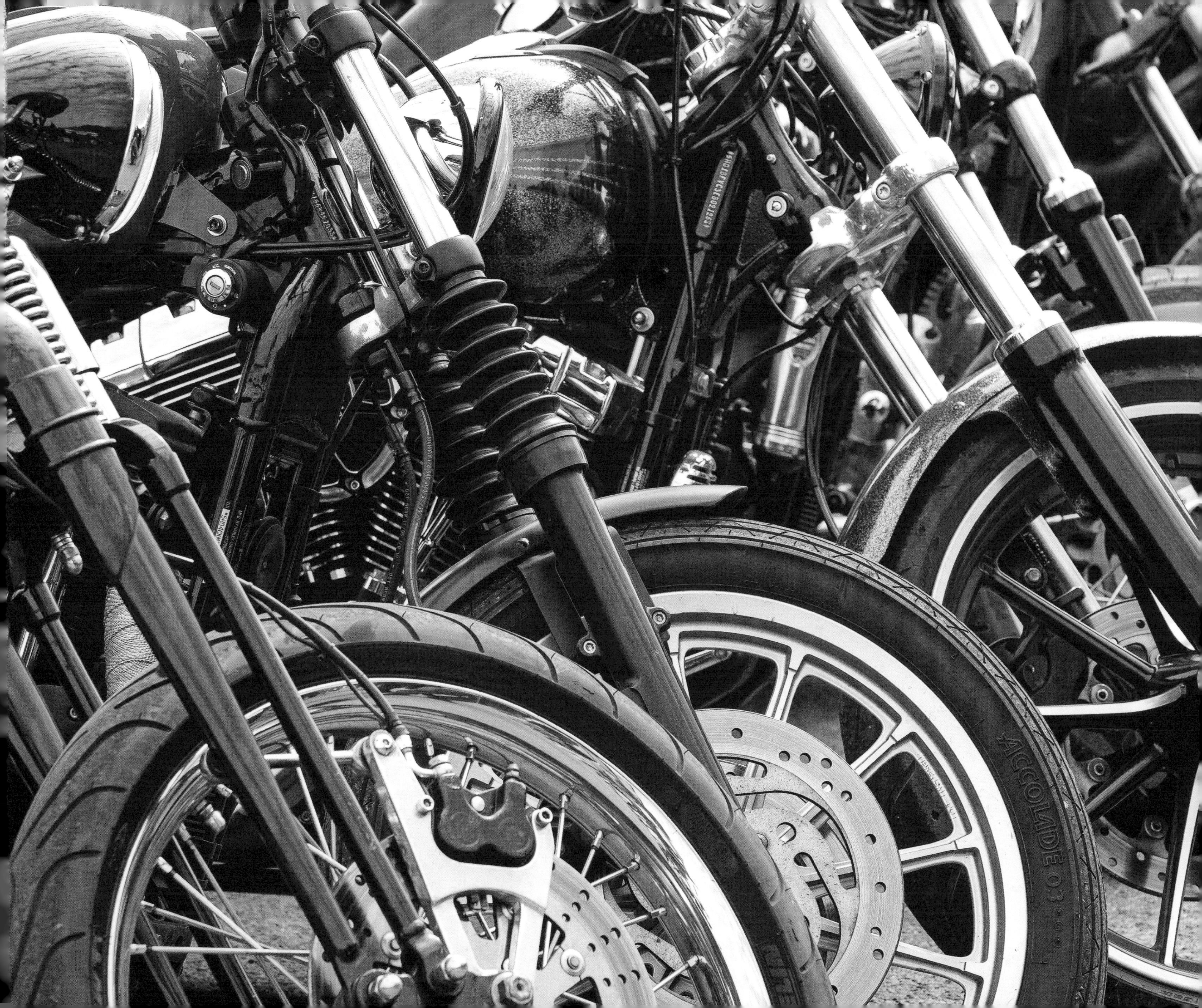
ACCOLADE 03

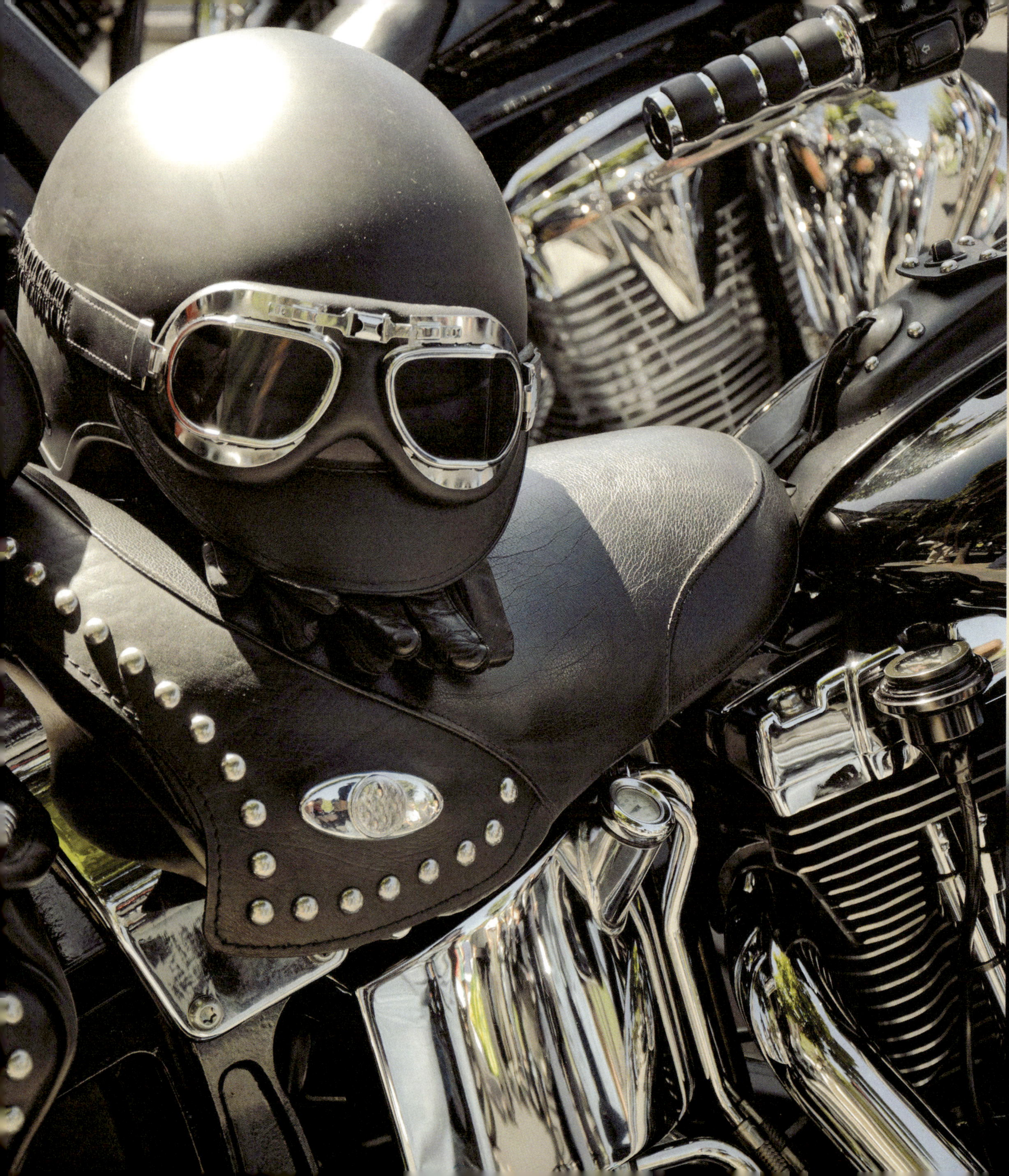
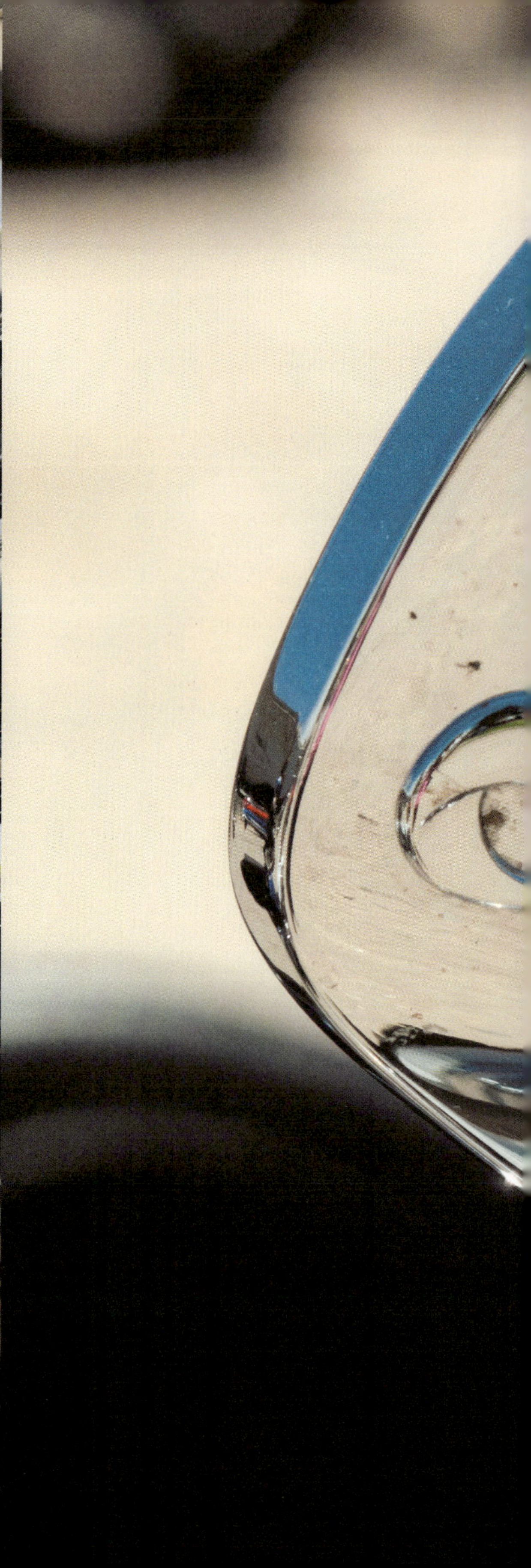

LIVE TO RIDE
RIDE TO LIVE

HARLEY-DAVIDSON

STREET: WILLKOMMEN IM CLUB!

Das neue Einsteigermodell wird von Puristen nicht als echte Harley betrachtet. Tatsächlich ähnelt sie in der Technik und im Design eher japanischen Custom-Bikes – was andererseits auch nicht schlimm ist. Ästhetisch erinnert sie ein wenig an eine andere »Fake«-Harley, die V-Rod, der sie mit ihrem Zylinderwinkel und der oben liegenden Nockenwelle auch technisch nahe kommt. Auch die nicht so grobschlächtige Mechanik und der Wasserkühler scheinen eher aus der Neuzeit zu stammen. Ihr 60°-OHC-V2 entwickelt aus 750 cm³ Hubraum 57 PS – vier mehr als eine Sportster 883, aber bei weitem keine Sensation.

Für welchen Biker?

Für den selbstbewussten Biker, der damit leben kann, dass sich Passanten nicht nach seinem sanft schnurrenden V-Twin umsehen, und der mit dunklem und diskretem Kunststoff leben kann. Dies sind auch ihre Stärken: Die Street stört keine Nachbarn und weckt keine Begehrlichkeiten. Sie ist auch 30 kg leichter als die »kleine« 883 und trotz des langen Radstands in der Stadt sehr wendig. Weitere Pluspunkte sind eine komfortable Sitzposition mit nicht zu weit vorn angebrachten Fußrasten und 90 mm Federweg am Hinterrad. In der Stadt läuft ihr Motor sanft und spricht gut an, auf der Landstraße kribbelt es weder in den Füßen noch den Händen, aber leider erzeugt sie auch keine Gänsehaut. Weil sie billiger als ihre großen Schwestern ist, ist die Street natürlich auch weniger umfangreich ausgestattet: keine »Keyless«-Verriegelung, keine Blinker-Begrüßung beim Aufsteigen, keine ABS-Bremsen. Immerhin gibt es einen Zahnriemen zum Hinterrad. Wie sich der Werterhalt entwickelt, weiß heute noch niemand. Die Street wird in der Nähe von Neu-Delhi in Indien gebaut.

STREET

SPORTSTER

SPORTSTER: FÜR JUNG UND ALT

Vor der Street war sie das Einstiegsmotorrad in die Harley-Welt – nicht nur wegen ihres günstigen Preises, sondern auch wegen ihrer »Leichtigkeit« (260 kg). In der Sportster-Familie findet sich das einzige an den »normalen« europäischen Geschmack angepasste Modell: Die hier gezeigte Roadster im sportlichen Café-Racer-Look, mit flachem Lenker, verbesserten Fahrwerkskomponenten und relativ weit hinten montierten Fußrasten – eine neue Konkurrenz für die Triumph Bonneville! Der mit 883 und 1200 cm³ Hubraum lieferbare Motor wurde Mitte der 1980er-Jahre entwickelt und seitdem mit einem Fünfganggetriebe, einer elastischen Aufhängung und einer Einspritzung aufgewertet. Über »Twin Cam« kann der Sportster-Fahrer nur lachen, schließlich besitzt die Block-Konstruktion (Getriebe im Motorgehäuse, aber separat geschmiert) sogar vier – unten liegende – Nockenwellen. Als Langhuber vermittelt das Sportster-Triebwerk echtes V-Twin-Feeling und mit 53 bzw. 67 PS konkurriert es gut mit den Retro-Rivalen von Moto Guzzi und Triumph. Die Sportster ist die einzige Harley mit dem Zahnriemen auf der rechten Seite.

Für welchen Biker?

Für alle! Sportster gibt es für jedermann. Die eher klassische Variante ist die 883 SuperLow: großer Tank, relativ steile Gabel und nicht zu breite Reifen. Für die Reise gibt es die 1200 T (Touring) mit großer Windschutzscheibe, Satteltaschen und bequemer Zweimann-Sitzbank. In Richtung Chopper geht die Seventy-Two mit ihrem Hochlenker und dem riesigen 21-Zoll-Vorderrad. Wirklich coole Kids bevorzugen den Bobber Fourty-Eight mit dem markanten Ballon-Vorderrad oder die fast komplett schwarze Iron 883. Alle drei Modelle sind mit »Peanut«-Tanks ausgerüstet, der keine 8 Liter bzw. bei der Iron immerhin 12,5 Liter Benzin aufnimmt. Trotz ihrer scheinbaren Nüchternheit bietet die Sportster etwas mehr Zugang zur Technologie aus Milwaukee: »Keyless«-Verriegelung, Blinker-Begrüßung beim Aufsteigen, ABS-Bremsen bei allen Modellen.

Man darf sich nicht durch den Namen in die Irre führen lassen: Die Sportster ist genauso unsportlich wie andere Harleys; die Schräglagenfreiheit von 25 bis 28° (je nach Modell) ist kaum besser als bei der Softail. Und auch der Federweg von 41 bis 54 mm am Hinterrad erinnert eher an ein »Hardtail«. Die Sitzposition ist für groß gewachsene Menschen unerträglich.

Die Sportster-Modelle werden in Kansas City, Missouri, gebaut.

DYNA: DAS EFFIZIENTE CUSTOM-BIKE

Als Nachfahr der Super Glide und der Wide Glide aus den 1970er-Jahren gilt sie als diejenige »echte« Harley, die sich aufgrund ihres Fahrwerks am besten für europäische Straßen eignet. Mit einer Schräglagenfreiheit von 30 bis 31° lässt sie sich sogar tiefer in die Kurve drücken als eine Sportster. Wie die Touring-Modelle ist die Dyna mit dem elastisch aufgehängten Twin Cam-Triebwerk (aktuell mit 103 Kubik-Zoll = 1690 cm³ Hubraum) ausgerüstet, das dank fehlender Ausgleichswellen etwas lebender wirkt als der Softail-Motor und 75 bis 86 PS (in der »High Output«-Version) leistet. Die noch spürbaren Vibrationen sind mehr als erträglich – geradezu angenehm. Man erkennt die Dyna an den konventionellen Stoßdämpfern und kann sie anhand des (von rechts sichtbaren) separaten Getriebes von der Sportster unterscheiden.

Für welchen Biker?

Für den rationalen Motorradfahrer. Sie gilt als vielseitigster Big-Twin, die sowohl in der Stadt als auch auf der Landstraße eine gute Figur macht. Erschwinglich ist sie auch: Die Street Bob ist nur 2000 Euro teurer als eine Sportster. Und mit reisefertig ausgerüsteten Switchback kann man gegenüber der sehr ähnlichen Road King fast 6000 Euro sparen. Die Dyna ist auch die Baureihe mit den wenigsten Mode-Erscheinungen, sodass sie weder zu viele Extravaganzen aufweist noch als Bobber daher kommt. Die Street Bob und die Wide Glide eignen sich auch sehr gut für große Menschen und bieten hinten ausreichende 80 mm Federweg.

Die Dyna-Modelle werden in Kansas City, Missouri, gebaut.

DYNA

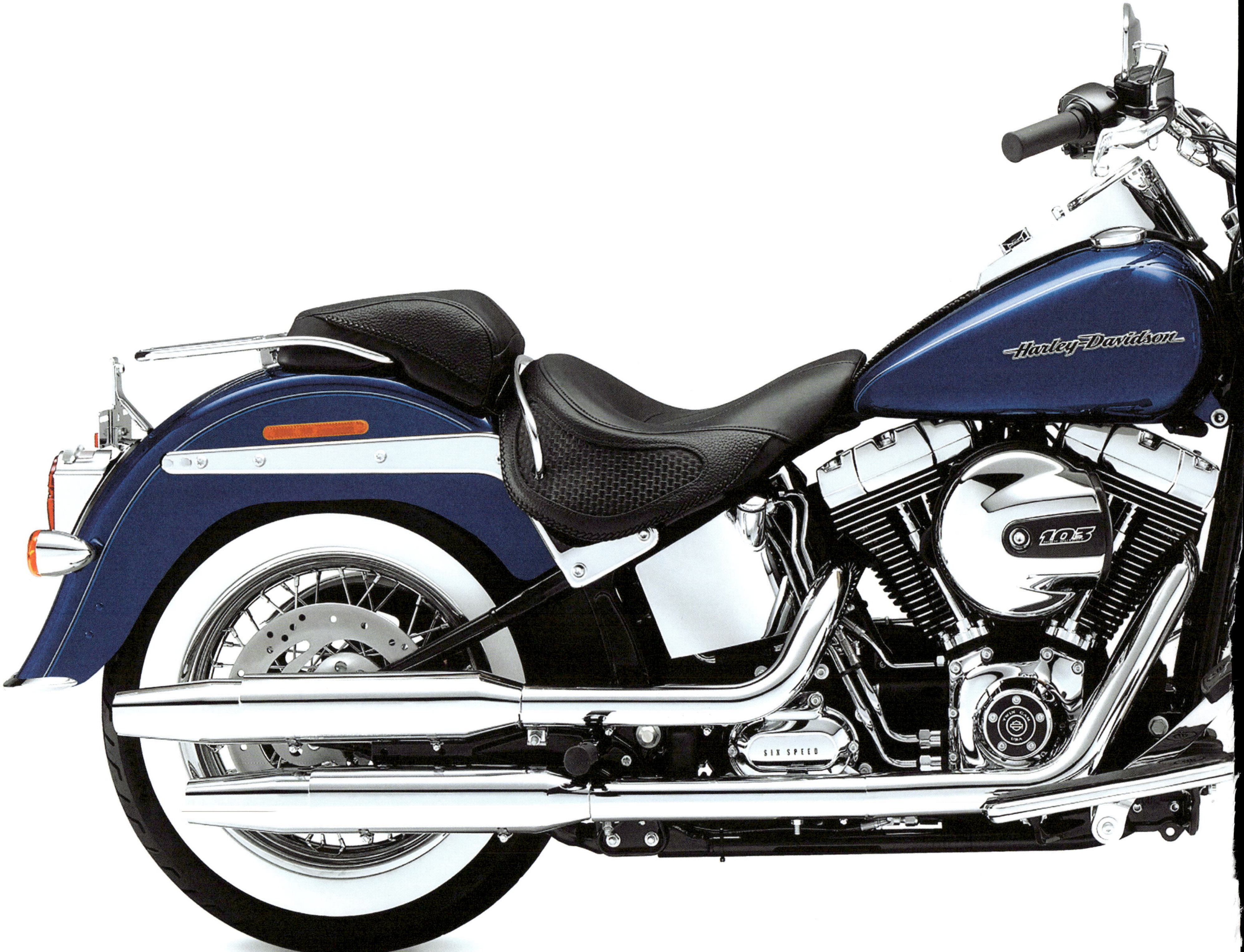
Harley-Davidson
103
SIX SPEED

SOFTAIL

SOFTAIL: VOR ALLEM STIL

Sie ist die radikalste, eigenwilligste und teuerste Custom-Harley. Ihr wie ein Hardtail aussehendes Heck erinnert zusammen mit der extrem niedrigen Sitzposition und den vorverlegten Fußrasten an die ersten Chopper der 1960er-Jahre. Der starr im Rahmen verschraubte Twin Cam 103B läuft dank zwei Ausgleichswellen vibrationsarm und leistet 73 bis 78 PS.

Ihr Erkennungszeichen ist natürlich die als Dreieck ausgeführte Hinterradschwinge, deren Stoßdämpfer unter dem Getriebe versteckt liegen.

Für welchen Biker?

Für extrem extrovertierte Custom-Liebhaber. Und für Puristen, die den Starrrahmen aus der Zeit vor der Duo Glide zu schätzen wissen. Die Softail hat mit 80 bis 110 mm Federweg am Heck das komfortabelste Fahrwerk aller Harleys, doch wird dieser Vorteil durch eine wenig ergonomische Sitzposition mit weit vorn montierten Fußrasten teilweise wieder aufgehoben. In Kurven ist zu berücksichtigen, dass nicht mehr als 23 bis 25° Schräglage möglich ist, bevor Materialabrieb einsetzt. Die Softail-Modelle haben die niedrigste Sitzhöhe aller Harleys und sind daher auch für sehr kleine Menschen geeignet (vorausgesetzt, die Füße riechen bis zu den Rasten), die allerdings kräftig genug sein sollten, die 305 bis 325 kg Leergewicht unter Kontrolle zu halten. Die Softail-Modelle werden in York, Pennsylvania, gebaut.

TOURING

TOURING: THE KING OF THE ROAD
**Strenggläubige Markenfans sind der Meinung, dass Chopper und Bobber zu indifferent sind, um echte Harleys zu sein. Tatsächlich haben die Touring-Modelle im Stammbaum der Motor-Company den längsten Stammbaum, denn sie basieren direkt auf der Hydra Glide aus dem Jahre 1949. Die Road King ist quasi deren Reinkarnation. Die Standardmodelle sind mit dem Twin Cam 103 ausgerüstet, der in der Road King als rein luftgekühlten Variante und in der Road Glide und der Electra Glide als teilweise wassergekühlte Version jeweils 87 PS leistet.
Touring-Modelle zeichnen sich durch ihre Länge von 2,45 bis 2,60 Meter, die zumeist hinter Koffern versteckten konventionellen Stoßdämpfer und die mit dicken Chromhülsen versehenen Gabelholmen aus.**

Für welchen Biker?
Definitiv für den Fernreisenden. Trotz ihrer Größe toleriert die Königin der Landstraße Schräglagen bis 32° – mehr als die sportliche V-Rod. Die Fahrwerke der Touring-Modelle sind durch das *Rushmore*-Programm deutlich verbessert worden: Der Rahmen wurde steifer und die Bremsen mit ABS und kombinierter Betätigung auf den neuesten Stand gebracht.

Auch der Rest der Ausrüstung ist beeindruckend. Auch wenn die Road King noch etwas puristisch wirkt, bieten die Electra-, Ultra-, Street- und Road-Glide so ziemlich alles, was man von einem Luxusmobil – auch einem vierrädrigen – erwarten darf: einen großen Touchscreen fürs Navi und Soundsystem, gekoppelt mit Sprachsteuerung, einen Tempomaten und eine Zentralverriegelung mit Fernbedienung für Zündschloss und Satteltaschen. Die (noch!) fehlende Klimaanlage wird dank eines perfekt funktionierenden Belüftungssystems in der Verkleidung kaum vermisst.

Trotz der geringen Federwege bietet die luftunterstützte Federung bei kleinen Unebenheiten ausreichenden Komfort, größere Schlaglöcher und Bodenwellen sind allerdings deutlich spürbar. Je nach Version sind am Hinterrad Federwege von 50 bis 70 mm möglich – verglichen mit den 110 mm einer Honda Gold Wing oder den gar 140 mm der BMW K 1600 GT nicht wirklich viel. Glücklicherweise kann der auf einer bequemen Sitzbank thronende Fahrer dank der ergonomisch angeordneten Trittbretter extrem schlechte Fahrbahnen mit seinen Oberschenkeln abfangen. Mit 370 bis 425 kg Leergewicht ist ein Touring-Modell nichts für Anfänger oder zierliche Menschen; generell erfordert sie eine vorausschauende Fahrweise – das gilt besonders für Einparkmanöver.

Die Touring-Modelle werden in York, Pennsylvania, gebaut.

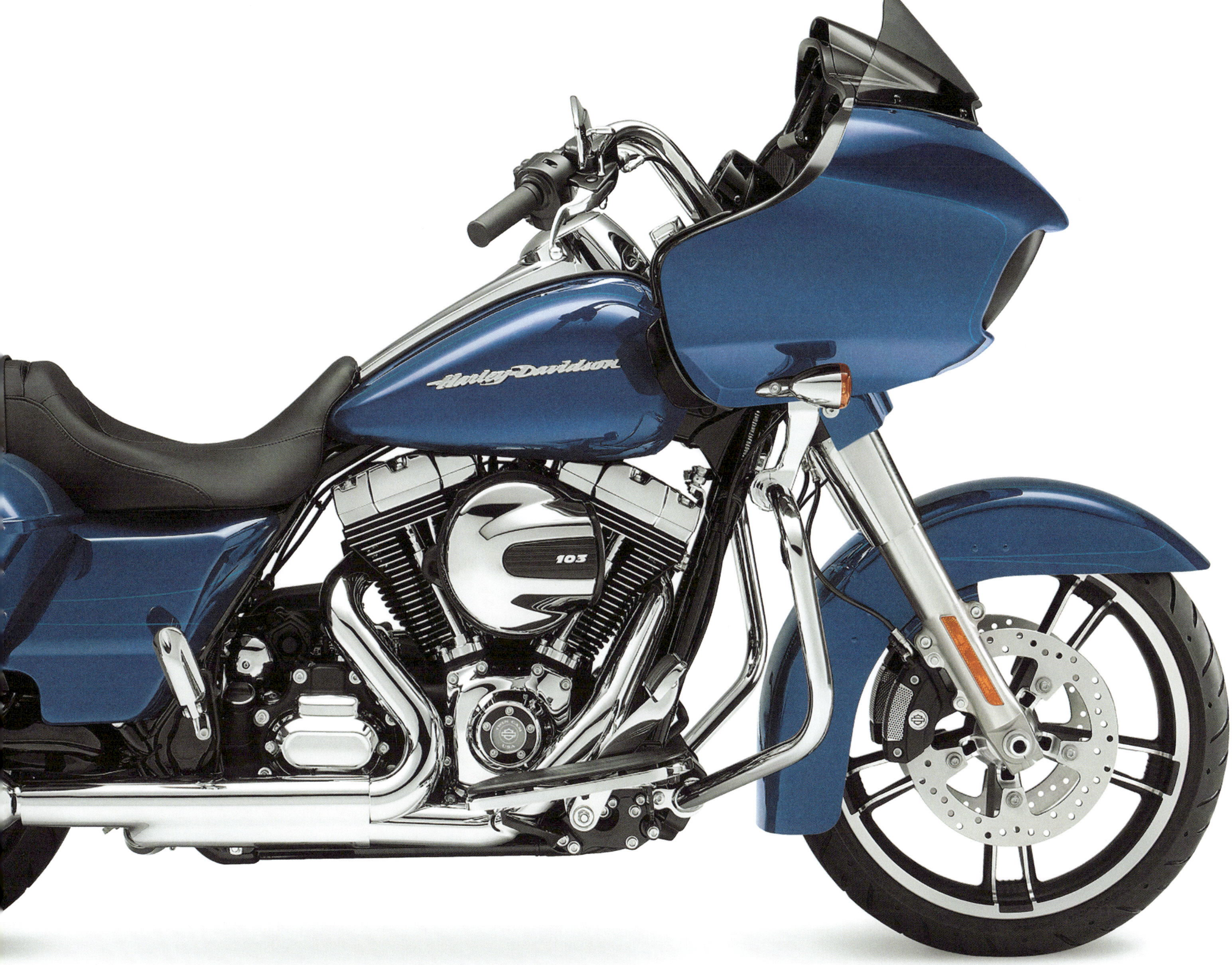
Harley-Davidson
103

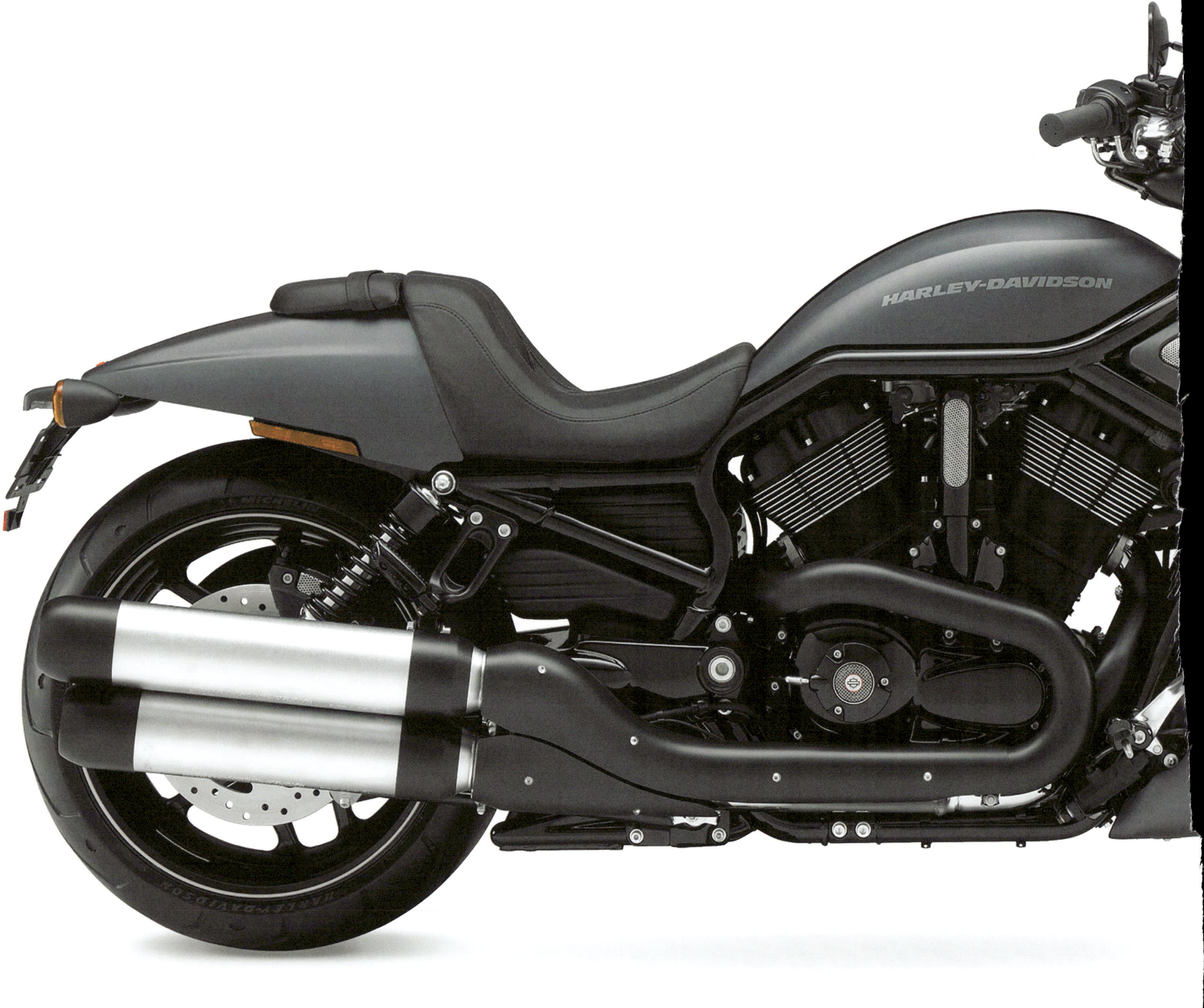
HARLEY-DAVIDSON

V-ROD

V-ROD: DER FREI KÄUFLICHE DRAGSTER

Die Antwort auf leistungsstarke Custom-Bikes aus Japan wird samt ihrer Ableger von den meisten Motorradfahrern nicht als echte Harley betrachtet. Dies hat sicherlich nichts mit ihrer Motorleistung von 125 PS zu tun, sondern eher mit ihrem Design und der modernen Technik. Man erkennt die V-Rod an ihrem V2-Motor mit DOHC-Steuerung und 60° Zylinderwinkel, dem Wasserkühler, der langgestreckten Silhouette und der extrem flachen und dennoch kurzen Gabel – eine Verwechslung mit irgend einem anderen Serienmotorrad ist unmöglich.

Für welchen Biker?

Für den zurückhaltenden Fahrer, der zwar gern mit einer Harley protzen möchte, aber nicht auf ein vibrierendes Triebwerk steht, das bei 6000/min abriegelt und niemals 200 km/h erreicht, ist eine V-Rod unerlässlich. An ihrem Lenker darf man auch eher als auf einer Softail italienisches Leder und Integralhelm tragen.
Das in keine Schublade passende Motorrad ist eher ein Dragster als ein Custom, liegt besser auf der Straße als jede andere Harley und bietet eine überragende Leistungsentfaltung. Der Komfort ist jedoch eher »Hausmarke«: Die Füße kommen weit nach vorn, und der Federweg am Heck beträgt ganze 74 mm.
Wegen ihres mäßigen Erfolgs und hoher Rabatte kann eine V-Rod gut gebraucht gekauft werden. Die V-Rod-Modelle werden in Kansas City, Missouri, gebaut.

CVO – HANDARBEIT FÜR DEN RUB

Die Custom-Vehicle-Operation-Abteilung (CVO) ist eine geniale Idee und typisch für das Harley-Davidson-Marketing. Man hatte erkannt, dass bestimmte Kunden – *Rich Urban Biker* (RUB) genannt, keine ausreichend teure Harley finden (eine Electra Glide kostet schließlich nicht mehr als ein banales Familienauto). Also begann man damit, exklusive Modelle mit Luxuszubehör auszurüsten, sodass sie etwa um ein Viertel teurer wurden. Für die teuerste E-Glide kann man kaum über 30 000 Euro ausgeben, als CVO-Modell übersteigt sie jedoch 40 000 Euro – besser, oder?

Anfangs war es eine kleine Individualisierungs-Werkstatt für VIP-Biker – welch schöner Widerspruch –, die sich aber inzwischen zu einem echten Industriezweig der Motor-Company entwickelt hat. Sie befasst sich nicht mehr nur mit Touring-Modellen, sondern es werden auch Softails und Dynas »customisiert«. CVO ist auch ein Labor für neue Techniken; hier können Neuigkeiten zunächst in kleinen Serien ausprobiert werden: Hubraum-Erweiterungen, LED-Beleuchtungen, Audiosysteme und anderes Zubehör, das später in der Großserie übernommen wird.

So wurden bei CVO erstmals der Twin Cam 103 eingesetzt, aktuell leistet die Version mit 110 Kubik-Zoll Hubraum hier beachtliche 98 PS. Man bekommt hier neben Tuning ab Werk auch eine breitere Farbpalette mit oft gewagten Kombinationen oder Tinten-Lacke mit Tiefenwirkung. Auch andere Oberflächengestaltungen wie Chrom in »Rauch-Seidenmatt« oder handgenähtes Leder mit wasserfester Beschichtung lassen sich an CVO-Modellen betrachten. Jede Maschine wird während ihrer gesamten Produktionsdauer von einem einzelnen Mitarbeiter überwacht.

Unerschwinglich? Es kommt darauf an. Die meisten Harley-Besitzer geben 10 bis 25 % des Kaufpreises ihrer Maschine für Zubehör, Tuningteile und die Individualisierung aus. Was kann man einer CVO hinzufügen? Nichts! Nicht einmal einen Schlüsselanhänger. Denn wie bei den meisten anderen Modellen gibt es keinen Schlüssel mehr.

CVO-Modelle werden in York, Pennsylvania, gebaut.

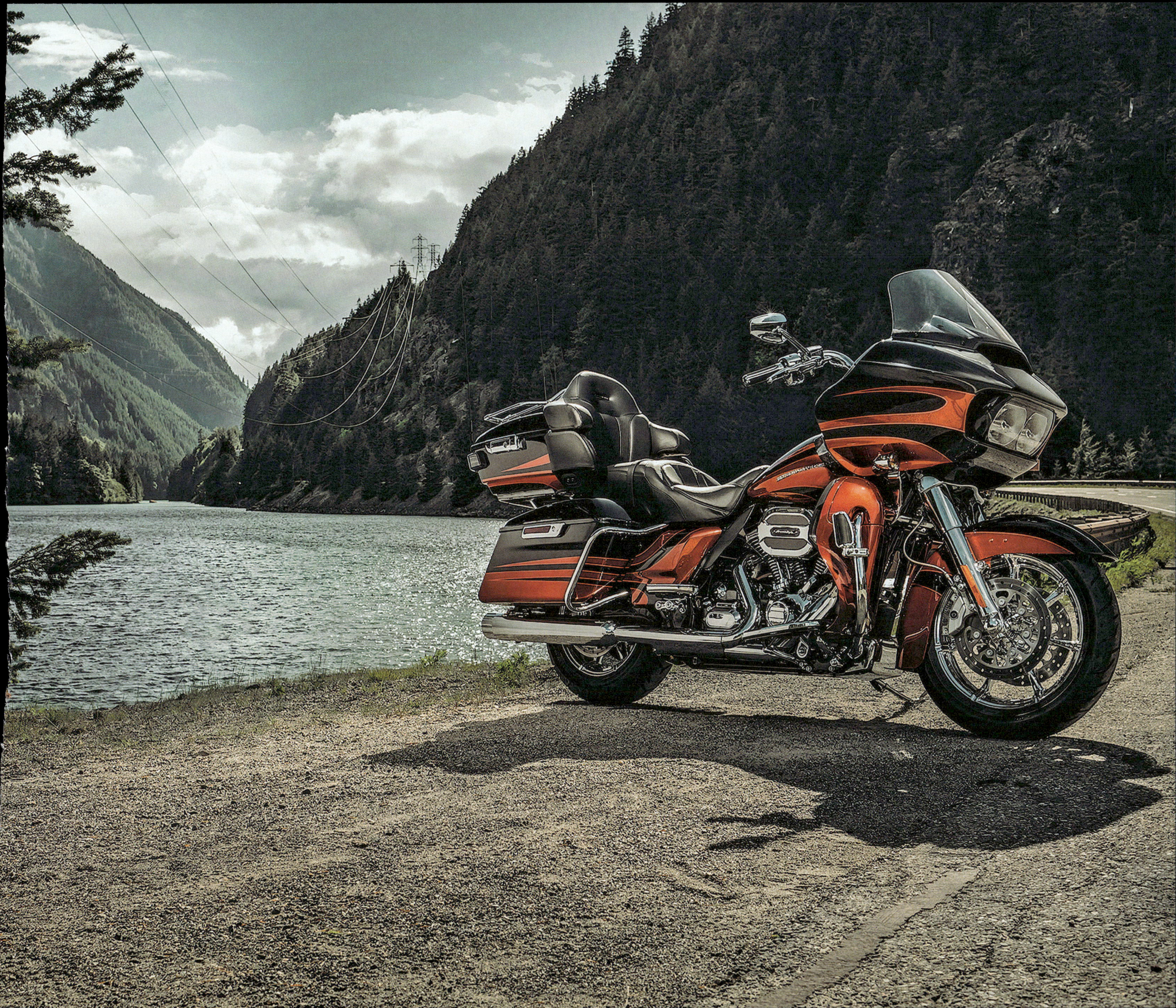

BRUDER DER STRASSE: DIE GEBRAUCHSANWEISUNG

EIN GUTES RÜCKGRAT BEWEISEN (ODER GRIPS IM KOPF HABEN)

Dies ist die erste Bedingung – und manchmal schon abschreckend für Fahrer, die bereits beim Anblick einer Softail einen Hexenschuss bekommen. Sie übertreiben: Zwar verlangt eine Harley sicherlich eine nicht allzu verschlissene Wirbelsäule, aber es durchaus möglich, solche Sorgen mit einem Minimum an Köpfchen zu vermeiden. Im H-D-Programm ist das Problem leicht zu erkennen und mühelos zu lösen: Man hat die Wahl zwischen der Korrektur einer alles andere als ergonomischen Sitzposition (wie bei den meisten Softail-Modellen) und dem Austausch einer sehr harten Federung gegen nahezu normale Federelemente. Und in allen Fällen sind die Lenker eher nach ästhetischen als nach ergonomischen Kriterien ausgewählt worden. Kurz gesagt: Zuallererst muss der Komfort individuell angepasst werden.

Ratschläge

- Das Motorrad – und die Sitzposition darauf – muss gut an den Körperbau ausgewählt und angepasst werden. Die Positur auf einem Touring-Modell ist völlig anders als auf einer Fourty-Eight; Sportster eignen sich nicht gut für groß gewachsene Menschen, wogegen eine Softail oder FX nichts für sehr kleine Menschen ist. Beim Kauf kann man sich für unterschiedlich positionierte Fußrasten entscheiden. Auch der richtige Lenker muss gut ausgewählt werden: Zu hoch belastet er den Rücken und die Schultern, zu niedrig und weit nach vorn gedreht erzeugt er einen Buckel. Harley ist der einzige Hersteller, der für seine

UM IN DIE GROßE FAMILIE DER »BRÜDER DER STRASSE« AUFGENOMMEN ZU WERDEN, WIRD WEDER EIN EXAMEN NOCH EIN BERUFSPRAKTIKUM BENÖTIGT. VIELLEICHT WÄRE ES ABER BESSER ... UM ENTTÄUSCHUNGEN ZU VERMEIDEN, KEINE FALSCHE WAHL ZU TREFFEN ODER KEINER GESCHMACKSVERIRRUNG ZU UNTERLIEGEN.

Motorräder eine große Auswahl anbietet. Ohne eine mindestens halbstündige Probefahrt darf nichts gekauft werden.

- Die Originalstoßdämpfer müssen gegen bessere Federelemente ausgetauscht werden – möglichst mit 2 bis 3 cm mehr Federweg, aber nicht mehr. Die folgenden Marken sind nach Preis und Qualität sortiert: Fournales, Öhlins, White Power, Bitubo, EMC, Shock Factory, Hagon – aber alle sind besser als die Originalteile. Manche Hersteller stellen die Dämpfer auf das Gewicht des Kunden ein. Ein wirksames Mittel, wenn sie gut auf die Beladung und den Fahrbahnzustand abgestimmt sind.
- Die Sitzbank ist oft zu niedrig und zu dünn und kann ggf. ausgetauscht werden. Eine höhere Sitzbank kann die Positur verbessern und Schwingungen dämpfen. Gut geformt kann sie auch den Rücken unterstützen. Auch der wieder in Mode kommende Federsattel kann den Komfort verbessern.
- Sportliche Übungen stärken die Rücken- und Bauchmuskulatur und sollten nach der Beratung durch einen Physiotherapeuten oder Osteopathen erfolgen.
- Auf langen Reisen oder schlechten Straßen – aber nicht täglich – sollte ein Nierengurt getragen werden.
- Auch im Sommer muss mit guter Kleidung gefahren werden, denn bei Wärme verspannt sich der Rücken weniger. Ein Rückenprotektor kann ebenfalls sehr nützlich sein.

EIN GUTER KUNDE SEIN (ABER NICHT ZU GUT)

Harleys sind teuer, werden aber auch nicht billiger. Ein nachprüfbares Paradox, vorausgesetzt, man ist ein Zen-Meister. Wie soll man einem Motorrad widerstehen, das ständig nach kleinen Zubehörteilen oder großen Verbesserungen ruft?

Für eine Harley wird keine Uniform benötigt: Eine Jeans, knöchelhohes Schuhwerk, eine Jacke und Handschuhe reichen völlig aus.

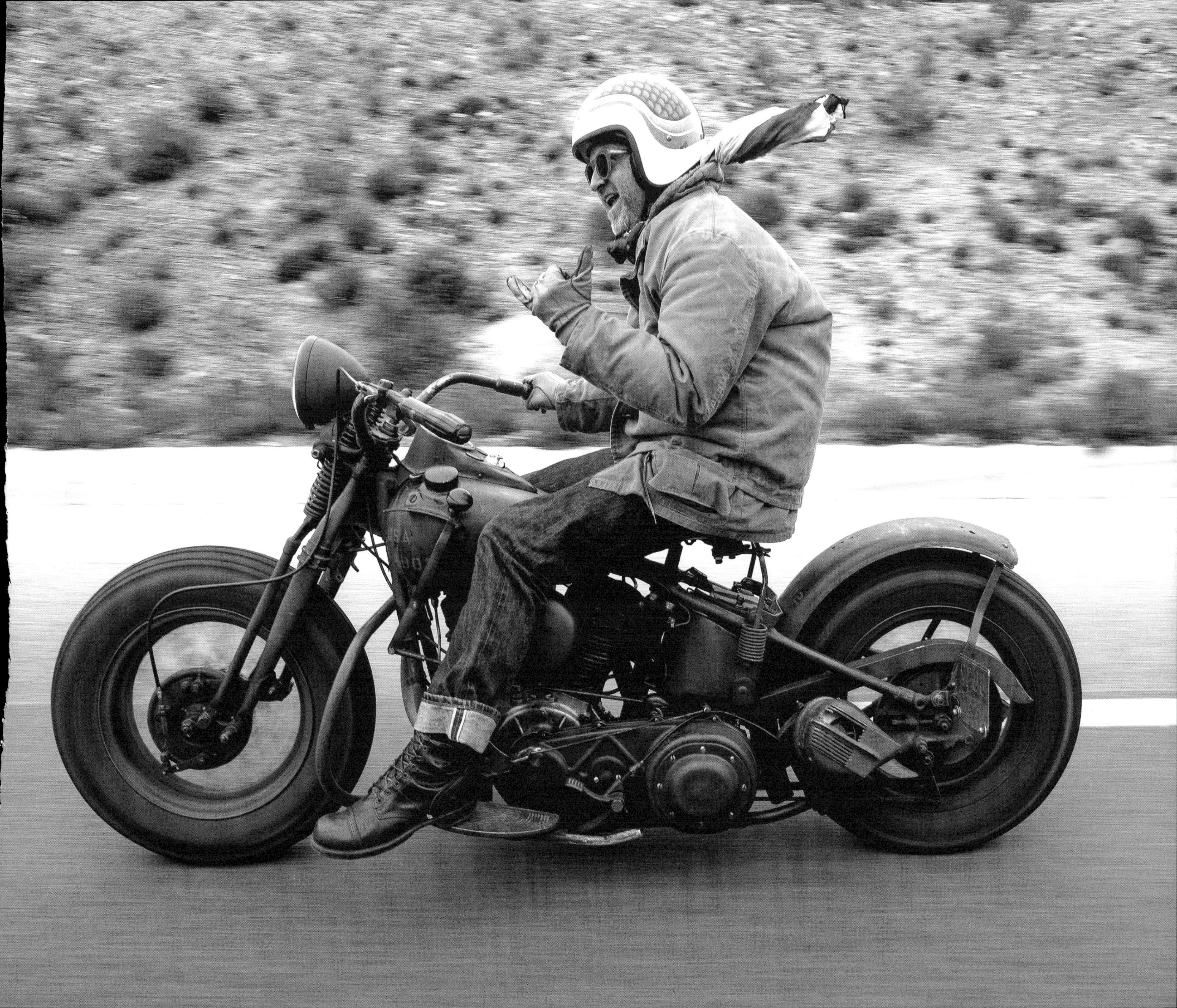

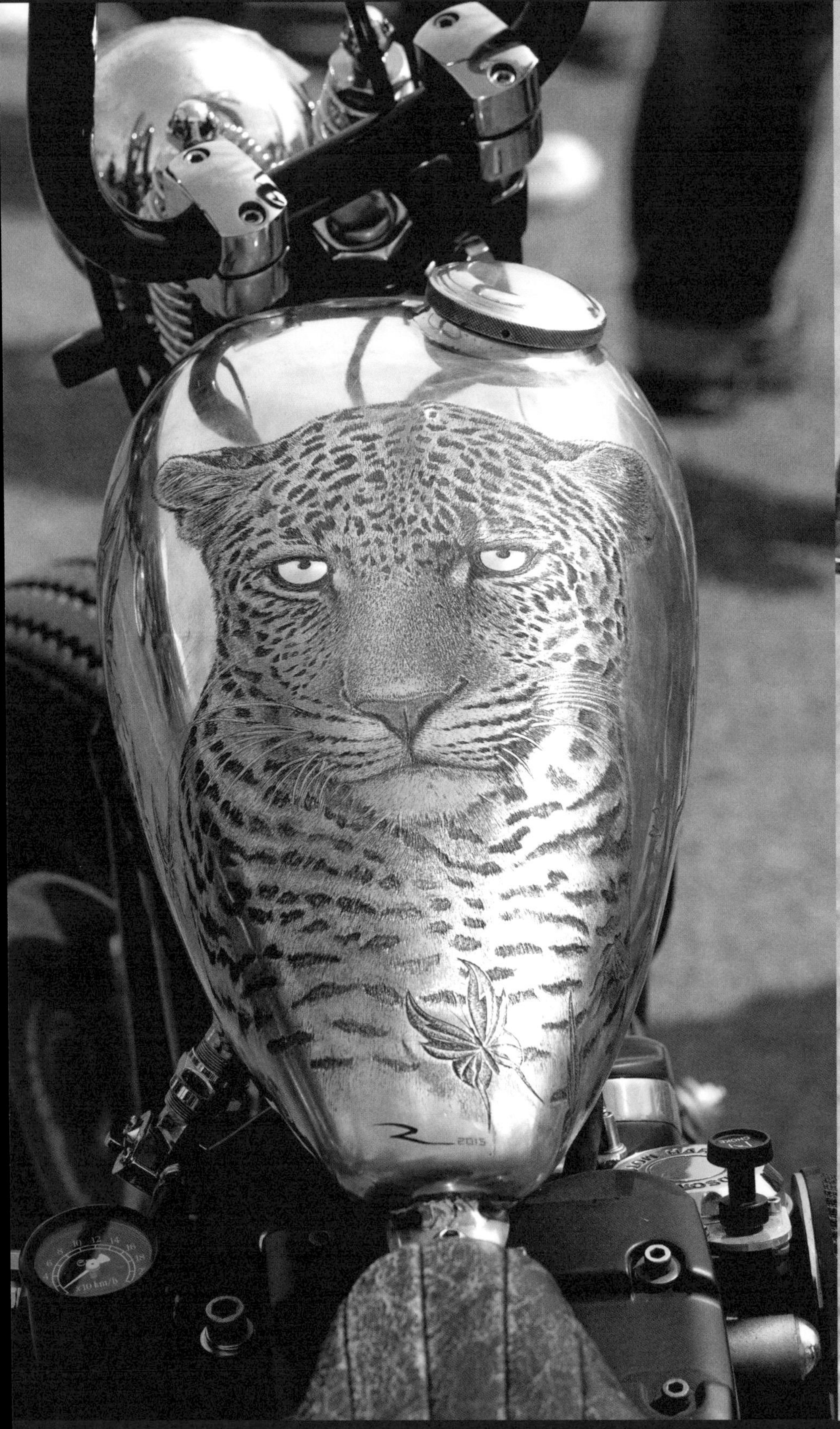

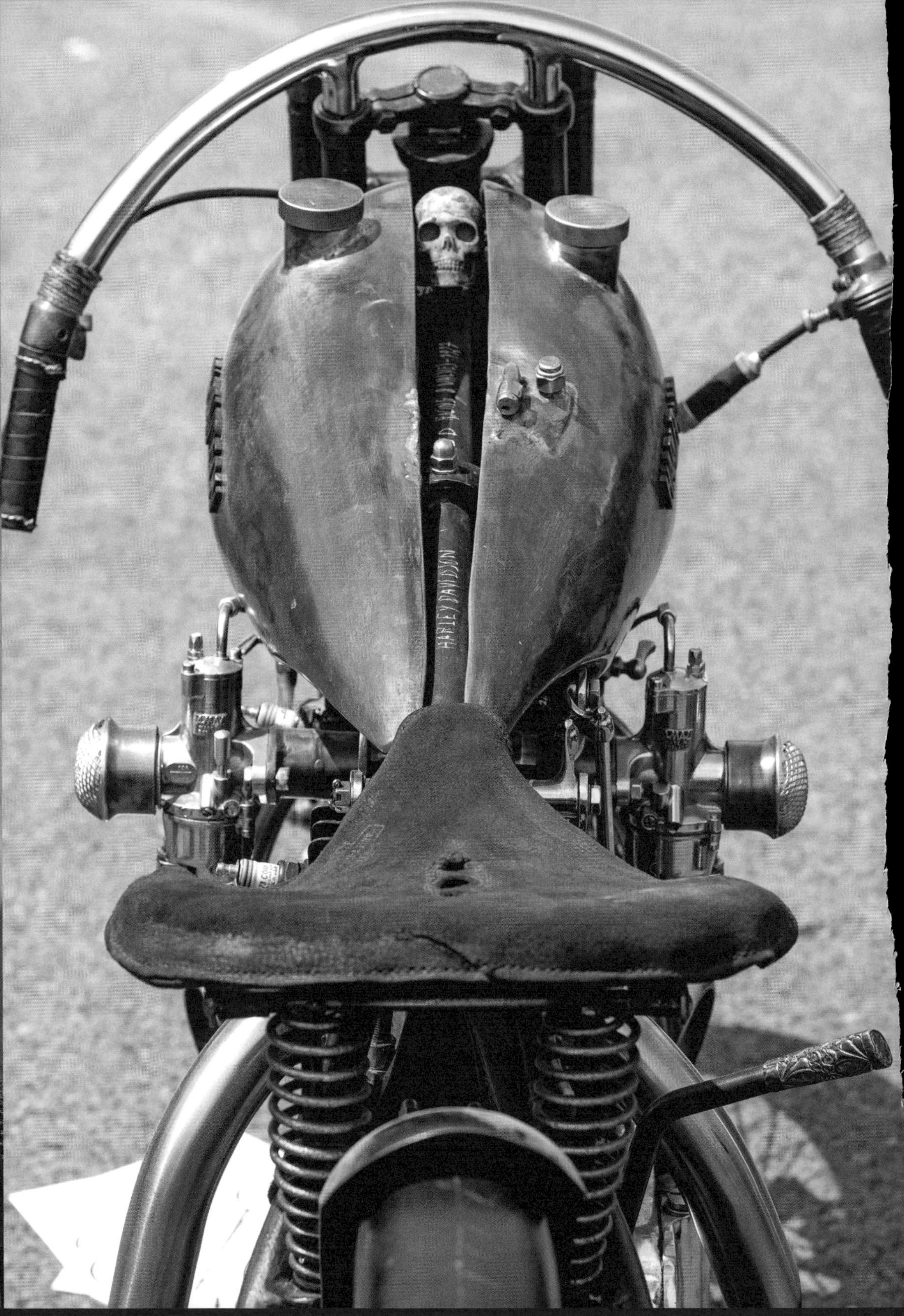
HARLEY DAVIDSON

Weil man zur Milwaukee-Religion übergetreten ist, wird man zum Opfer eines Marketings, das in allen Wirtschaftsschulen wegen seines Erfolges gefeiert wird. Das HOG-*Chapter* des Händlers drängt dazu, Kilometer zu machen, damit die Reifen und Bremsen verschleißen, sodass regelmäßig die Werkstatt angefahren werden muss. Hier kann man sich die Motorräder der Kameraden und das Screamin' Eagle-Programm ansehen. Die Rivalität zwischen den *Brothers* innerhalb des *Chapters* spielt eine große Rolle – und ist wichtig für die finanzielle Situation der Motor-Company. Über die Ausrüstung hinaus müssen auch die Treibstoffkosten berücksichtigt werden, da der Harley-Fahrer im Schnitt deutlich mehr fährt als der Durchschnitts-Motorradfahrer.

Ratschläge
Das Buch *Glückliche Genügsamkeit* von Pierre Rabhi lehrt, dass man sich nicht von den kostenlosen Appetithäppchen des Händlers anlocken lassen darf oder spätestens vor der Enthüllung des neuen Motorrades den Saal verlassen muss, um nicht noch das Getränk mitzunehmen und am Ende doch den Kaufvertrag zu unterschreiben. Der Hochglanz-Chrom der herrlichen Hugger von 2004 erinnert einen daran, dass das schönste Motorrad der Welt dasjenige ist, das in der eigenen Garage steht. Und an Weihnachten schenkt man ihr einen neuen Luftfilterdeckel.

DIE LIEBE ZUM UNTERNEHMEN (ODER DIE NÖTIGE DISTANZ)

Der Entschluss für einen V-Twin von H-D beinhaltet meistens auch das Eingehen einer Bruderschaft, Freunde mit Harleys oder einfach nur den Beitritt in das HOG-Chapter des Händlers. Dies ist keine Horde von Wilden, aber eine sehr hierarchische Vereinsstruktur mit *Members*, *Life-Members*, dem *Secretary* und dessen *Director* – der Händler.

IN MEMORY
⚡ BIG VINNY ⚡
9-12-79
" WHEN IN DOUBT
KNOCK EM OUT "

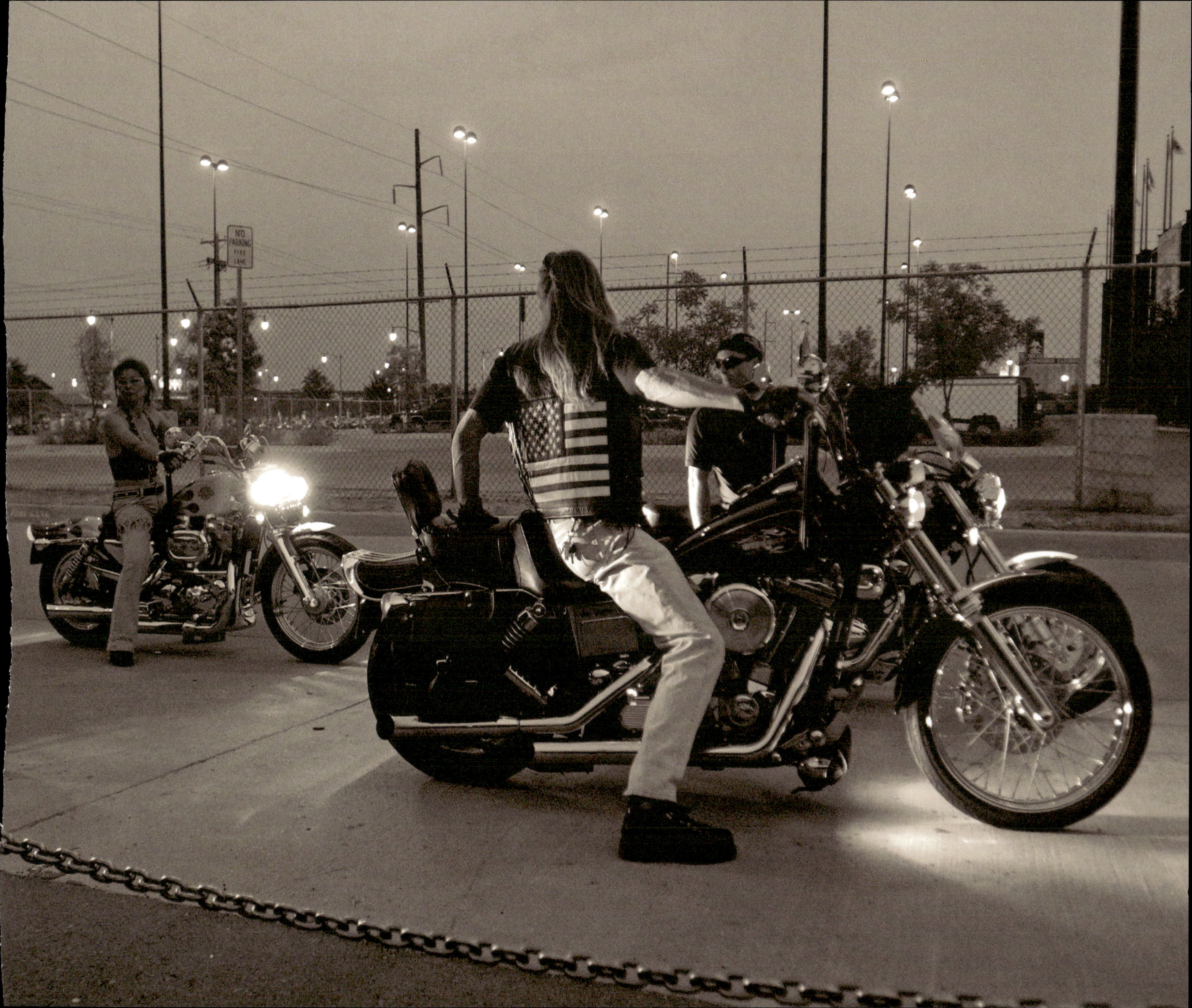

Man trifft sich jedes Wochenende und macht oft lange Ausfahrten. Die Atmosphäre unterscheidet sich zwischen den Chaptern und werden stark von der sozialen Umgebung des Händlers beeinflusst. Vielleicht mag man gar keine Gruppenausflüge oder Formationsfahrten und trägt nicht gern Abzeichen wie »Hengasch Chapter« oder »Oderbruch Chapter« auf seiner Jacke. Nicht schlimm, niemand wird dazu gezwungen.

Ratschläge
- Das Spiel lässt sich mitspielen, indem man sich zuerst über die Stimmung und die Zusammensetzung des entsprechenden *Chapters* informiert und dann sein Motorrad bei dem entsprechenden Händler erwirbt.
- Das Spiel muss nicht mitgespielt werden, denn schließlich heißt es: »Der Adler fliegt allein – die Gans in der Gruppe«. Bei der Suche nach anderen Kameraden muss jedoch berücksichtigt werden, dass es schwierig wird, Fahrer von Sportmaschinen, Roadstern, Enduros und Reisedampfern in eine Gruppe zu bekommen – Motorradfahrer sind manchmal sektiererisch.

DIE EXTROVERTIERTE PERSÖNLICHKEIT (ODER DIE INTROVERTIERTE ...)

Man kann introvertiert sein und dennoch den Wunsch haben, eine Harley zu besitzen. Für manche ist dieses Motorrad eine wirksames Mittel gegen Schüchternheit und eine gute Möglichkeit, Selbstvertrauen aufzubauen – schließlich kann man damit kaum unsichtbar herumfahren. Außer in Großstädten, wo eine Harley nicht mehr auffällt, zieht eine solche Maschine immer die Aufmerksamkeit auf sich und sorgt für Gespräche. Man wird gezwungen, das Spiel mitzumachen, Fragen zu beantworten, Komplimente zu bekommen ... und kann nicht an der Mauer entlang schleichen (außer man sitzt mit getön-

ALLMÄCHD
MF
FRANKONIA
GERMANY
MOTOR HARLEY-DAVIDSON CYCLES
04
10

tem Visier auf einer ungeputzten Dark Custom mit Original-Auspuff).

Für Extrovertierte bietet die H-D eine Gelegenheit, seine starke Persönlichkeit zum Ausdruck zu bringen, bemerkt zu werden oder zu verführen. Man kann sich vorstellen, wie eine schöne und große Harley leicht verführbare Mädchen anlockt.

Hier besteht die Gefahr: Auf dieser unglaublichen Maschine kann man schnell ernst genommen werden und eine Persönlichkeit spielen. Doch man darf nicht vergessen, dass tatsächlich weder der Fahrer noch der auf Hochglanz polierte Chrom ein abenteuerliches Leben in der Wildnis erkennen lassen.

Ratschläge

Man sollte sich niemals eine Harley kaufen, die man weder seiner Großmutter noch einem Freund zeigen mag, den man seit der Kindheit aus den Augen verloren hat. Niemand muss sich etwas einbilden: Eine Harley ist ein (fast) normales Motorrad. Und ein Harley-Inspektionsheft ist kein Zeugnis für einen überragenden Motorradfahrer.

DAS RICHTIGE MOTOR-COMPANY-OUTFIT (ODER AUCH NICHT)

Auch wenn selbst die auffallendsten Harleys eher für Bewunderung als für spöttischen Neid sorgen, gibt dies nicht immer für ihre Besitzer. Wie soll man auch beim Anblick eines Operetten-Rebellen oder Karneval-Piraten ein Grinsen unterdrücken, wenn dieser absolut cool sein 25 000 Euro teures Motorrad besteigt? Vorsicht ist auch bei Leuten geboten, die zwar etwas zurückhaltender, aber immer noch lächerlich den totalen Harley-Look pflegen und die Marke in zehn Meter hohen Großbuchstaben herumtragen. Umgekehrt wirkt es aber auch wieder lächerlich, wenn der Fahrer wie ein Angehöriger des gemeinen Moped-Mobs aussieht: Mit schwarzer oder grauer Nylonjacke, Integralhelm mit Papageien-Deko und Stiefeln mit *Sliders* wirkt man eher wie ein Motorradmechaniker bei der Inspektions-Probefahrt. Ohne Frage muss man auf einem 300 kg schweren Motorrad anders gekleidet sein als der Student auf einem Motorroller. Schutz ist zwingend nötig, aber es ist nicht einfach, die Balance zu finden.

Ratschläge

- Einen Großteil des Harley-Davidson-Outfits kann man vergessen. Trotz eines gewissen Fortschritts verkaufen Harley-Händler immer noch überwiegend Jacken aus dünnem Leder und ohne irgendwelche Protektoren, Westernstiefel aus gewöhnlichem Spaltleder, »authentische« Maurer- oder Cowboy-Handschuhe sowie minderwertige Helme – alles zu Wahnsinnspreisen.
- Die meisten Motorradbekleidungs-Hersteller bieten heute Kollektionen an, die man auch auf einer Softail oder einem Cruiser tragen darf. Mit Protektoren und CE-Prüfung ausgerüstetes stabiles Leder gibt es von Helstons, Ségura, Soubirac, Furygan, IXS, Dainese und anderen.
- Auch in eine alte Perfecto- oder eine Fliegerjacke lassen sich flexible und luftige Rückenprotektoren, Schulter- und Ellbogen-Polster einbauen, um bei einem Sturz das Verletzungsrisiko zu minimieren. Für die – gerade beim Motorradfahrer sehr verwundbaren – Füße sollten Stiefel oder auch verstärkte Sportschuhe mit Zehen- und Knöchelprotektoren angeschafft werden. Man findet sie im amerikanischen Stil bei V Quattro, Falco, Forma, TCX, Stylmartin, Kochmann usw.

Beim Thema Helm geht es darum, sein Gesicht sowohl zu wahren wie auch zu schützen – möglichst mit einem Integralhelm. Es gibt heute zahlreiche Vintage-Style-Helme kleiner Hersteller, aber auch die großen Klassiker der amerikanischen Firma Bell dürfen nicht vergessen werden.

»EINE HARLEY ZIEHT AUFMERKSAMKEIT AUF SICH UND SORGT FÜR GESPRÄCHE. MAN MUSS DIES AKZEPTIEREN ... UND KANN NICHT AN DER MAUER ENTLANG SCHLEICHEN.«

BILDNACHWEIS

Seiten 4, 66/67, 147, 177 © Bettmann/Getty Images; Seiten 6/7, 10/11, 12/13, 14/15, 16, 18/19, 20, 21, 22/23, 24, 26/27, 30, 32, 36, 40, 41, 42/43, 45, 46/47, 49, 50/51, 52, 53, 55, 56/57, 60, 64/65, 76/77, 90/91, 95, 100/101, 103, 104/105, 108 (links), 114, 115, 118, 128, 134, 135, 141, 145, 164/165, 167, 212/213, 214/215, 216/217, 218/219, 220/221, 222/223, 224 (x4), 225 © Archives Harley-Davidson; Seiten 8/9, 235 (rechts) © Alexandra Laffitte; Seite 17 © Historic Photo Archive/Getty Images; Seite 25 © American Hog(b/w photo)/Buyenlarge Archive/UIG/Bridgeman Images; Seiten 28/29 © Minnesota Historical Society/CORBIS/Getty Images; Seiten 31, 34/35 © Mary Evans/Rue des Archives; Seiten 33, 129 © National Motor Museum/Heritage Images/Getty Images; Seiten 37, 203 © Underwood Archives/Getty Images; Seiten 38/39 © ISC Images & Archives via Getty Images; Seite 48 © Keystone/FPG/Hulton Archive/Getty Images; Seite 59 © Jean-Pierre BONNOTTE/GAMMA-RAPHO; Seite 61 © Darryl Norenberg/The Enthusiast Network/Getty Images; Seiten 68/69 © Jean-Pierre Pradères; Seiten 72/73 © Photo Ambor/ullstein bild via Getty Images; Seiten 74/75, 132/133, 186/187, 197 © Robert Alexander/Archive Photos/Getty Images; Seiten 80/81 © Stephen Shaver/Bloomberg via Getty Images; Seiten 82/83, 92/93, 168 © Kevin Heslin/Hulton Archive/Getty Images; Seiten 84/85 © SuperStock/Age Fotostock; Seiten 88/89, 120/121, 126/127, 195 (rechts), 200/201, 205, 215 © Peter Turnley/Corbis/Getty Images; Seiten 98/99 © David McNew/Getty Images/AFP; Seite 102 © Engin Sezer/Shutterstock.com; Seiten 107, 169, 209, 228 (x2), 229, 232, 233 © Dominique Aubert/Speedbirds; Seiten 108/109 © Dick Whittington Studio/Corbis/Getty Images; Seiten 110/111, 142/143, 190, 191, 194, 198/199 © Scott Olson/Getty Images/AFP; Seite 112 © DR; Seite 113 © Randy Holt/The Enthusiast Network/Getty Images; Seiten 116/117 © Sergey Kohl/Shutterstock.com; Seite 119 © Bruno des Gayets/Long Photography; Seiten 122/123 © Kostyantyn Ivanyshen/Shutterstock.com; Seite 124 © Matusciac Alexandru/Shutterstock.com; Seite 125 © michaket/Shutterstock.com; Seiten 130, 193, 207, 211 © Shutterstock.com; Seite 137 © LCDM Universal History Archive/Getty Images; Seiten 138, 139, 140 © Doug Mitchel; Seite 148 © SSPL/Getty Images; Seite 150 © Rough Crafts; Seiten 152/153, 154 © Paolo Grana; Seite 155 © Fred Kodlin; Seiten 156, 157 © Alain Sauquet; Seite 159 © Eric Corlay; Seite 161 © Shaw Speed & Custom; Seiten 162, 163 © Cyril Huze; Seiten 170/171, 174 © Pat Hathaway Collection/www.caviews.com; Seite 173 © Rue des Archives/Everett; Seite 175 © Barney Peterson/San Francisco Chronicle/Corbis/Getty Images; Seite 178 © Ullstein Bild via Getty Images; Seite 181 © Silver Screen Collection/Hulton Archive/Getty Images; Seite 182 © Rue des Archives/BCA; Seite 183 © akg-images/Album/LINSON ENTERTAINMENT; Seiten 184/185, 208 © Acey Harper/The LIFE Images Collection/Getty Images; Seite 189 © Underwood Archives/The Image Works/Roger-Viollet; Seite 192 © Michael Ochs Archives/Getty Images; Seiten 194 (x2), 195 (links), 234 © Bruno des Gayets/Nikoja; Seite 204 (links) © NUSCA ANTONELLO/Eyedea Presse/Gamma-Rapho; Seite 204 (rechts) © Nuccio DiNuzzo/Chicago Tribune/MCT via Getty Images; Seite 206 © Olivier MARTEL/GAMMA-RAPHO; Seite 210 © villorejo/Shutterstock.com; Seite 227 © Maximilien Aubert/Speedbird; Seite 230 © Barbara Alper/Getty Images; Seite 231 © Corbis/Getty Images; Seite 236 © AtlanticPicture/Shutterstock.com.